T型商业模式系列

新竞争战略

创新商业模式
打造超级产品
让小企业成为巨无霸

李庆丰◎著

北京时代华文书局

图书在版编目（CIP）数据

新竞争战略 / 李庆丰著 . — 北京 : 北京时代华文书局 , 2021.11
ISBN 978-7-5699-4402-0

Ⅰ.①新… Ⅱ.①李… Ⅲ.①企业竞争－竞争战略－研究－中国 Ⅳ.① F279.2

中国版本图书馆 CIP 数据核字 (2021) 第 187870 号

新竞争战略
XIN JINGZHENG ZHANLUE

著　　者｜李庆丰

出 版 人｜陈　涛
策划编辑｜周　磊
责任编辑｜周　磊
责任校对｜张彦翔
封面设计｜天行健设计
版式设计｜迟　稳
责任印制｜訾　敬

出版发行｜北京时代华文书局 http://www.BJSDSJ.com.cn
　　　　　北京市东城区安定门外大街 138 号皇城国际大厦 A 座 8 楼
　　　　　邮编： 100011　电话： 010-64267955　64267677

印　　刷｜河北京平诚乾印刷有限公司 010-60247905
　　　　　（如发现印装质量问题，请与印刷厂联系调换）

开　　本｜710mm×1000mm 1/16　　　印　张｜23.25　　字　数｜354 千字
版　　次｜2021 年 11 月第 1 版　　　　印　次｜2021 年 11 月第 1 次印刷
书　　号｜ISBN 978-7-5699-4402-0
定　　价｜88.00 元

版权所有，侵权必究

致 谢

新勇教育基金会

众合创投

序 言

让战略回归"第一性原理"

> **重点提示**
>
> ※ 什么样的企业才需要一个战略"参谋长"？
>
> ※ 如何让战略这头"大象"跑得更快？
>
> ※ 面对"理论不够细致……冒进式创新"这些评判，笔者将如何应答？

当今是科技进步、万物巨变的时代，起源于20世纪60年代、定型于20世纪90年代的传统战略理论，就不应该进化和改变一下吗？

与国内外的一些大谈特谈如何让企业集团实现从 $N \to N+X$ 的扩张发展的战略教科书有所不同，这本《新竞争战略》没有继续路径依赖，它的阐述重点放在：如何让创业项目可行，即实现从 $0 \to 1$ 的突破；如何让中小企业实现复利增长，即从 $1 \to N$ 的快速成长；如何让企业集团实现围绕核心竞争力的扩张，即从 $N \to N+1$ 的归核化发展；如何让未雨绸缪或身陷困境的企业实现第二曲线业务创新，即从 $N \to M$ 的成功转型。

一、战略教科书都是为大型企业集团编写的吗？

写这本书的一部分原因，还要从一位名叫Rick的战略专家谈起：

与任正非当年所学专业一样，Rick毕业于某知名大学的暖通专业。大学毕业后，Rick没有在建筑行业找工作，而是凭借出色的英文翻译及沟通能力，就职于一个大型产业集团的战略部。只因他不太愿意用中文名，时间久了，习惯成自然，大家都叫他Rick。

从2007年开始，我从事风险投资工作后，经常会思考一些企业的战略发展问题。那时，Rick已经有近10年大型集团战略部的工作经验，通过不断进修学习，还获得了战略管理方向的博士学位，已经是一位圈内小有名气的实战派战略专家。

Rick与我在一个共同的友谊"圈子"，不时有所联系。一次，我们谈到中小企业如何制定发展战略，他说："不要对中小企业谈战略，战略教科书都是为大型企业集团编写的。"

我有一本英文版的《战略管理学》书籍，属于2000年左右从国外商学院引进到中国的影印版教材。当时该书已经是第12版了，很厚很大的一本，长×宽×高的规格尺寸是273×213×40mm，有600多页，重量接近2千克。

后来几次整理书柜，实施"断舍离"，但我一直不舍得丢掉这本书，也许是它带来的纪念意义大于从中学习的收获吧。每当看到这本书，我就在想，谁能读完这么一本厚书呢？既然是经典战略教材，多读几遍才能把书读"薄"，那又要占用我们多少时间呢？

Rick是这本书的读者，很多战略研究学者也会看这本书。像任正非、马云、雷军、比尔·盖茨、扎克伯格、柳传志等知名企业家，他们各自能把一个从零开始的"小蝌蚪"企业搞成世界知名的"巨无霸"集团，他们无疑很懂企业战略，但是他们未必要读这么厚的战略书籍。

Rick曾对我们说，当小企业成长为"巨无霸"集团时，需要通过主业向上下游或周边扩张，打造生态圈，以实现持续高速增长。企业从内生成长转向外延增长，就需要通过外部环境分析、内部环境分析，实施收购兼并战略、一体化战略、国际化战略、多元化发展战略等。企业进入这个发展阶段，战略部的作用就非常大！老板的精力照顾不过来，面临的扩张风险急剧增大，通常就会从高校或跨国公司邀请知名战略学者或经理人负责公司的战略管理工作。企业的战略部就像是军队的参谋部，"参谋长"的人选很关键！

之前曾有人说过"创业就要敢赌一把，成功需要血性和运气""中小企业不要谈高大上的战略"之类的话；后来又有人说"风口来了，猪都能飞上天""潮水退了，才能看出谁在裸泳"等。战略管理学是20世纪90年代从国外引进到中国的，战略管理与中小企业的生死存亡无关，因此全世界的中小企业宿命应该一样。按照Rick的解释，中小企业"死生有命，富贵在天；四海之内，皆兄弟也"，今后也就不要再谈什么高大上的战略了……

二、新竞争战略是否更符合战略的第一性原理呢？

转眼到了2021年，我从事风险投资工作十多年了。在此期间，我不辍学习、思考与实践，不囿于从国外引进的战略理论框架体系，远离人云亦云及"跟班式研究"，长期在实践前沿解决企业面临的各种战略发展问题，终于写作并出版这本《新竞争战略》。它也颠覆了Rick等专家学者对企业战略的原有认知。本书提出的新竞争战略，相较于波特的竞争战略，可以说是40年来对战略最重要的一次迭代升级，属于递进式创新；相较于传统的战略教科书，它解决了战略管理"空心化"问题，所以属于一次颠覆性创新。

概括来说，新竞争战略含有这样一个紧密连接企业经营的战略逻辑过程：企业生命体沿企业生命周期战略路径进化与成长，通过实现创立期、成长期、扩张期、转型期等各阶段的主要战略主题，将企业产品从潜优（潜在优势）产品→拳头产品→超级产品→潜优产品Ⅱ……让"小蝌蚪"创业成长为"巨无霸"，持续达成与实现企业的战略目标或愿景，见图0-1-1。

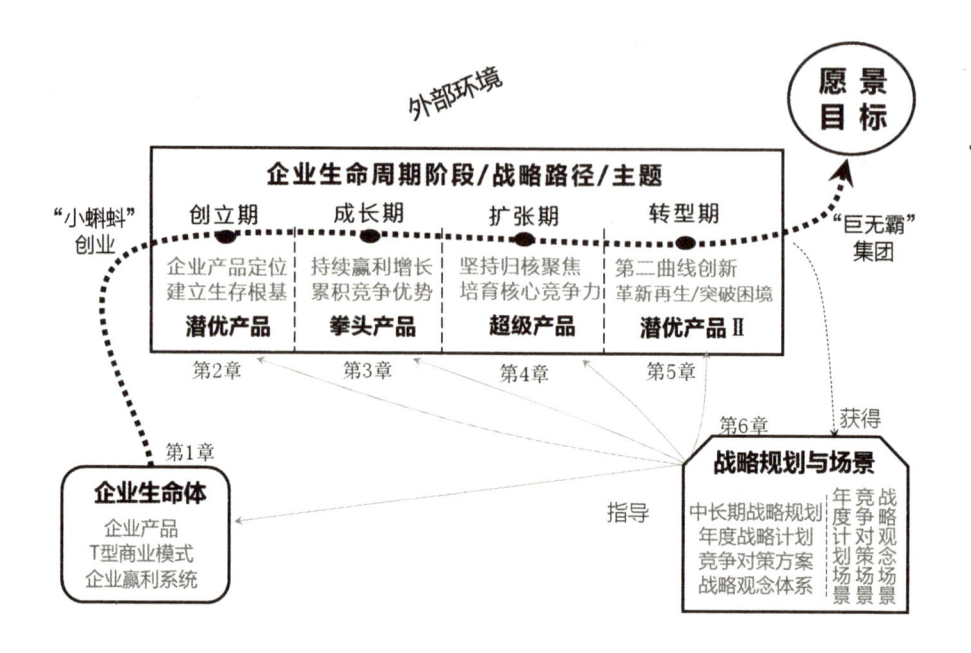

图 0-1-1 新竞争战略描绘的战略"大象"

Rick看到这个图后，评论说："从左向右看这个图，依次是第1章、第2章……第6章，内容与图示融合在一起。外行看热闹，内行看门道。从生命周期阶段出发，系统地阐述小企业如何成长为大型企业集团的路径过程，客观地说这是比较新颖的战略理论体系创新。不过，这里面的新名词比较多！我知道，像T型商业模式、企业赢利系统等，是你之前出版的两本书的重点内容；企业生命体、战略主题、潜优产品、拳头产品、超级产品、战略场景等，在新竞争战略理论中一定有特定的含义吧？"

是的，既然是颠覆性理论创新，必然需要一些新概念、新名词。不过，本书中都有通俗易懂的解释，一看就会明白，还能很快应用到实践中；

再说，不掌握一些创新理论，不能理解一些新概念、新名词，一个人很快就会落后于时代！

总括来说，本书提出的新竞争战略理论，将系统地阐述与演绎"战略=目标+路径"这个战略第一性原理。近100年来我们的战略研究、战略教科书、战略大师所言等，哪个曾系统地阐述与演绎这个第一性原理？新竞争战略的实用性思考起点是：如何促进一个从零开始的"小蝌蚪"创业，成长为"巨无霸"集团，最终实现组织目标或愿景。像华为、阿里巴巴、腾讯、苹果、亚马逊、微软等"巨无霸"集团，创立之初都是一个"小蝌蚪"企业，创始人也无耀眼的履历和背景，一些人甚至还没有读完大学本科就去创业了。新竞争战略也有别于传统战略教科书的知识堆砌范式，其核心思想主要来自对成百上千个成功公司的实践提炼、概括与总结。

Rick继续评论说："明茨伯格曾说，我们对企业战略的认识就如同盲人摸象，一位又一位的战略大师都只是抓住了战略形成的某一方面：设计学派认为，战略是设计；计划学派认为，战略是计划；定位学派认为，战略是定位；企业家学派认为，战略是看法……但是，所有这些学派都不是企业战略的整体。近100年来大家寻寻觅觅，战略这头'大象'究竟是什么？"

从还原式切分到系统性整合，从盲人摸象到摸着石头过河，我们不能放弃探索！比较来看，图0-1-1给出的示意图是否更像战略那头"大象"？不过，在本书的相关章节中，将让这头"大象"勇敢地站起来，置于企业与环境竞争图中代表企业的一方，而与之对峙的另一方是构成行业牵制阻力的五种竞争力量、环境机会和威胁等。

"大象"还可以站起来吗？笔者小时候听过这样一个笑话：从前有一个人，为躲避战乱而在深山沟里生活了50年。后来听说天下太平了，他就长途跋涉走出深山。在返回老家的路途中，他看到铁轨上一列火车呼啸而过，惊呼道："这家伙了不得！趴着就跑得这么快；如果站起来，一定比闪电还要快！"

Rick回应说:"火车站起来奔跑,它就变成了火箭。你看拼多多、滴滴、ofo小黄车、瑞幸咖啡、极兔快递、'造车新势力'等一批新创企业,还有曾经的海航集团、乐视网、太阳神集团、春兰集团、三九集团、南德集团等,它们都曾跑出了'火箭速度'!前事不忘,后事之师。如果没有正确的战略理论指导,说不定哪一个明星企业在某一天就会折戟沉沙!"

三、为什么说传统战略教科书早就过时了呢?

在写作本书查阅参考资料时,我发现那本"珍藏"多年的《战略管理学》英文教材,早就有了中文版,并且已经迭代到第21版了。实事求是地说,一些从国外引进并经过国内不断改编的战略教科书,的确保持几十年"依然如故",基本理论框架一直没有什么较大改变,见图0-1-2。看到这些"坚持不变"的战略教科书,我总是会提出这些问题:

(1)传承于西方作者传统的知识堆砌范式,战略教科书中的内容越来越庞杂、繁多。这有点像中国唐代的仕女,追求以肥为美!如此繁多的知识堆砌、发散漂移,哪些与企业的经营逻辑相吻合呢?企业经营者时间宝贵,即使读上几遍这样的大部头战略书,依然是"狐狸吃刺猬,无从下口",也很有可能让自己原有的经营逻辑变得混乱不堪。

(2)企业是一个具有耗散结构的非线性生命系统。传统战略教科书谈论了太多企业战略的"外围"内容,见图0-1-2。但是,这些教科书并没有谈及战略围绕的"核心"是什么。《经济学人》杂志曾调侃说,人人都在谈论战略,却没有人知道战略究竟是什么。

序 言

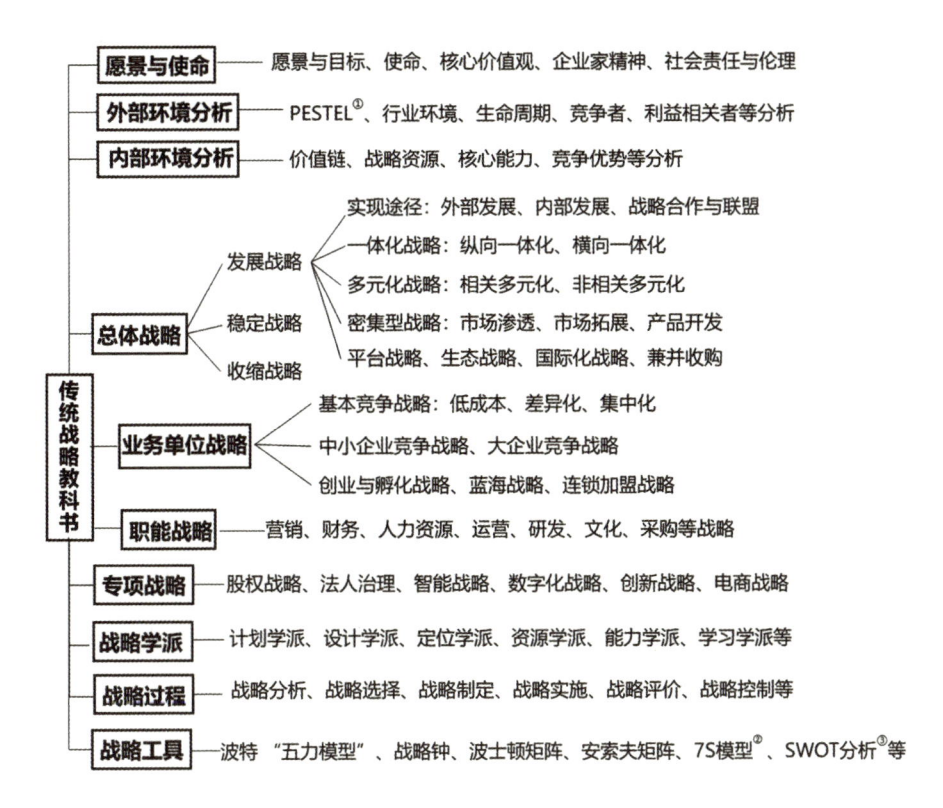

```
                    ┌─ 愿景与使命 ── 愿景与目标、使命、核心价值观、企业家精神、社会责任与伦理
                    ├─ 外部环境分析 ── PESTEL①、行业环境、生命周期、竞争者、利益相关者等分析
                    ├─ 内部环境分析 ── 价值链、战略资源、核心能力、竞争优势等分析
                    │                    ┌─ 实现途径：外部发展、内部发展、战略合作与联盟
                    │          ┌─ 发展战略 ┼─ 一体化战略：纵向一体化、横向一体化
                    │          │          ├─ 多元化战略：相关多元化、非相关多元化
                    ├─ 总体战略 ┤          └─ 密集型战略：市场渗透、市场拓展、产品开发
 传统              │          ├─ 稳定战略 ── 平台战略、生态战略、国际化战略、兼并收购
 战略              │          └─ 收缩战略
 教科              │                    ┌─ 基本竞争战略：低成本、差异化、集中化
 书    ─┤ 业务单位战略 ┼─ 中小企业竞争战略、大企业竞争战略
                    │                    └─ 创业与孵化战略、蓝海战略、连锁加盟战略
                    ├─ 职能战略 ── 营销、财务、人力资源、运营、研发、文化、采购等战略
                    ├─ 专项战略 ── 股权战略、法人治理、智能战略、数字化战略、创新战略、电商战略
                    ├─ 战略学派 ── 计划学派、设计学派、定位学派、资源学派、能力学派、学习学派等
                    ├─ 战略过程 ── 战略分析、战略选择、战略制定、战略实施、战略评价、战略控制等
                    └─ 战略工具 ── 波特"五力模型"、战略钟、波士顿矩阵、安索夫矩阵、7S模型②、SWOT分析③等
```

图 0-1-2 传统战略教科书中关于企业战略的相关内容示意图

（3）即便是全球知名的战略大师，提供给企业的也只是"战略零部件""战略原材料"。让企业经营者自己组装所需要的系统化"战略产品"吗？面对浩如烟海、无所不包的战略知识库，这太难了。已所不欲，勿施于人！

综上可以称之为企业面临的"战略困境"。近100年来，这个"战略

---

① PESTEL 分析又称大环境分析，是分析宏观环境的有效工具，不仅能够分析外部环境，而且能够识别一切对组织有冲击作用的力量。它是调查组织外部影响因素的方法，可以分为六大因素：政治因素（Political）、经济因素（Economic）、社会文化因素（Sociocultural）、技术因素（Technological）、环境因素（Environmental）和法律因素（Legal）。

② 7S 模型是麦肯锡顾问公司研究中心设计的企业组织七要素，指出了企业在发展过程中必须全面地考虑各方面的情况，包括结构（Structure）、制度（System）、风格（Style）、员工（Staff）、技能（Skill）、战略（Strategy）和共同的价值观（Shared values）。

③ SWOT 分析是基于内外部竞争环境和竞争条件的态势分析，就是将与研究对象密切相关的各种主要内部的优势（Strengths）和劣势（Weaknesses）、外部的机会（Opportunities）和威胁（Threats）等，通过调查列举出来，并依照矩阵形式排列，然后用系统分析的思想，把各种因素相互匹配起来加以分析，从中得出一系列带有一定决策性的结论。

7

困境"持续无解。笔者结合工作实践，提出新竞争战略理论，好似"关公面前耍大刀"，希望给这个"战略困境"提供一些解题线索及初步解决方案。

Rick说："解铃还须系铃人，西方国家商学院开设的'公司战略'或'战略管理'课程，主要理论源头来自一个叫作安索夫的人。"

本书中将有详细叙述："安索夫出生在苏联时代的海参崴，父亲是美国驻苏联的外交官，母亲是俄罗斯人……1956年，38岁的安索夫进入美国洛克希德航天公司……

"第二次世界大战后，美国将大量军用技术转为民用，为企业多元化经营提供了丰富的技术来源。世界各国饱受战争创伤、满目疮痍，一些美国企业从战后重建中获得发展红利——似乎躺着就可以赚大钱，从而迅速发展壮大起来。20世纪60年代至70年代，赶上时代机遇的美国大企业纷纷大搞多元化经营，而后达到一个小高峰……

"……由于安索夫的开创性研究，后人把安索夫尊称为战略管理的鼻祖或一代宗师。"

追根溯源我们就大致明白了为什么传统的战略教科书中绝大部分篇幅都是外内部环境分析、一体化、多元化、兼并收购、国际化等大型企业集团才用得上的战略。因为包括安索夫在内的战略管理学开创者都具有在国际大公司工作或担任顾问的背景，那个年代的美国大公司也正好处于适合这些"外围"多元化扩张经营战略大行其道的实践环境中。

彼之蜜糖，汝之砒霜。随着市场不断发展，各领域都存在激烈的竞争，盲目性的多元化战略很难再让企业取得成功。在以专一化战略见长的欧洲和日本大企业两面夹击下，在中国制造业几十年迅猛发展的背景下，美国企业尤其是制造型企业在许多领域节节败退，不少通过多元化经营而形成的大型企业集团开始遭遇严重的亏损问题。

无论中外，现在越来越多的企业开始关注核心业务，逐步进行归核化经营。一大批德国、日本的"隐形冠军"企业取得了可持续发展的经营成就。中国的"大众创业、万众创新"效果显现，许许多多的中小企业迅猛发展起来，快速登陆科创板、创业板及国外资本市场，成为新一代行业领导者！

由此，传统战略教科书的结构框架与内容构成是否早就过时了呢？

四、如何让"小蝌蚪"创业成长为"巨无霸"？

通过回归战略的第一性原理，新竞争战略从"战略=目标+路径"展开，企业所历经的创立期、成长期、扩张期、转型期等生命周期阶段，既是战略路径，同时也属于大尺度观察企业的经营场景，所以每一个阶段都应该有自己的战略主题和产品愿景（详见图0-1-1）。另外，与产品思维、产品经理等理论互相连接，新竞争战略理论也更重视对企业产品的阐述，旨在将企业产品打造为超级产品。

超级产品是指在市场上具有巨大影响力、有一定垄断地位，且能够通过衍生产品长期引领企业扩张的产品。例如：福特的T型车就是一款超级产品，累计销量超过1500万辆，在美国市场的市场占有率一度超过50%；像字节跳动的抖音、腾讯的微信、苹果的iPhone、雀巢的速溶咖啡、阿里巴巴的"淘宝+支付宝"、谷歌搜索等都属于超级产品。这些超级产品带来的持续赢利及衍生产品，长期引领了相关公司的扩张与发展。

在企业经营中，为什么会出现战略难以落地的情况呢？因为大部分战略理论来自"象牙塔""学术圈"，长期处于空中楼阁中，游离于企业所需的战略规划及实际经营场景之外。

Rick说："眼见为实，让事实说话。从本书第1~6章的内容看，的确具体阐述了企业战略规划与场景及如何应用，一定程度解决了'理论飘在空中，战略难以在企业落地'的问题；按照企业的经营逻辑，也详细讨论了企业发展各阶段的战略主题、企业生命体的成长与进化、战略路径、产品愿景等。并且，这些内容围绕的核心是如何将企业产品打造为超级产品，如何让'小蝌蚪'创业有战略、有步骤、有路径地成长为'巨无霸'！我还要问一下，第7章的内容是否有点偏离主题？"

按照本书责任编辑周磊的建议，最后一章（第7章）是关于"T型人"的内容。不论是职场人，还是手艺人等，每一个职业个体都可以被看成是一个人经营的公司，所以新竞争战略理论对他们同样适用。在此，可将他们称为"T型人"。同样按照"战略=目标+路径"展开，可以将一个人的职业成长与发展简要划分为新人开局、复利成长、职业跃迁、有序转型四个阶段，通过应用新竞争战略，最终让职业新人有战略、有步骤、有路径地成长为超级个体。

"看起来有一些生搬硬套，也可能它属于额外的'加餐'，写作时有些不够重视。"Rick还问道，"什么原因促使你写这本书呢？该不是因为我经常说战略教科书都是为大型企业集团编写的，能够学好、用好战略的人寥寥无几吧？另外，这本书一共写了多长时间？"

确实有这方面的原因。《好战略，坏战略》作者鲁梅尔特也说过，"好战略"凤毛麟角，"坏战略"比比皆是。所以，为改变企业战略难学难用、混沌无疆的现状，《新竞争战略》力求浅显易懂，让每一个企业经营者、管理者、职业个体、商学院师生等都能够读明白、学得会，并能够学以致用，确实让自己受益。本书有65个模型或结构化原理示意图，诸多精品案例、故事启发……力求实现优质内容与美好阅读体验的统一！至于这本书写了多长时间、真正的写作缘由、写作心理"揭秘"及为什么能够写这么快，属于本书后记披露的内容。

"每节都有一两个很形象的示意图，序言中还插入了两个示意图，在其他同类型战略书中并不多见！案例故事也比较短小精悍，两者结合，让读者一看就明白，很容易把握理论要点。这些都是本书的鲜明特色！不过，本书是否也存在一些问题呢？比如，理论不够细致，缺乏严密的逻辑论证，似乎有点从实践出发的冒进式创新。"Rick简单评论后继续问道，"你写书有点快，三年出版了四本，我们都看不过来！下一步，你将写什么书？"

我写的这些书，努力做到图文并茂，但也有些粗枝大叶，与"学院派"风格迥异。长期工作在风险投资第一线，我写的书应该代表着"让听到炮声的人呼唤炮火"。也许，在实践一线的创业者、企业家、管理人并不会逐条逐句对照着某个细致严密的理论来经营企业，而是需要明白大致的经营逻辑，学会审时度势，向实践求真知，更需要有"事上练"的硬功夫！

我也曾经说过，我写这些书是为了"开辟管理学第二条道路""创造管理学新国货""致力于成为中国的德鲁克"。这些不能只是"别出心裁"的营销口号，也应该是作者的使命和愿景。《新竞争战略》与之前出版的《T型商业模式》《企业赢利系统》，三本书共同构成了我目前认为的"新管理学三部曲"。至于下一步将写哪些书，我暂时有一个4~5本书的系列写作计划；它们的书名各是什么？这里就不剧透了，答案的"彩蛋"埋在本书第5章的内容中。

据实而言，这本书是关于新竞争战略的首印版本，其中有很多颠覆式理论创新、饶有兴趣的案例故事、有图有真相的揭秘，也必然存在挂一漏万、疏忽不足之处，恳请大家批评指正！我的邮箱是：fude139@163.com。

李庆丰

出版说明

以系统化弥补碎片化

> **重点提示**
>
> ※ 企业是一个有机生命体，如何应对"局外人"的碎片化切割？
>
> ※ 如何对美国广告人特劳特/里斯的定位理论进行升级？
>
> ※ 为何作者提出要开辟以系统论为特色的管理学第二条道路？

如果想要理解新竞争战略这棵大树，就不得不简要介绍一下它所在的那片森林。除此之外，本文的后半部分还会透露几个关于本书的"秘密"。

本书的作者李庆丰是一名"快枪手"，《新竞争战略》是他三年内在北京时代华文书局出版的第四本书。

新竞争战略属于企业赢利系统的一部分，或者说是它的一个子系统。这样顺藤摸瓜，就有一个问题：企业赢利系统有什么应用价值？

曾有位大学教授做过这样一个实验：把几只蜜蜂放进一只玻璃瓶里，然后将瓶子横着放，瓶底朝着窗口的光亮，看看会有什么结果。小蜜蜂们"坚持"飞向光亮的地方，一刻不停地在瓶底附近飞舞，一次次撞到瓶底，哪怕力竭而亡！

从20世纪90年代开始，我们国家的商学院陆续从西方国家引进工商管理硕士（MBA）各门课程的教材，并沿袭他们传承下来的某些成熟的教学方式。一般认为，1881年在美国宾西法尼亚大学设立的沃顿商学院，是世界上最早的商学院（或叫作管理学院）。而工商管理硕士项目要晚一些，大约1908年诞生于哈佛大学商学院。迄今100多年过去了，就像社会分工越来越细——过去有360行，现在可能有36000行，管理学科也在不断裂变与细分。组织、战略、创新、文化、研发、采购、制造、物流、销售、人事、财务、信息技术……各学科的专家与学者，都会强调各自的学科最重要。企业管理者"学以致用"后，很可能导致公司各部门以自我为中心，容易形成"部门墙"并滋生官僚主义。

不可否认，还原论已经是近代科学研究的"标准操作"，对于推动理工类、管理类等各学科的细化、深化与发展功绩卓著。何谓还原论？笛卡尔认为，如果一件事物过于复杂，以至于一下子难以解决，那么就可以将它分解成一些足够小的问题，分别加以分析……但是从局限性看，还原论这种无限分解、不断拆分的方法——尤其对于企业这样具有耗散结构的非线性生命系统——很容易让我们"只见树木，不见森林"。

水能载舟，亦能覆舟。在移动互联网时代的背景下，一些企业的团队学习出现了如下新动向：公司微信群中看看短视频，转发阅读一些公众号的热门文章；开车时顺便听一下知识付费平台的音频课程；每年参加几次经济"大咖"、媒体"网红"的最新经济形势演讲……这样的学习方式，最终将导致知识加速碎片化"离散"！在这样的趋势下，企业要如何才能突破经营管理的困境呢？

与正在流行、广泛存在的碎片化切割"管理学"有所不同，企业赢利系统将所在公司看成一个完整的系统，认为企业是一个持续进化与成长的生命体，试图给出真正能够指导现代企业经营管理实践的管理学"第二条道路"，见图0-2-1。

初步了解企业赢利系统，先要把握以下三点：

（1）以商业模式为中心；

（2）经营与管理"实打实"的内容及相互关系；

（3）企业系统的构成要素、相互连接关系、功能/目标。

与还原论的管理学有所不同，企业赢利系统属于系统论，两者相互取长补短，缺一不可。与管理学相关的教育培训、学科研究等，目的是传播知识、颁发文凭、发表论文等，常常以还原论为主；而经营管理实践，须将企业看成一个不可分割的整体，必定要贯彻系统论的思想。如果说还原论是管理学的第一条道路，那么系统论就是企业经营管理实践需要的管理学的第二条道路。就像上文中的蜜蜂实验，在经营实践中，由于路径依赖导致企业陷入困境时，可以尝试换个方向，找到隐藏于"瓶口"的第二条道路。

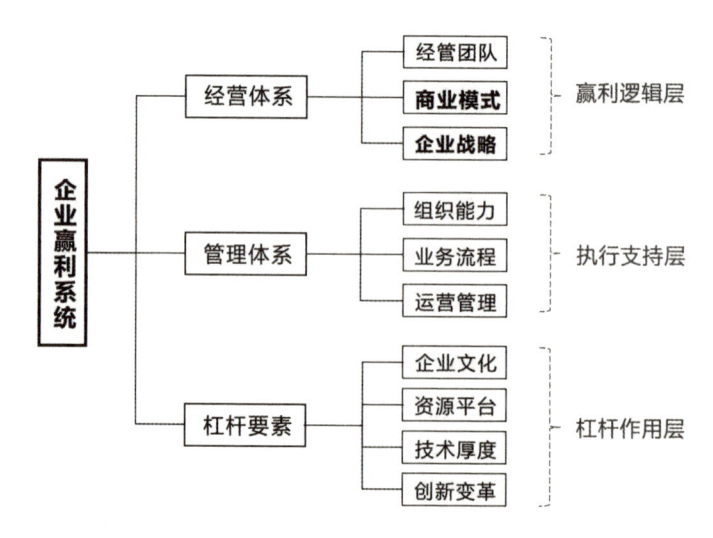

图 0-2-1 企业赢利系统的层次结构及要素构成

作者已经出版的两本书——《企业赢利系统》《T型商业模式》，加上这本《新竞争战略》共同构成了"管理学第二条道路三部曲"。它们三者是整体与部分的关系，或者说母系统与子系统的关系。《企业赢利系统》总体阐述企业赢利系统理论，而《T型商业模式》《新竞争战略》分别具体阐述商业模式、企业战略这两个主要构成要素或子系统，见图0-2-1。

李庆丰的处女作《T型商业模式》一书，2019年6月甫一上市就登上京东、当当的畅销书榜单，同年8月第2次印刷，在京东被列入"拓宽思维的企业管理书籍TOP"榜单。自此以后，李庆丰与我们书局达成长期合作意向，他计划在2020年至2024年写作七本书。包括《T型商业模式》在内，迄今他已经出版的三本书如下：

（1）《T型商业模式》，李庆丰，2019年6月出版，北京时代华文书局；

（2）《商业模式与战略共舞》，李庆丰，2020年9月出版，北京时代华文书局；

（3）《企业赢利系统》，李庆丰，2021年2月出版，北京时代华文书局；

而他的第四本书《新竞争战略》亦由北京时代华文书局出版。

依据产品思维，书籍就是作者向目标客户（读者）提供的产品。实事求是地说，结合工作实践，作者提出这些理论创新并成书出版，既要远离"跟班式"研究，又要避免"内卷化"累赎。它们属于在管理学的第二条道路创新与探索方面的一个起步或开端，目前处于1.0版本的水平，需要批评、指正，经过实践再检验，不断深化、迭代和完善，未来将会有2.0版、3.0版……

作为这一系列书籍的责任编辑，在与作者的交流沟通中，我对这个系列书重点内容的五个"秘密"加以整理，以问答的形式分享如下：

周磊：您说要开辟面向实践需要的管理学第二条道路，这个目标如此宏大，如何才能变成现实？

李庆丰：在越来越多的领域，中国经济及企业经营正在逐步占据全球领先地位。我们要在管理学方面有些突破性创新，而不仅仅是对西方输入的管理学理论进行"中国实践"及"内卷化"的"跟班式研究"。以系统化为特色、面向实践的管理学可能是我们突破的机会，而实现这个目标需要相关各界"千军万马"共同协作及长期努力。在这方面，我写了几本书，也许是杯水车薪，但这些内容是源于工作实践的思考与呼唤，希望引起更多人的关注。

周磊：从总体的思路来看，企业赢利系统应该是您写作的主线，而从写作实践来看，T型商业模式理论又是串联这些书的重要线索，您今后的写作会继续这样"双线作战"吗？

李庆丰：一个人的精力是有限的，不可能面面俱到。阐述系统可以围绕中心展开，而商业模式是企业赢利系统的中心。我之前出版及今后写的书，实际上是沿着T型商业模式理论这个中心线索展开的。企业赢利系统是T型商业模式的上级系统，所以应该具体阐述一下；新竞争战略与T型商业模式是"兄弟"关系，同时新竞争战略也是T型商业模式的主要应用"阵地"，所以必须重点阐述。在计划中的这七本书写好、出版后，T型商业模式理论就进行了一次重要升级。今后，我的重点工作还是要不断对T型商业模式理论进行迭代、升级。

周磊：经过几次沟通后我发现，您对"致力于成为中国的德鲁克"这句宣传口号比较关注，这句话已经成为您的创作理想了吗？

李庆丰：的确，这句话是比较具体的理想。对我们的相关沟通进一步思考与提炼后，我想自己也许可以用下面这句话为自己的创作目标定位：T型商业模式理论的开创者，以系统化弥补碎片化，致力于成为中国的德鲁克！人生的理想要远大一些，甚至可以有点遥不可及，这样应该有利于人生更乐观、更积极！

周磊：说到定位，您下一本出版的书，书名就叫《三端定位》，它主要讲什么呢？

李庆丰：《三端定位》主要讲升级后的战略定位，由竞争定位、三端定位、品牌定位三者共同构成一个战略定位金字塔。处于基础部分的是竞争定位，探讨一个企业在市场上立足的起源产品或原型产品应该是什么；企业经营理念从以产品为中心升级到以商业模式为中心，就需要采用三端定位，它也是战略定位的主要构成内容；商业模式通常含有一个产品组合，而品牌定位对其中一个重点产品起到锦上添花或画龙点睛的作用。

例如，在中国大行其道的特劳特/里斯定位，其实就是对饮料、保健品、白酒等消费行业中的部分产品进行品牌定位的主要方法之一。这种"定位"把外部思维、利他思维挂在嘴边，既理直气壮也趾高气扬，但重点还是通过广告"轰炸"或公关活动改变顾客的心智认知。所以，三端定位及升级后的战略定位，更加强调"以技术创新持续提升客户感知价值"。

周磊：在碎片化切割管理学大行其道的时代背景下，为何您能够写出这些以系统论为特色的理论创新书籍呢？

李庆丰：在2007年之前，经过很多年的实践与学习，我在企业管理、产品研发、市场营销、公司文化及主持战略会议方面都有一些收获和想法。2007年之后，我主要从事风险投资工作。从事风险投资工作的人处于听得见"炮火"的前线，必然会促进我们系统思考企业的生存与发展问题，以便更好地开展一些投资后管理工作。我们投资同人中的诸多勤奋者，每年都要实地调研上百家公司并阅读上千份商业计划书，逐渐就会具备看待一个企业的整体化视角。而我对于理论研究和写作比较感兴趣，就顺便写了这样具有特色的几本书。

大家知道，风险投资机构在向一个公司投资之前要做尽职调查。同样，出版社与一个作者长期合作之前也要做尽职调查。在与李庆丰接触以后，我们了解到，李庆丰是风险投资机构的合伙人，他很擅长演讲与讲课，在投资机构内部兼职负责投资经理的相关培训，并且他对企业的投后管理很在行，有一套让处于困境的企业摆脱困境的方法论。

对于新作者的第一本书，如果试销期市场反应积极，我们出版方通常会策划一个作者签售会。但是，李庆丰就要出版第五本书了，至今也没有举行作者签售会。这当然有新冠疫情的影响，不过关键是他常以投资工作忙、写作任务重为理由，不断将此事向后延期。他认为，已经出版的四本书销售情况还不错，签售会的事就不是特别紧急。

　　正像前面所讲，李庆丰对开创以系统论为特色的管理学第二条道路抱有极大热情，并且以一己之力一直在非常积极地进行先期研究与写作。他希望这个理论创新工程能在企业实践并逐步推广。企业管理与经营理论重大创新不仅有助于我们实现零的突破，更有可能让我们真正具有文化自信，并最终实现"换道超车"！

　　"路漫漫其修远兮，吾将上下而求索！"对此，作为出版方，我们也将尽可能地提供相关支持与协助，并期待更多有识之士积极参与、献言献策！

— 目 录 —

第1章　如何降伏战略这只"怪兽"？

1.1　战略"三宗罪"：浮夸、"内卷化"、学不会 … 3
1.2　竞争战略很重要！如何对它进行升级？ … 10
1.3　企业赢利系统：让战略规划有章可循 … 17
1.4　T型商业模式：与竞争战略携手前行 … 23
1.5　企业生命周期：竞争战略的曲径通幽之旅 … 34
1.6　新竞争战略：为企业打造制定战略的"模具" … 41
1.7　"小蝌蚪"创业，如何成长为"巨无霸"？ … 48
1.8　企业战略：必须知道的一件大事是什么？ … 55

内容提要

　　我们的企业有战略吗？95%以上的企业没有战略。为什么会出现这样的局面？战略学派众多，创新发散杂乱，战略有"三宗罪"……

　　针对性解决方案是什么？让战略回归"第一性原理"——战略=目标+路径，新竞争战略将给出一条让"小蝌蚪"创业成长为"巨无霸"的基本战略路径。相较于波特的竞争战略，新竞争战略可以说是40年来对战略最重要的一次迭代升级，属于递进式创新；相较于战略教科书，它解决了战略管理"空心化"问题，所以属于一次颠覆性创新。

重点案例

施华洛世奇如何成为水晶世界的王者？"饰品女王"如何从女首富变为负债累累？赵括纸上谈兵对战略学者的启发意义；"独角兽"熊猫直播倒闭，字节跳动张一鸣屡战屡胜；如何为被资助者设计一个商业模式？华为如何从"小蝌蚪"创业成长为"巨无霸"？乐视集团的"左手倒右手"；战略大师的咨询公司破产；一场"乱弹琴"的战略研讨会。

第2章 企业产品定位：从0到1，建立生存根基

2.1 企业短寿与新产品失败的根源在哪里？ … 63
2.2 三端定位：提升创业及新产品上市的成功率 … 69
2.3 第一飞轮效应：在产品组合中植入不要工资的"营销总监" … 75
2.4 低成本/差异化/集中化：波特战略定位中的"红绿蓝"如何升级？ … 81
2.5 蓝海战略/爆品战略/品牌战略/平台战略：是战略，还是定位？ … 87
2.6 特劳特/里斯定位：是高调的营销忽悠，还是奇妙的锦上添花？ … 95
2.7 技术创新：如何将"潜优产品"打造为超级产品？ … 103
2.8 企业生命体：如何联动实现创立期的战略主题？ … 109

内容提要

现在流行说"所有的行业，都值得重做一遍"，有没有具体的操作思路呢？在细分市场上定义企业产品，五力竞争模型主外，而三端定位模型主内……让企业具备潜优产品，从而奠定未来销售增长的基础，开辟出一块属于自己的市场领地。

产品经理群体中流行一句话，叫作"一个优秀的产品经理，应该具备宏观格局、中观套路及微观体感"。熟练掌握和应用新竞争战略的产品定位理论，是否有助于优秀产品经理的自我修炼呢？本章将给出具体可行的解答。

重点案例

咖啡店创业为什么难成功？Peloton——健身行业的奈飞，如何塑造人们对

运动的信仰？亚朵酒店如何创新赢利机制？手机"养鳄鱼"的庞氏骗局；喜茶"征服"消费者的五项绝技；吉列剃须刀赢利的秘密；亚马逊如何成为电商王者？马斯克造火箭采用了什么战略？如家酒店实施蓝海战略后三年上市的秘密；"海龟"博士杰克·荀为什么创业失败？恒立液压如何将三大通用战略一起用？禧多郎为客户打造超级产品的方法论。

第3章 持续赢利增长：
累积竞争优势才是开疆拓土的利器

3.1 跨越鸿沟：先破局后破圈，为创业开辟一片新疆域 … 119

3.2 第二飞轮效应：可持续增长背后的第一性原理 … 127

3.3 持续赢利增长：以客户为中心，以奋斗者为本 … 134

3.4 硬球竞争：狭路相逢，智勇双全者胜 … 140

3.5 累积竞争优势：108种赢利增长理论或方法，选用哪一个？ … 149

3.6 销售额、利润等绩效目标，从哪里推导出来？ … 155

内容提要

新竞争战略提倡可持续赢利增长，与之相反的是"烟花式增长"。烟花式增长类似"烟花式恋爱"，刚开始时轰轰烈烈，但是不会长久。市面上流行的直播带货、裂变推广、饥饿营销、增长黑客、目标发誓等各式各样的营销增长技术，虽然其结果不一定是烟花式增长，但也不完全属于持续赢利增长。或许，它们属于"纯营销"。

如何实现"持续赢利增长、累积竞争优势"两个战略主题，将潜优产品塑造为广受市场欢迎的拳头产品呢？

重点案例

开市客（Costco）如何能够逆势成功？家乐福为什么要把自己低价出售？郭云深"半步崩拳打天下"；优衣库从艰难生存到破圈而出；ofo小黄车的烟花式增长；复利增长背后的数学原理；株洲湘火炬如何"杀出一条血

路"？爱玛与雅迪，谁才是电动车之王？为什么麦当劳与肯德基越来越像？星巴克如何突破产品创新的瓶颈？乔布斯为苹果打造超级产品；雷军创立小米成功的秘密。

第4章　坚持归核聚焦：
　　　培育核心竞争力，促进内圣外王

4.1　扩张期的烦恼：是拿起"奥卡姆剃刀"，还是参考麦肯锡的"三层面理论"？ … 163

4.2　核心竞争力：令无数英雄竞折腰 … 169

4.3　第三飞轮效应：培育核心竞争力，永远在路上 … 175

4.4　庆丰大树模型：重新定义公司层战略 … 182

4.5　扩张路径选择：激进投机，还是保守主义？ … 188

4.6　归核聚焦：行业领导者是怎样炼成的？ … 195

内容提要

随着市场不断发展，各领域都存在激烈竞争，继续坚持无关多元化战略的企业将更难成功！例如：美的造车失败，格力投资新能源车折戟，恒大进军"粮油、饮料"半途而废，乐视集团、海航集团等已经走向破产重组……

企业进入扩张期，如何沿着核心业务扩张与发展？本章给出了T型同构进化模型、第三飞轮效应、SPO核心竞争力模型、庆丰大树模型等最新的方法论。

重点案例

庄吉服饰为什么造船失败？联想在信息技术领域扩张频频失利，进军农业凭什么能成功？叮咚买菜有核心竞争力吗？德国的"隐形冠军"企业；日本职人精神让企业基业长青；本田集团具备什么核心竞争力？阿里巴巴打造生态圈的根基是什么？超级产品引领雀巢公司走向世界；椰树集团依靠"出

格"广告难增长；春兰股份、海航集团的盲目多元化；中外知名企业拥有的超级产品；香飘飘奶茶还能再创辉煌吗？戴森造车及时止步；乐高公司回归核心。

第5章 第二曲线业务创新：
突破困境、革新再生让基业长青

5.1 后浪推前浪，清风拂山岗 … 203

5.2 又双叒叕：从双S曲线模型到双T连接模型 … 209

5.3 企业转型："不熟不做"是一条金规铁律吗？ … 215

5.4 转型解困：如何找到革新再生的抓手？ … 221

5.5 先从"愚昧之巅"上下来，再登上"开悟之坡" … 227

5.6 持续打造超级产品，追求实现基业长青 … 234

内容提要

　　李书福原来是一个放牛娃。19岁时，没有念完高中就去创业，而后历经六次企业转型，创立吉利汽车，12年后收购沃尔沃乘用车……拼多多的前身是一家游戏公司，赚钱犹如印钞机，为什么后来转型做电商？新冠疫情期间生意大火的叮咚买菜，是从叮咚小区转型而来，叮咚小区创业不成，叮咚买菜能成功吗？

　　关于企业转型，都有哪些行之有效的方法论？

重点案例

　　李书福办企业为何要不断转型？拼多多从游戏转型而来的原因及优势是什么？当年英特尔为什么要转型做芯片？流媒体王者奈飞成为行业标杆的秘密；百年IBM如何让"大象翩翩起舞"？柯达在数码时代折戟沉沙的原因；诺基亚"起了个大早赶了个晚集"；吉利与沃尔沃之间的协同效应；富士康"万马奔腾"项目失败的原因；柯林斯宣扬的"基业长青"是不是一个伪命题？

第6章 战略规划与场景：
让好战略呈现，将坏战略遁退

6.1 战略场景：辨明企业战略的一系列涌现活动 … 243

6.2 战略规划：不能是一沓"战略鬼话"，也不能只是"墙上挂挂" … 250

6.3 调查分析：从哪里开始？内容是什么？形成什么成果？ … 258

6.4 指导方案：希望"问鼎中原"，企业应该怎么做？ … 265

6.5 执行优化：事上练，才能站得稳 … 271

6.6 战略管理：中小企业与大型集团有哪些异同？ … 277

6.7 五力合作模型：以"扩展合作"消解"扩展竞争" … 285

6.8 与时俱进：建立商业模式中心型组织 … 296

内容提要

为什么"教科书战略"难落地？战略规划中要包含一个可行的战略指导方案。战略指导方案从哪里来？通过战略过程DPO模型获得，它只有三个步骤：调查分析、指导方案和执行优化。另外还要创造一个战略场景，例如：刘备三顾茅庐，与诸葛亮"隆中对话"。

诸葛亮给刘备提供一个"好战略"的同时，还带来了一个"坏战略"……

重点案例

阿蒙森探险队获胜的原因；《隆中对》中阐述的战略方案的优缺点；德军如何制订作战计划？《战略的本质》给出的五种战略；明茨伯格"战略手艺化"的启发意义；小米如何为商业模式配置团队？华为战略管理DSTE框架；法士特集团如何与竞争者"合作"？

第7章 从职业"小白"到超级个体，需要怎样的竞争战略？

7.1 职业竞争战略：把职业个体看成是一个人经营的公司 ⋯ 305

7.2 新人开局：将贵人相助、兴趣禀赋和社会需求三者合一 ⋯ 311

7.3 复利成长：专家是怎么炼成的？ ⋯ 318

7.4 职位跃迁：构造"人生钻机"，涌现核心竞争力 ⋯ 323

7.5 有序转型：如何跨越新职业与原职业之间的"非连续性"？ ⋯ 330

内容提要

笔者在出版的相关书籍中，有这样一个观点：不论是职场人，还是手艺人等，每一个职业个体都可以被看成是一个人经营的公司，所以新竞争战略对他们同样适用。在此，可将他们称为"T型人"。

限于篇幅和类比带来的局限性，本章的写作特色为"一半是海水，一半是火焰"。每节内容中既有简单易懂的案例故事——称之为"火焰"，也有类比联想而形成的规律原理——称之为"海水"。

重点案例

孙玲如何从深圳"厂妹"成为美国高盛的程序员？盲人艾扬格如何成长为世界级专家？长井鞠子如何成为同声传译界的常青树？四个"文艺青年"给出的人生算法；揭秘"上海名媛群"中"钓鱼"的伎俩；王心仪为什么要"感谢贫穷"？诺贝尔奖得主西蒙是一个"斜杠青年"吗？《领导梯队》给出的从员工到CEO的六步跃升路径；蹬三轮的马云为何要参加第三次高考？乔·吉拉德及梅耶·马斯克的成功职业转型。

后 记　快与慢！与质量无关？ ⋯ 337

第 1 章

如何降伏战略这只"怪兽"?

本章导读

我们的企业有战略吗？95%以上的企业没有战略。而一些所谓有战略的企业也未必有"好战略"。按照《好战略，坏战略》作者鲁梅尔特的说法，"好战略"凤毛麟角，"坏战略"比比皆是。

为什么会出现这样的局面？战略学派众多，创新发散杂乱……战略有"三宗罪"：浮夸、"内卷化"、学不会！

针对性解决方案是什么？根据"战略=目标+路径"，新竞争战略将给出一条让"小蝌蚪"创业成长为"巨无霸"的基本战略路径……

"战略=目标+路径"可以被称为战略的第一性原理，近100年来的战略研究、战略教科书、战略大师所言等，有多少与这个第一性原理相关？

相较于波特的竞争战略，新竞争战略可以说是40年来对战略最重要的一次迭代升级，属于递进式创新；相较于战略教科书，它解决了战略管理"空心化"问题，所以属于一次颠覆性创新。

1.1 战略"三宗罪"：浮夸、"内卷化"、学不会

重点提示

※ 为什么说"好战略"凤毛麟角，"坏战略"比比皆是？

※ 什么是战略研究的"内卷化"及"蜂窝化"？

※ 企业战略的核心及外围内容各是什么？

"纸上谈兵"是一个中国成语，出自这样一个历史典故：

战国时期，赵国有一员大将名叫赵奢。他屡立战功，被赵王封为马服君。赵奢的儿子赵括，从小就熟读兵书，谈起用兵之道口若悬河，讲得头头是道，连赵奢都说不过他。日子久了，赵括便自以为是，感觉天下没有人能比得上自己。

赵奢不能驳倒自己年轻的儿子，但也不承认他兵法学得有多好。赵括的母亲觉得很奇怪，就问丈夫其中的原因。赵奢很担忧地说："打仗，是生死攸关的事。儿子虽然熟读兵法，但是没有实战经验，只会纸上谈兵，将来若是率军打仗，恐怕会遭到惨败。"

公元前262年，秦国进犯赵国。赵国大将廉颇带领数十万大军前去抗敌。见秦军强大，廉颇认为不能硬拼，便决定在长平筑垒固守，等到秦军粮草供给不足的时候再出兵作战。不管秦军如何挑衅，廉颇都下令官兵闭门不出，只是严密防守，皆不应战。就这样，廉颇在长平坚守达三年之久，秦军没能得逞。

秦国见一时无法取胜，就用了一个计策：派人到赵国都城邯郸去散布流言，说廉颇惧怕秦兵，困守三年，一次都不敢出门应战；又说秦国特别担忧赵王任命精通兵书的赵括为将，那样秦国

就会一败涂地。

　　赵王果然中计，下令由赵括取代廉颇为大将。赵括擅长纸上谈兵，根本没有实际作战经验，上任不久就改变了廉颇的作战方案，用书上所学的理论向秦军发起全面攻击。秦军假装战败，一直将赵军引到秦军大营前。赵括此时才知道中计，可为时已晚。顿时，四十万赵军成了瓮中之鳖，内无粮草，外无援军，陷入了绝境。

　　最早的战略理论源于战争实践，而企业战略管理这门学科只有不到100年的历史。全球从事企业战略管理相关研究的学者、专业人士，少说也有几百万人。乔尔·罗斯说："没有战略的企业就像一艘没有舵的航船一样只会在原地转圈，又像个流浪汉一样无家可归。"我们的企业有战略吗？95%以上的企业没有战略。而一些所谓有战略的企业也未必有"好战略"。按照《好战略，坏战略》作者鲁梅尔特的说法，"好战略"凤毛麟角，"坏战略"比比皆是。

　　美国《管理学会学报》在2012年的一项调查表明，在理论研究与管理实践之间存在巨大的鸿沟，而且目前还看不到这种鸿沟缩小的迹象。有人开玩笑说，战略研究与经营实践是两个迥然不同的行业，"各在自己的山头，分别唱自己的歌"。一方面，战略理论的知识库不断扩充，相关的书籍、论文可谓汗牛充栋、层出不穷，时髦又流行的战略名词日新月异。另一方面，在企业实践领域，由于缺乏真正可用的战略理论，造成经营的"土地"异常干涸，众多企业战略问题频现，走向关门倒闭的命运。

　　笔者在《企业赢利系统》一书第4章曾讲到：战略学派众多，创新发散杂乱……战略有"三宗罪"！此处再提战略的"三宗罪"，可将它们进一步概括为：浮夸、"内卷化"、学不会！

　　有些战略管理书籍的内容比较浮夸。从西方引进的很多战略教科书及其国内的衍生产品，其主要内容可以用"一个喽啰兵+四个山大王"来形容。"一个喽啰兵"是指外部环境分析，通常这方面内容处在上述战略教科书的第一部分，其篇幅最多可占到一本书的六分之一。俗话说，鸟儿天上飞，鱼儿最懂水。经营者每天在感知外部环境，行业中所有企业的外部环境并没有很大的不同。所以，外部环境分析并不是企业战略管理的核心内容。在这样的理论熏陶下，如果经营者热衷于外部环境机会、追随宏观话题热点，期望"天上能掉下来馅饼"，通常不会帮助企业获得可持续的竞争优势，反而会形成投机主义价值观并遭受机会成本损失。"四个山大王"是指一体化战略、多元化战略、收购兼并战略、全球市场战略，这些内容是上述战略教科书的"重头戏"，通常要占去一本书的大半篇幅。从经营实践看，战略管理的重点在于，首先如何让企业活过创业期，实现"从0到1"的突破；其次是度过成长期，实现"从1到N"的增长；最后才是进入扩张期，实现"从N到$N+1$"的扩张。而上述"四个山大王"直接站在空中楼阁上，大谈特谈如何"从N到$N+1$"：一体化、多元化、收购兼并、全球扩张……海航集团、ofo小黄车、乐视集团、德隆集团、春兰股份等企业的衰败或消失，应该是这些理论的受害者。

战略学派林立，各自拥趸画地为牢，自说自话，像卷心菜一样囿于"内卷化"，在所属领域内进行低水平重复，无法跃迁到一个更高级层次。战略思想界有设计学派、计划学派、定位学派、学习学派等十大学派的说法。不可否认，它们对战略学科的形成及企业战略的开创具有奠基性作用。但是，按照明茨伯格的说法，这些战略学派又都在盲人摸象，它们的简单相加并不能获得一头完整的战略"大象"。后来，人们通过组合、叠加、拉郎配等多种手法创作，现在的战略学派更多了。《经济学人》杂志曾调侃说，人人都在谈论战略，却没有人知道战略究竟是什么。在碎片化切割及"内卷化"劳作的双重作用下，目前战略理论已经呈现"蜂窝状"加速扩展趋势，像生态、领导力、文化、创新、智能化、数据化等流行词背后，都已经有了各自的战略分支。

通过"知识堆砌+案例教学"的教育方式，战略你学不会！将战略内容的模块分门别类地按照教学逻辑堆积起来,可以是一门战略课程,可以是一部皇皇巨著,可以让学生习得知识、获得文凭,甚至可以让大家纸上谈兵,但是这不代表学会了真正的战略。真正的战略是什么?至少来说,战略=目标+路径,它应该揭示,在特定的外部环境下,一个企业如何从小到大、如何成长与发展的那些基本规律。此外,哈佛商学院的案例教学比较知名,全球各地商学院纷纷引进与效仿。也许不少人缺乏经营实践,所以引进案例教学补充;也许战略理论太混沌,以至于无章可循,所以看重案例教学的表演性与具体化;也许案例教学让听课者参与,互动让时间飞逝,所以能提高学员的满意度。别人的案例可以直接借鉴与模仿吗?也许会有一些启发,但也可能是"彼之蜜糖,汝之砒霜"。如果战略案例几乎都是知名企业、跨国公司的案例,战略课堂上绘声绘色地讲授世界500强、大型集团的过往经验,那么对于占企业总数比例95%以上的中小企业有什么借鉴意义?而哪个企业不是从小开始、逐渐长大的呢?

揭示问题是为了分析问题。战略"三宗罪"的根源在哪里?我们需要向华为的掌舵人任正非学习。他勤于自我批判。在华为高歌猛进时,他常常能自我反思,指出企业存在的困难和问题。从自我批判的角度,企业要战略聚焦,而战略理论自身是分散的、浮夸的;当企业遇到问题,有些战略学者振振有词:"战略要有所选择,不能盲目扩张……"

战略教科书、案例课堂及名师演讲,无非就是在战略类型与案例、战略学派与工具、战略裂变与混搭、战略制定与控制等方面——笔者称其为战略知识库,其中或者精致地给出一些内容组合,或者探究一点、以偏概全,或者跟班式研究、不断"内卷化"重复,见图1-1-1。但是,这些都不是企业战略的核心,它们只能算作外围。那么企业战略的核心是什么?

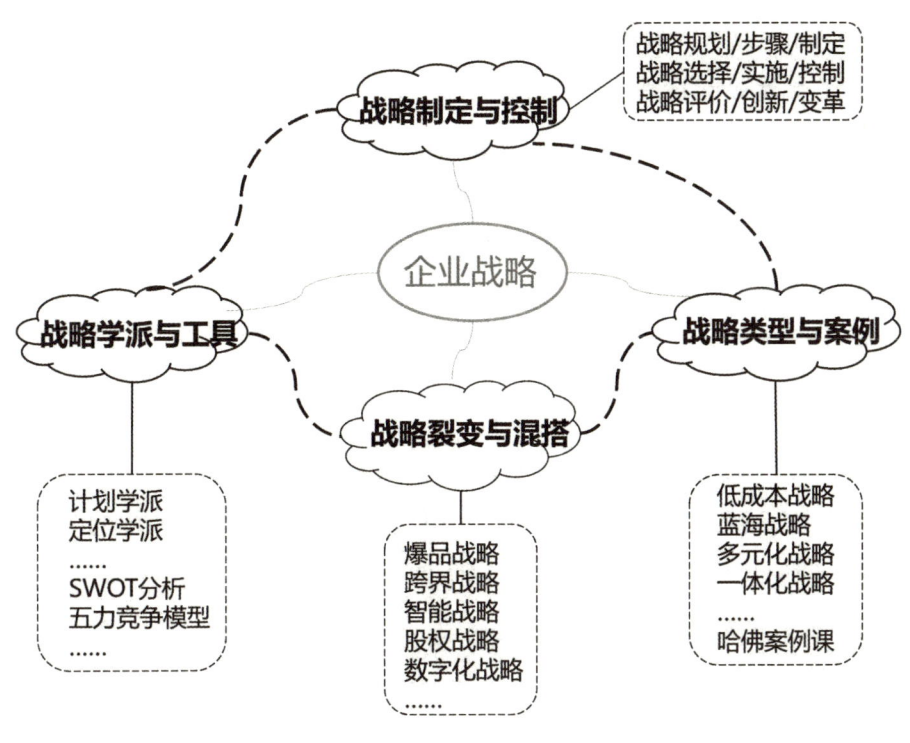

```
                          ┌─ 战略规划/步骤/制定
          战略制定与控制 ──┤  战略选择/实施/控制
                          └─ 战略评价/创新/变革

              企业战略

战略学派与工具              战略类型与案例

  计划学派                    低成本战略
  定位学派                    蓝海战略
  ……                          多元化战略
  SWOT分析                    一体化战略
  五力竞争模型                ……
  ……                          哈佛案例课

          战略裂变与混搭

            爆品战略
            跨界战略
            智能战略
            股权战略
            数字化战略
            ……
```

图 1-1-1 战略知识库示意图

图表来源：李庆丰，"新竞争战略"理论

分析问题，是为了寻找问题的可行解。战略学者迈克尔·波特认为，"战略是企业为之奋斗的一些终点及为此而寻求的相关途径的结合物"，用公式表达即"战略＝目标＋路径"。就像在大海中航行的舰船，我们求解目标、路径时，一定要先弄明白那是一艘什么样的舰船，像小舢板、远洋渔轮、潜水艇与航空母舰等，它们的目标、路径一定有很大不同。同理，我们把企业称作"企业生命体"，那么求解企业战略即"目标、路径"时，一定要先弄明白那是一个什么样的企业生命体。老王的小超市、聂云宸创办的喜茶、乔布斯创办的苹果、任正非创办的华为及王兴创办的美团，这些企业各自的目标、路径一定有很大不同。况且，在激烈的市场竞争大海中，企业生命体要几年、几十年，甚至几百年如一日地远航，同时自身还要不断定位、成长、扩张、突围……

企业生命体很复杂，具有耗散结构，是一个非线性系统。《平衡计分卡》的作者说："如果你不能描述，那么你就不能衡量；如果你不能衡量，那么你就不能管理。" 由于之前我们不能很好地描述企业生命体，造成相关的目标、路径很难衡量，所以可落地的战略规划与执行也就无从谈起。

如何结构化、系统化地描述企业生命体？我们描述一个事物不要面面俱到，眉毛胡子一把抓，而是应该遵照抓纲带目、纲举目张的原则。笔者在本书提出，通过"企业产品→T型商业模式→企业赢利系统"这样一个三级嵌套式结构来描述企业生命体。

笔者提出了企业赢利系统理论，同名书籍《企业赢利系统》已于2021年2月出版。商业模式"负责"一个企业的赢利，是企业赢利系统的中心子系统（简称为"中心"）。在笔者提出的T型商业模式理论中，企业产品又是商业模式的核心内容，企业生存与发展必定要依靠现在及未来的企业产品。由此，我们可以依照"企业产品→T型商业模式→企业赢利系统"，这样一个三级嵌套式结构，来描述企业生命体。

为实现目标和愿景，企业生命体通常会走一个什么样的战略路径？沿着时间轴，一个企业通常历经创立期、成长期、扩张期、转型期（或衰退期）四个生命周期阶段。在每个阶段，企业都应该有若干主要战略主题。例如：在创立期，企业的主要问题是如何进行产品定位，打造一个优异的企业产品，实现从0→1的突破，为企业建立生存根基；在成长期，企业的主要问题是如何实现持续赢利增长，不断累积竞争优势……这些关乎企业生存与发展的主要战略主题，首先通过经营场景研讨形成企业的战略规划，然后才能在日常的运营管理中落地。企业生命体、企业生命周期战略路径、战略规划与场景三大部分，共同构成了本书所阐述的"新竞争战略"的重点内容，见图1-1-2。

下一节将具体说明，竞争战略一定程度上代表了企业战略，新竞争战略是对波特竞争战略的重大升级。

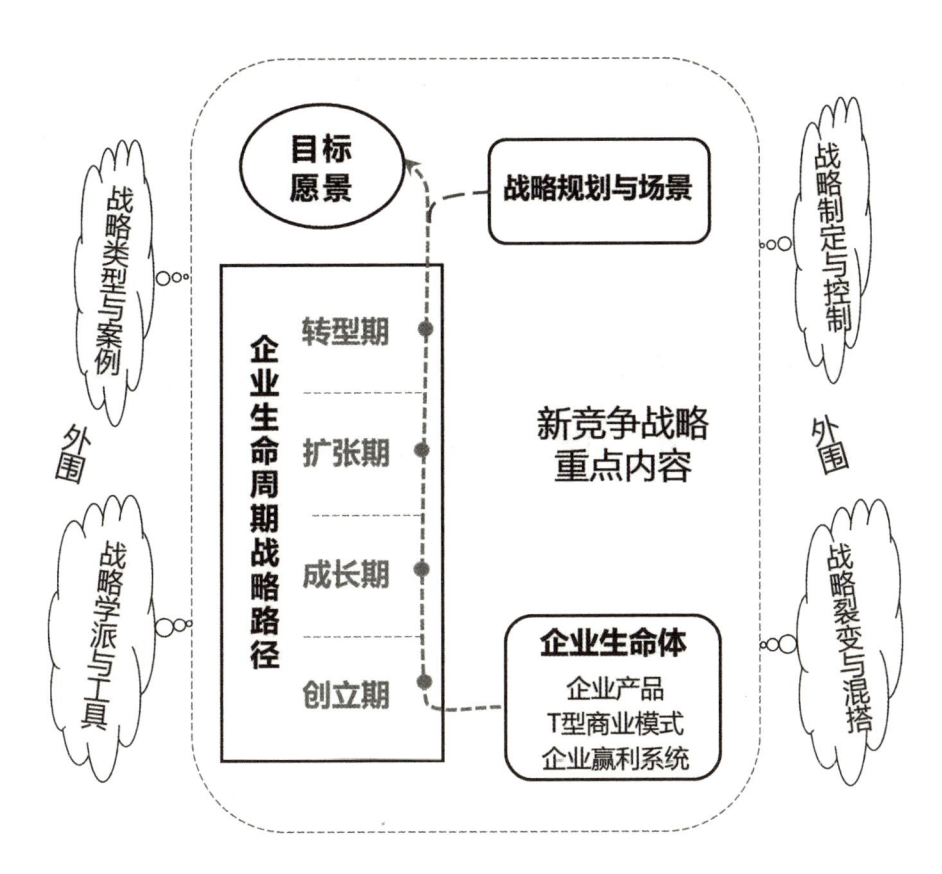

图 1-1-2 新竞争战略的重点内容示意图
图表来源：李庆丰，"新竞争战略"理论

1.2 竞争战略很重要！如何对它进行升级？

> **重点提示**
>
> ※ 在战略路径方面，施华洛世奇与新光集团有何不同？
>
> ※ 如何把握迈克尔·波特所提出的"竞争战略"的主要内容？
>
> ※ 采用批判性思维，如何理解"新竞争战略"？

19世纪末期的欧洲，第二次工业革命正如火如荼地进行，越来越多的普通民众也开始购买那些原本代表贵族身份的水晶装饰品，而传统低效的人工打磨水晶的方式已经难以满足日益增长的市场需求。

施华洛世奇创始人丹尼尔·施华洛世奇出生在欧洲的玻璃、水晶加工中心——捷克波西米亚地区。1895年，在参观了一次电气博览会后，丹尼尔·施华洛世奇受到启发，设计制造出颠覆人工打磨方式的水晶切割打磨机床，然后以自己名字"施华洛世奇"为品牌在奥地利蒂罗尔州开了一家工厂。

水晶的切割打磨效率提高了，天然水晶的产量又成了制约产能提高的瓶颈，于是丹尼尔·施华洛世奇花了三年时间探索出近乎完美的人造水晶秘方——本质上它是一种高铅玻璃。

20世纪初，水晶成为时尚流行装饰，施华洛世奇大批量生产的人造水晶成为设计师们的最爱，风靡巴黎、米兰时尚圈。法国、意大利、美国等世界各地的订单如雪片般向施华洛世奇涌来。

抓住了时代潮流的施华洛世奇，在战争中也没有错过发展机遇。在第一次世界大战期间，物资短缺，为了自给自足、延续生产，施华洛世奇就自己制造所需的设备。在第二次世界大战期间，被军方征用的施华洛世奇把水晶打磨技术应用于改良军用望远镜，从此开辟了新的业务领域——光学设备。

第二次世界大战后，欧洲经济复苏，水晶再次受到大众的欢迎，施华洛世奇逐渐成为全球顶级时尚水晶品牌。

1978年，中国的改革开放刚刚启动，16岁浙江女孩周晓光就怀揣借来的几十元钱，一路向北，出了山海关，到东北三省沿街叫卖绣花针、刺绣圈等小商品，一干就是六年。1985年，周晓光用多年积蓄在义乌的小商品市场租了个摊位，结束了漂泊叫卖的生活，后来又拿下中国台湾一家知名饰品企业的经销权。接着，她投资创办新光饰品厂，逐渐站在了国内饰品行业的潮头。

周晓光带领企业通过不断引入新款式、新材料、新工艺，成立自己的设计学校，将新光饰品厂逐渐发展为新光集团。随着设计水平的提升，新光集团与施华洛世奇等国际大牌合作，其饰品多次荣获国际大奖，产品还打入美国高端市场，让美国总统也别上了新光集团出品的领带夹。新光集团品牌声名远扬，奠定了行业龙头地位。周晓光成了实至名归的"饰品女王"、当地知名企业家。

2004年，新光集团从单一饰品企业转型为多元化运营控股集团。从房地产行业开始，新光集团不断跨界，而后一发不可收拾，快速拓展到制造、金融、投资、互联网甚至还有农业等诸多热门行业。到2016年，新光集团旗下拥有近百家全资子公司及控股公司，另有40多家参股公司，资产高达800亿元，周晓光也一度成为浙江女首富。

2018年9月，新光集团30亿债务"爆雷"，这成为新光集团崩盘的一条导火索，也证实了外界关于其流动性危机的传言。尔后，新光集团相关公司的股份被轮候冻结、多处房产被查封，员工工资被拖欠，创始人也被法院列入"被执行人"名单。2019年3月，新光集团向金华市中级人民法院申请破产重整，并对外披露未清偿债务高达357亿。从漂泊叫卖、摆地摊开始，周晓光40年摸爬滚打的家族基业，到后来只剩下"一地鸡毛"。

（参考资料：华商韬略 曹谨浩，《女首富"破产"：地摊起家傲立40年，贪大扩张基业毁于一旦》）

按照传统的说法，企业战略有三个层次，分别是总体战略、竞争战略、职能战略，见图1-2-1。

（1）总体战略，也称为公司层战略或集团层战略，主要回答"企业应该进入或退出哪些经营领域"，是指通过一体化、多元化、收购兼并、全球扩张、合资合作等经营战略，以形成所期望的多商业模式组合。

（2）竞争战略，也称为业务层战略，主要回答"企业在一个经营领域内怎样参与竞争"，指在一个商业模式内，通过持续累积竞争优势，奠定本企业产品在市场上的特定优势地位并维持这一地位。由此看来，竞争战略是围绕产品展开的。通俗地说，竞争战略就是如何打造一个有竞争力、可持续赢利的好产品的战略。

（3）职能战略，也称为职能支持战略，是按照总体战略或竞争战略，对企业相关职能活动所制订的大致计划，例如：营销战略、财务战略、人力资源战略、研发战略等。参照一个企业的组织结构图，可以列出企业应有的职能战略。

```
企业战略 ─┬─ 总体战略
          ├─ 竞争战略
          └─ 职能战略
```

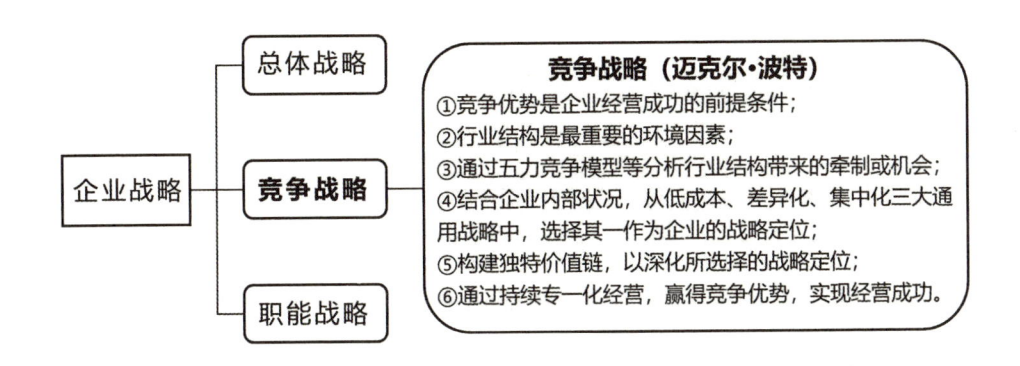

竞争战略（迈克尔·波特）
①竞争优势是企业经营成功的前提条件；
②行业结构是最重要的环境因素；
③通过五力竞争模型等分析行业结构带来的牵制或机会；
④结合企业内部状况，从低成本、差异化、集中化三大通用战略中，选择其一作为企业的战略定位；
⑤构建独特价值链，以深化所选择的战略定位；
⑥通过持续专一化经营，赢得竞争优势，实现经营成功。

图1-2-1 企业战略的分类及波特竞争战略的主要内容
图表来源：李庆丰，"新竞争战略"理论

结合上例，在竞争战略层面，可以说新光集团取得了经营成功，而在总体战略层面，企业又遭遇了经营惨败。究其原因，大致有以下四点：①虽然新光集团抓住了发展机遇，但竞争战略层面并不扎实，即常说的主业不稳、大而不强，没能将积累的竞争优势转变为企业核心竞争力；②从竞争战略到总体战略，新光集团并不是沿着竞争优势或核心竞争力展开的，而是依据所谓的外部机遇及企业家的豪情万丈盲目地跨界扩张；③通过总体战略做大后，企业的核心能力与关键资源明显不足，最终出现"小马拉大车"的困境；④创始人所谓的"高能"和自信，导致职能战略对总体战略、竞争战略的支持不足。

与新光集团"疯狂跨界"的战略路径有所不同，创立120多年的施华洛世奇并不热衷于所谓的总体战略，没有盲目多元化跨界，而是依据外部环境变化，聚焦于制定或调整竞争战略。从自研水晶切割打磨机床开始，到开发专属原料、投资专用设备、进军光学仪器、创立消费品牌，施华洛世奇打通了人造水晶加工上下游全部环节，最终拥有了自己的超级产品。施华洛世奇紧跟时代潮流，聚焦于自己的业务领域，精益求精、不断深耕，从持续累积竞争优势到形成企业核心竞争力，最终登顶人造水晶饰品行业巅峰。

业务层战略后来被广泛称为竞争战略，可能与哈佛大学迈克尔·波特教授1980年出版的书籍《竞争战略》有关。之前的战略学者，像安索夫、钱德勒等，以及麦肯锡、波士顿等咨询公司，主要是在总体战略方面进行研究或咨询，这与大公司、跨国公司对战略更重视或更愿意支付较多的咨询费用有关。至今，全球各地的商学院继承了这一传统，战略管理的课程内容主要与总体战略相关。笔者认为，聚焦于竞争战略，才是一个企业成长与发展的"王道"。先通过竞争战略累积竞争优势，然后形成企业核心竞争力，再围绕核心竞争力有机扩张，随着企业实力增强，主营业务变得扎实且强大，可以自然地跃迁到总体战略，也有利于构建职能战略并发挥其支持作用。从这样的角度看，企业战略主要就是竞争战略，它应该占取企业战略80%以上的权重。竞争战略应该在很大程度上代表着企业战略，这不是矫枉过正，而是消解上节提到的战略"三宗罪"的重要举措之一。

战略学派及其理论追随者之间也会相互批判。例如：根据一些专家学者的观点，好像波特的竞争战略还不只有"三宗罪"：重解构而轻综合、强调竞争而忽视合作、强调行业结构而忽略企业的主观能动性、机械静止地战略定位而缺乏有机及动态的论述……这些专家学者自有一套创新，提出了六力模型、七力模型甚至九力及以上模型等。

波特的专著《竞争战略》《竞争优势》等并不是通俗读物，如何将其中多个经典的理论进一步组合成一个有机的理论体系，有待后人去研究和升级。参考其他学者的研究，笔者将波特的竞争战略理论体系概括为六个方面，见图1-2-1。大家研读这六个方面后，就可知一些专家学者所谓波特理论存在的那些"重大性错误或缺陷"，大部分是子虚乌有或可能是理解不深刻导致的误判。另外，见图1-2-1，集中化战略是波特的三种通用战略之一，而非一些论文、书籍所称谓的专一化战略或专业化战略。专一化与多元化对应——专一化是指企业专注于经营一个商业模式，而多元化是指企业经营着多个商业模式；专业化与业余化对应——办企业及干工作需要专业化人才，而不能都是业余化人士。

运用批判性思维时，我们应该关注更核心、更重要的问题。光阴荏苒而过，科技创新踊跃，万物发生巨变，而波特的竞争战略是20世纪80年代提出的。所以，对于企业战略来说，更重要的问题是，如何对波特的竞争战略进行升级？

笔者在《T型商业模式》《商业模式与战略共舞》《企业赢利系统》等书籍的基础上，顺势而为又提出了新竞争战略理论，它向下兼容波特的竞争战略，更是一次重要升级。当然，这只是抛砖引玉，本书所言也只是新竞争战略的1.0版本。

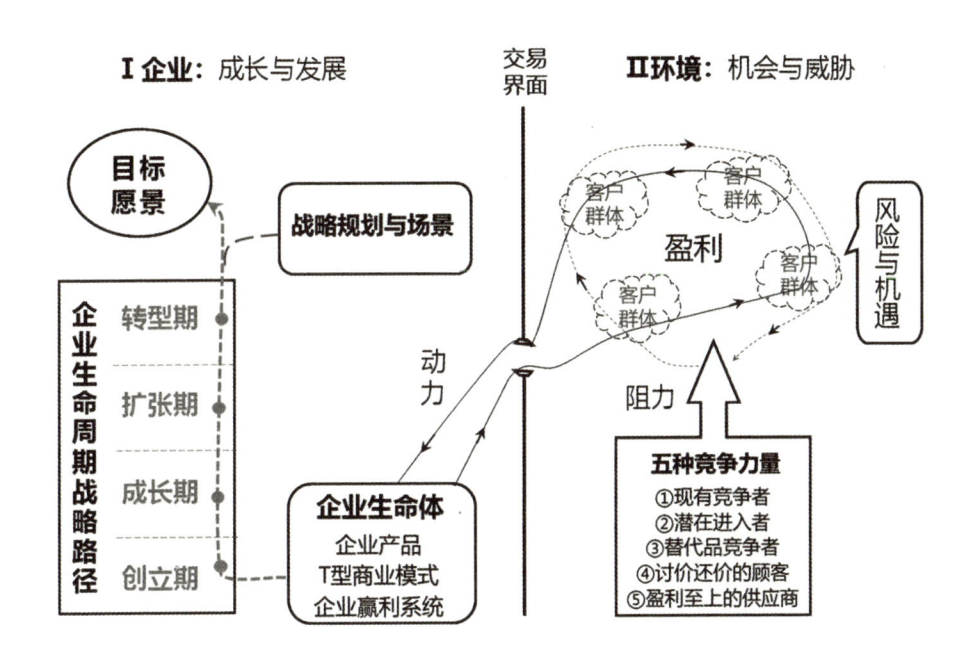

图 1-2-2 新竞争战略的企业与环境竞争图
图表来源：李庆丰，"新竞争战略"理论

图1-2-2的图示化形式能够协助我们理解新竞争战略的大体内容：可以将这个图看成一个棋盘，中间以交易界面代表"楚河汉界"。左侧是Ⅰ企业，它表示企业的成长与发展，需要在企业生命体、企业生命周期战略路径、战略规划与场景这三个新竞争战略构成要素的指导下，持续增益动

力，从右侧争夺客户群体、增加自身盈利。右侧是Ⅱ环境，主要阐述环境机会与威胁对企业经营的影响。行业内现有竞争者、潜在进入者、替代品竞争者、讨价还价的顾客、盈利至上的供应商这五种竞争力量，共同构成强大的行业牵制阻力，要么与你的企业争夺客户群体，要么通过多样手段设法降低企业的盈利，并且客户稀疏、政策管制、产业周期、环境突变等环境风险因素也会严重制约企业的成长与发展。形象地说，这类似拔河，如果左侧Ⅰ企业竞争力强，就会将右侧Ⅱ环境中的更多目标客户群体拉动或吸引过来；如果右侧的行业牵制阻力或环境风险较大，则会强力争夺企业所期望拥有的客户群体，降低企业盈利，对企业生存与发展构成威胁。

此后三节内容将分别介绍企业赢利系统、T型商业模式、企业生命周期战略路径，它们是构成新竞争战略的基础理论模块。

就像"新消费"也属于消费，"新材料"也属于材料，"新员工"也属于员工，"新竞争战略"当然也属于竞争战略。本书后续章节中，如果没有特别指明，说到的竞争战略主要是指新竞争战略。

1.3 企业赢利系统：让战略规划有章可循

> **重点提示**
>
> ※ 结合相关企业，如何理解"战略=目标+路径"？
>
> ※ 华为从"小蝌蚪"长成了"巨无霸"，为何当年的"大老虎"却消失了？
>
> ※ 对于制订战略规划，企业赢利系统有哪些开创性意义？

经常会有创业者说："只要我们能融到资，就可以再造一个阿里巴巴。我们比马云厉害多了，就是找不到当年的'孙正义'。"

当年的即刻搜索并不缺钱，背后股东的资金、流量及品牌资源可谓实力强大。项目的领军人物压根儿就没有把百度看成竞争对手，而是宣称要超越谷歌。结果如何？项目团队花费了大量资金，即刻搜索被人们解嘲为"即刻失败"。

再如，2019年12月，熊猫直播与数十位投资人达成协议，近20亿元巨额投资损失全部由企业实际控制人承担，曾经的"独角兽"熊猫直播倒闭了！熊猫直播显然不缺钱，实际控制人的家境富可敌国，多次成为"中国首富"；熊猫直播显然也不缺技术，合作股东奇虎360为此派出了一流的产品经理团队。

也有屡战屡胜的例子，例如：字节跳动的创始人张一鸣是一位普通的"技术宅男"，出身于工薪家庭，也没有什么特别背景。字节跳动成立几年后，在张一鸣的带领下，持续推出了一系列火爆的移动智能终端应用软件（APP），如今日头条、抖音、抖音火山版、西瓜视频等，被业界称为"APP工厂"。

前面说到，战略=目标+路径。对于目标，诸位都可以胸怀大志、畅所欲言；对于路径，我们却要保持敬畏之心。这也正是企业成功与失败的关键所在。现在流行说"长期主义""做时间的朋友"。结合上面的案例，在短期内，企业的成长路径出现重大失误，可能会遭遇惨败；在长期内，"常在河边走，哪有不湿鞋"，所以基业长青很难。

这里的路径是指战略路径——企业生命体所走过的主要成长与发展路径。 1987年，任正非借款2万元创办华为。当时的华为，只能勉强算作一个"小蝌蚪"级别的企业。在那个年代，与华为类似从事通信器材贸易的公司可谓多如牛毛，其中还有许许多多既有实力也有背景的"大老虎"级别的企业。现在，华为5G专利数量全球第一，通信设备市场份额全球第一，2020年营收超过9000亿元。当年的"小蝌蚪"如今已经成长为全球"巨无霸"，而当年的"大老虎"几乎都销声匿迹了。

战略路径代表着企业的前进方向，直观上看是由一系列重大决策组成，而背后是由一个系统在发挥作用。将企业看成一个系统，就要用系统论的观点去分析和研究。与系统论对应的是还原论，何谓还原论？笛卡尔认为，如果一件事物过于复杂，以至于一下子难以解决，那么就可以将它分解成一些足够小的问题，分别加以分析，然后再将它们组合在一起，就能获得对复杂事物的完整、准确的认识。

不可否认，还原论已经是近代科学研究的"标准操作"，对于推动理工类、管理类等各学科的发展功绩卓著。但是，从局限性看，还原论这种无限分解、不断拆分的方法，很容易让我们"只见树木，不见森林"。企业是一个不断与环境互动而进化成长的类生命有机体，属于非线性复杂系统。如果不断用还原论方法线性分解、分块拆卸、拼接组合，那么碎片式知识、无实用价值的创新将会不断涌出。

系统论与还原论是对立统一的关系，两者交相辉映，缺一不可。 如何用系统论的理念看待一个企业？100多年前，法约尔就将企业看成一个系统，区分了"经营"与"管理"，将管理活动从企业经营中独立出来，并提出管理的5项职能、14项原则。之后，麦肯锡的咨询顾问提出了企业7S模型；彼得·圣吉在《第五项修炼》中强调团队要学会系统思考；有的学者将企业比喻为一台笨重的机器或一个透明的黑匣子等。

以系统论的理念看待一个企业，笔者首次提出企业赢利系统理论。从静态结构看，企业赢利系统分为三个层次，见图1-3-1。赢利逻辑层，即经营体系=经管团队×商业模式×企业战略；执行支持层，即管理体系=组织能力×业务流程×运营管理；杠杆作用层，即杠杆要素=企业文化+资源平台+技术厚度+创新变革。

```
┌─────────────────────────────────┐
│         经营体系                 │    赢利逻辑层
│  经管团队×商业模式×企业战略        │
└─────────────────────────────────┘
              ↑
┌─────────────────────────────────┐
│         管理体系                 │    执行支持层
│  组织能力×业务流程×运营管理        │
└─────────────────────────────────┘
              ↑
┌─────────────────────────────────┐
│         杠杆要素                 │    杠杆作用层
│ 企业文化+资源平台+技术厚度+创新变革 │
└─────────────────────────────────┘
```

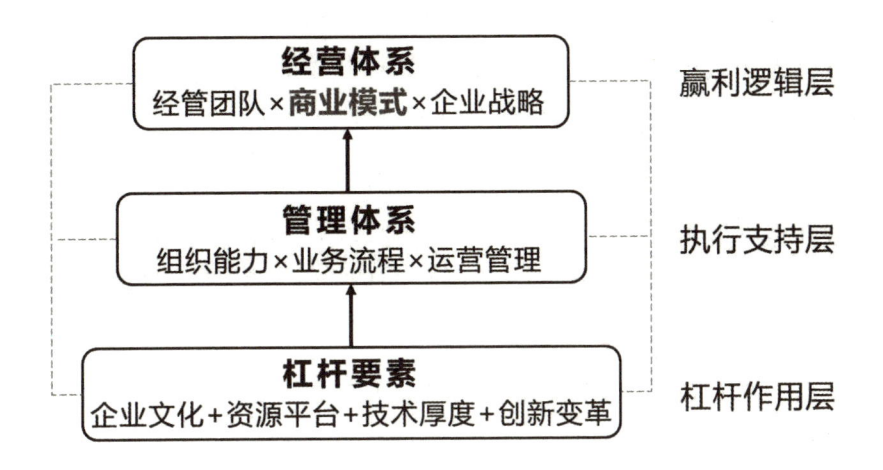

图1-3-1 企业赢利系统的结构分解与构成要素
图表来源：李庆丰，《企业赢利系统》

经营体系表明一个企业的底层赢利逻辑，关乎企业如何在市场上立足及可持续发展。显然，经管团队、商业模式、企业战略三者缺一不可。没有了人，就没有了一切！经管团队是企业成长与发展的源动力。商业模式的核心内容是通过企业产品可持续地创造顾客，它是企业在市场上立足所必备的前提条件。企业战略的核心内容是不断把握外部环境机会，规划一条比较优化的战略路径，以保障商业模式可持续地创造顾客，最终实现组织的目标和愿景。由此，企业战略可以分为三个部分：外部环境、目标和愿景、战略路径，也常用公式"战略=目标+路径"简要地表达。

管理体系从属于经营体系，发挥执行支持作用，将经营体系的赢利逻辑及时、准确、高效地转变为现实成果。管理体系的三要素与经营体系三要素一一对应：组织能力可以看作是经管团队的功能放大及能力扩张，通过组织结构、制度文件等将企业全体人员凝聚成一个有机整体；业务流程是商业模式的逐级展开及执行步骤，犹如涓涓细流与大江大河的关系；运营管理将企业战略规划转变为日常计划、现场改进及绩效成果。

杠杆要素主要包括企业文化、资源平台、技术厚度、创新变革。它们在企业赢利系统中主要发挥杠杆作用，让经营体系、管理体系以及两者协作起来更省力、更高效，成本更低，竞争力更强、更持久。

在上述经营体系及管理体系的公式中，各要素之间用"×"号连接，表示每个构成要素缺一不可；在杠杆要素的公式中，用"+"号连接各个要素，表示它们之间是叠加关系，视企业具体情况，可以增减这些要素，也可以有额外的要素增加进来。

企业赢利系统的动态呈现形式，见图1-3-2。在经营体系三要素中，让经管团队、商业模式两者保持不变，而将企业战略展开为战略路径、外部环境、目标和愿景三个部分，它们共同构成一个基本版（或称为简要版）的企业赢利系统。我们通常这样动态地表述它的赢利逻辑：经管团队驱动商业模式，结合外部环境，沿着企业规划的战略路径进化与发展，持续实现各阶段经营目标，最终达成企业愿景。打个比喻说，它们三者就像一个"人-车-路"系统，经管团队好比是司机，商业模式好比是车辆，企业战略好比是规划好的行驶路线、外部环境及要去的地方。

在图1-3-2中，为了让图示更加简明扼要，更好地动态说明简要版的企业赢利系统，所以没有对管理体系、杠杆要素包含的内容进一步展开。从动态的视角，将"管理体系=组织能力×业务流程×运营管理"这个构成公式，转换为文字表述为：企业以组织能力执行业务流程，推动日常运营管理，周而复始地达成现实的绩效成果。另外，在《企业赢利系统》中，有近60个图示化分析模型，大部分是用来说明企业赢利系统各部分及其所属各要素之间的连接关系和动态运作原理。本书引入企业赢利系统，是为了更加系统地说明新竞争战略理论，所以仅选取其中密切相关的内容进行简要阐述。

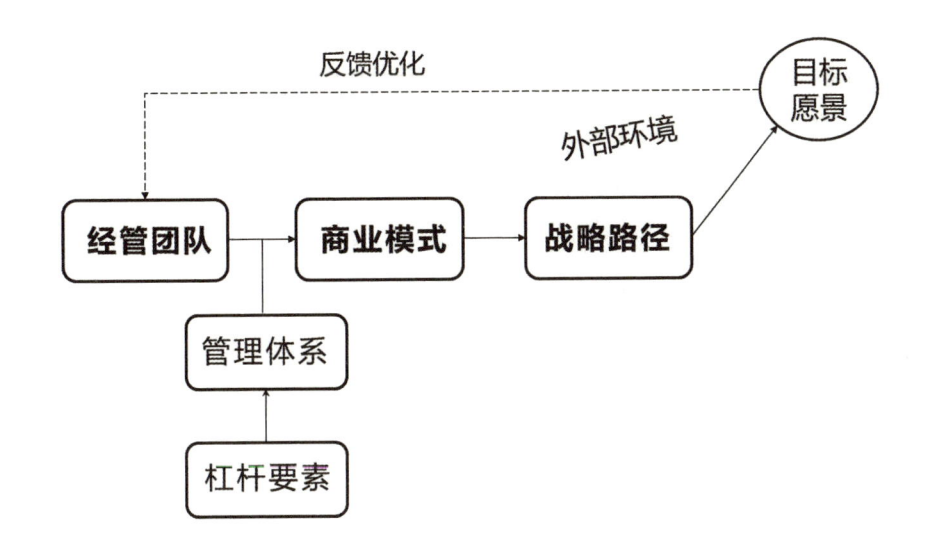

图 1-3-2 企业赢利系统的动态呈现形式
图表来源：李庆丰，《企业赢利系统》

在上述静态结构图中（图1-3-1），企业战略是企业赢利系统的一个基本构成要素；在图1-3-2的动态呈现形式中，企业赢利系统的其他要素或者整体将沿着企业战略的规划路径成长、进化与发展，这似乎又突破了整体与部分的关系，这是否有些自相矛盾呢？企业战略"掌管"企业赢利系统沿着时间维度的变化节奏。因此，从静态与动态的不同视角，两者确实存在以上认识上的差异。为解此疑虑，可以从当下时点向前或向后分别看待问题：从现在回溯过去，企业赢利系统各要素客观存在、已成事实，最终归结为当下时点的一个横截面（图1-3-1所示的静态结构）；从现在规划未来，企业赢利系统是一个动态系统（图1-3-2所示的动态呈现形式），我们考察企业在一个时间段的成长、进化过程。以下比喻或许有助于我们理解上述困惑：大脑是人体的一部分，人体在大脑的指导下生长和发育，同时大脑也在生长和发育。另外，在企业管理领域，我们要避免"学究""刻板"地分析矛盾或问题，应该更多聚焦于理论的实用性及对实践的指导价值。

新竞争战略一定程度上代表了企业战略。企业赢利系统与新竞争战略有什么关系？一方面，企业生命体是新竞争战略三大构成之一，而企业生命体包括企业产品、T型商业模式、企业赢利系统三个主要模块。当然，此处的企业赢利系统，可以看成除去"企业战略"要素后的企业赢利系统。另一方面，企业赢利系统及其T型商业模式、企业产品，让战略规划与场景"有据可依"，本书第6章将具体阐述这方面的内容。

1.4　T型商业模式：与竞争战略携手前行

> **重点提示**
>
> ※ 从还原论与系统论视角分别理解T型商业模式，将有哪些显著的不同？
>
> ※ 企业产品代表着一个怎样的不可分割的整体？
>
> ※ T型商业模式理论能否解释95%以上的企业？

搞公益做慈善，比较高的境界就是"授人以鱼，不如授人以渔"，再升华到理论高度，就是要为被资助者设计一个商业模式。

罗辑思维跨年演讲中有这样一个"时间的朋友"例子：上海投资人王益和买了20万棵金丝楠木树苗，免费送给四川深山里的农民，让他们种在房前屋后、山上路边。金丝楠木是中国特有的珍贵木材，在古代是皇家的专用木材，而今即使原产地四川，野生金丝楠木也已非常罕见。王益和把树苗免费送给村民时，有一个附加条件，种下去后5年内不准卖。这些树苗每年只能长高10厘米稍多一点，20~30年后，就可以长到3~4米高，稀缺物资叠加通货膨胀效应，那时一棵树苗价值上万已经不成问题。一户村民种上几百棵，就像开了一家"绿色银行"，几十年或上百年后就成了百万或千万富翁。

根据T型商业模式理论，上例中的创造模式、营销模式、资本模式都聚合在一起了。它隐含的假设是，"皇帝的女儿不愁嫁"，创造模式生产多少，市场就会需要多少，所以营销模式依附于创造模式中；金丝楠木会不断升值，具有复利或指数增长效应，大自然赋予这些农民的创造模式自己就会"钱生钱"，所以资本模式也依附于创造模式中。

一个完全版的T型商业模式有三大部分共13个要素，见图1-4-1。图1-4-1右下侧虚线框内是从还原论的视角给出了T型商业模式结构化分级示意图。首先，T型商业模式分为创造模式、营销模式、资本模式三大部分；其次，这三大部分还有各自的构成要素。

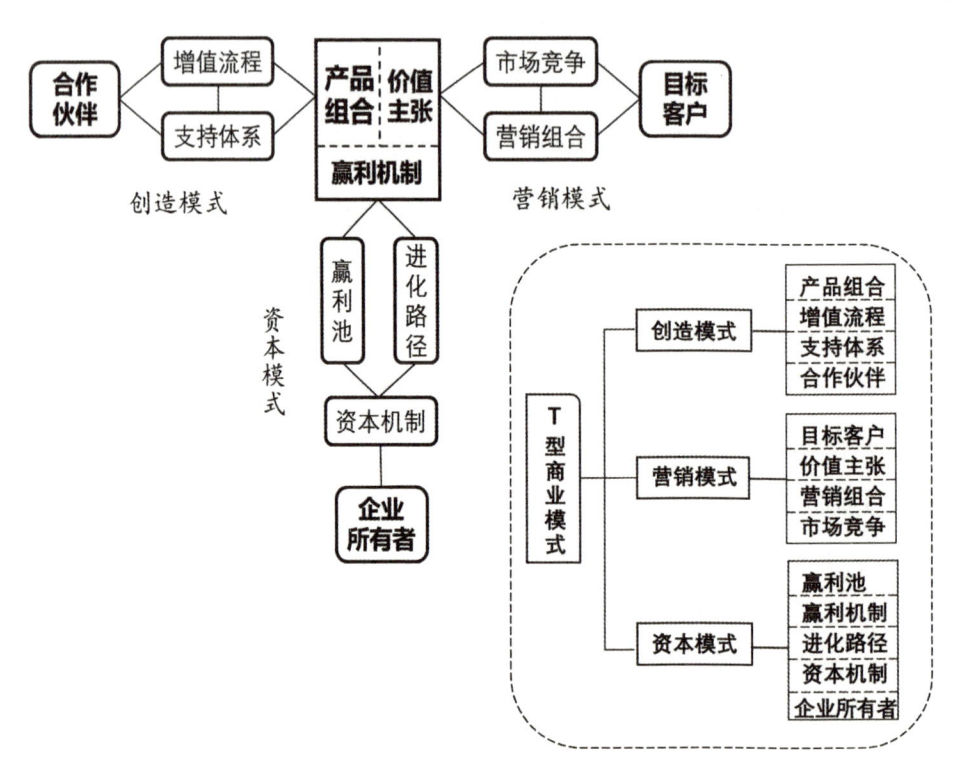

图1-4-1 T型商业模式全要素构成图（左上）及结构化分级示意图（右下）
图表来源：李庆丰，《T型商业模式》

1. 企业产品决定成败

商业模式是企业赢利系统的一个子系统。从系统论视角，图1-4-1（左上图）是T型商业模式全要素构成图。乍一看到这个图，我们会感到它构成要素较多，连接关系有点复杂。就像庖丁解牛，我们先要找到一个入手点。对于这个图来说，入手点是中间的大方框——产品组合、价值主张、赢利机制三者皆在其中，它们是"三位一体"的一个整体。一个企业拥有的产品具有模块组合或多产品搭配的一面（产品组合），同时也有满足目标客户需求的一面（价值主张），还有通过客户付费购买为企业带来赢利的一面（赢利机制），所以它们本质上是一个"整体"。只不过产品组合代表这个"整体"的实体形式，而价值主张、赢利机制代表这个"整体"的虚体形式。之前的书籍中，笔者用"产品组合"代表这个整体。为了避免混淆，在本书中用"企业产品"代表这个整体。因此，这里的企业产品是一个专用名词，与企业生命体中的企业产品等同，都表示产品组合、价值主张、赢利机制三者合一的整体。

例如：一部智能手机就是一个产品组合，通常由硬件、操作系统、APP组成。它不仅可以打电话、发短信，通过安装APP可以扩张出"无穷无尽"的应用功能，而且每个厂家都有自己的产品特色，这些共同构成了该产品组合中蕴含的吸引客户购买的价值主张。厂家销售手机、配件，并通过软件、维保收费，为企业带来持续赢利，这是产品组合中蕴含的赢利机制。

从形式上看，设计商业模式，核心是设计产品组合，而产品组合可行与否，取决于蕴含的价值主张满足客户需求的程度。只有客户需求强烈，才会在实质上形成对产品组合的购买、口碑传播等。这些都是赢利机制形成的前提条件。从实质上看，一个优秀的商业模式，产品组合、价值主张、赢利机制三者是一个有机的整体，缺一不可、不可分割，并且它们之间相互促进、相互增强，实现整体最优。我们在前文中讨论竞争战略的企业生命体，要把企业产品放在第一位，然后扩大到商业模式，再扩展到企业赢利系统。专家学者们常说，商业模式决定企业成败，实质上是企业产品决定企业成败。试想，如果一个企业的产品组合没有竞争力，价值主张不能激发目标客户的强烈需求，那么必然会出现销售受阻、产品积压，设计再巧的赢利机制也不能真正带来赢利。

德鲁克说，企业的唯一目的是创造顾客；华为有一句著名的Slogan（口号）：以客户为中心，以奋斗者为本！T型商业模式有"商业模式第一问"：

企业的目标客户在哪里，如何满足目标客户的需求？ 要解答这个问题或将前面的口号转变为行动，企业就要创造差异化的产品组合，营销有竞争力的价值主张，通过可持续的赢利机制实现资本累积和放大。并且，要将它们三者看成一个有机整体，你中有我，我中有你，不能将它们机械地分割或孤立地对待。以比喻的方式说，产品组合、价值主张、赢利机制三者构成了一个立体容器，可将其称为"聚宝盆"，合作伙伴的价值在其中，目标客户的价值在其中，企业的价值也在其中。通俗地说，企业与合作伙伴共同打造一个好产品，目标客户争相购买企业的产品，企业也从中持续赢利——产品组合、价值主张、赢利机制三者形成了一个闭环。

如果产品组合、价值主张、赢利机制出现"三缺一"或"三缺二"，这个"聚宝盆"就不是一个立体容器了，而可能降格为一条线或一个面，从而无法承载任何价值。模仿或山寨的问题在哪里？它们只是在产品组合形式上有点像某个品牌，但是无法模仿品牌的价值主张，或者就不可模仿！例如：1998年，娃哈哈集团就推出了类似可口可乐的产品——非常可乐，但是产品组合中蕴含的价值主张一直不鲜明，消费者自然不会买账，赢利机制不能形成闭环，再怎么变换营销方式也于事无补，后来逐渐销声匿迹了。

2. 对T型商业模式各个构成要素的简要解释

图1-4-1左上侧图中间大方框中，产品组合及其左侧各要素，属于创造模式部分；价值主张及其右侧各要素，属于营销模式部分；赢利机制及其下方各要素，属于资本模式部分。将这三大部分连接起来，形状像一个"T"，所以称之为T型商业模式。

（1）对于创造模式中的四个构成要素——产品组合、增值流程、支持体系、合作伙伴，简要解释如下：

①产品组合。任何一个企业，要在市场上立足，都需要为目标客户提

供产品——在T型商业模式语境下，这个产品统称为产品组合。由于竞争及客户需求的多样性，所以产品组合的形式是多种多样的。例如：前面智能手机例子中说到"硬件+操作系统+应用软件"，它们属于产品互补关联组合。当然，单一产品属于最简单形式的产品组合。服务类产品可以看成是功能模块构成的产品组合。例如：知名教育机构的"高收费课程+文凭"组合，海底捞的"火锅+差异化服务"组合。为了研究需要，也会将看起来单一的产品拆分成产品组合。例如：将耐克鞋这个单一产品拆分成"运动鞋+品牌形象"产品组合，将奔驰汽车这个单一产品拆分成"交通工具+品牌身份"产品组合。

②增值流程。这里是指形成产品组合所需要的在企业内部完成的主要业务流程，约等于波特价值链。

③合作伙伴，主要是指对形成产品组合有贡献的外部组织或个人，即广义上的企业供应商。

④支持体系，可以用"排除法"理解：除了合作伙伴和增值流程，其他对于形成产品组合有贡献的内容，都属于支持体系。一般来说，它包括技术创新及来自资本模式的各种能力与资源。

（2）对于营销模式中的四个构成要素——目标客户、价值主张、营销组合、市场竞争，简要解释如下：

①目标客户，是指企业提供产品和服务的对象。在笔者的系列书籍中，目标客户与用户、顾客、消费者等概念基本一致，都表示产品组合的销售或服务对象。

②价值主张。价值主张决定了企业提供的产品组合对于目标客户的价值和意义，即相对于竞争者，产品组合满足了目标客户的特定需求。例如：顾客买一杯喜茶的饮品，除了解渴或品尝风味外，还有消费习惯需求、跟随潮流需求、发朋友圈及排队炫耀等社交需求，它们共同构成这个产品组合的价值主张。

③营销组合。营销组合代表企业选择的营销工具或手段的一个集成。

营销4P[①]、4C[②]、4R[③]等是经典理论的营销工具组合。在互联网环境下，社群营销、裂变营销……乃至"网红"、直播、"种草"等都成了非常流行的营销手段。将选用的营销工具或手段整合在一起，统称为企业的营销组合。

④市场竞争，主要是指行业内竞争者、潜在进入者、替代品竞争者等市场竞争力量。

（3）对于资本模式中的五个构成要素——赢利机制、企业所有者、资本机制、进化路径、赢利池，简要解释如下：

①赢利机制。它是指企业通过产品组合实现赢利以建立竞争优势的原理及机制。例如：樊登读书、罗辑思维等知识平台的"免费+收费"产品组合中含有这样的赢利机制：免费的数字化产品带来巨大流量，但是边际成本趋于零——1万个用户与1亿个用户的总成本相差无几；收费的数字化产品的边际收益以指数递增——初期少数用户摊销掉成本后，而后若干年新增用户带来的收益基本都是企业的利润。与"盈利"不同之处在于，T型商业模式中的"赢利"不仅包括会计学意义上的利润，还包括经营活动中形成的智力资本等。

②企业所有者。企业所有者名义上是指全体股东，而实质上发挥作用的是有权决策企业经营重大事务、对外股权融资、股权激励、对外投资合作等资本机制层面操作事项的一个人或一个小组。在经营实践中，往往是企业创始人、掌门人或核心团队掌管了这些决策权，而股东会、董事会等往往是一个正式的法律形式。

③资本机制，类似资本运营，主要指企业所有者通过对外融资、股权激励、对外投资等资本运作形式，为企业引进资金、人才等发展资源或寻找发展机会。

---

① 4P 是指产品 (Product)、价格 (Price)、促销 (Promotion)、渠道（Place）。
② 4C 是指顾客 (Customer)、成本 (Cost)、便利 (Convenience) 和沟通 (Communication)。
③ 4R 是指关联（Relevance）、反应（Reaction）、关系（Relationship）和回报（Reward）。

④进化路径,是指商业模式发展进化的轨迹。例如:阿里巴巴从企业服务电商起步,然后有了淘宝、支付宝,再后来发展出天猫、菜鸟物流、云计算、智能零售等诸多商业模式的组合。

⑤赢利池。它表示企业可以支配的资本总和,主要有资本存量和赢利池容量两个衡量指标。从资本存量角度来看,赢利池汇聚着企业内生及外部引进的各类资本。赢利池容量代表着企业未来的成长空间,一般以企业估值或企业市值来近似衡量。

现在流行公式思维,关于T型商业模式三大部分的公式表达见表1-4-1。

表1-4-1 T型商业模式的构成要素及公式、文字表述

模式	T型商业模式=创造模式+营销模式+资本模式
创造模式	公式:产品组合=增值流程+支持体系+合作伙伴 转换为文字表述:增值流程、支持体系、合作伙伴三者互补,共同创造出目标客户所需要的产品组合
营销模式	公式:目标客户=价值主张+营销组合-市场竞争 转换为文字表述:根据产品组合中含有的价值主张,通过营销组合克服市场竞争,最终不断将产品组合销售给目标客户
资本模式	公式:赢利=赢利机制+进化路径+资本机制+企业所有者 转换为文字表述:赢利池需要赢利机制、进化路径、资本机制、企业所有者等要素协同贡献

至于T型商业模式的基本原理,就像笔者已出版书籍《T型商业模式》宣传片中所说的:依靠创造模式,对产品定位与锤炼,持续打造一个好产品。学会营销模式,再也不盲目促销了,而是聚焦产品差异化,通过优选的营销组合克服竞争,为企业带来持续赢利!掌控资本模式,累积竞争优势,为发展进化赋能,培育企业核心竞争力。三者联动起来,发挥飞轮效应,让企业尽快成长为一匹"独角兽"。

3. T型商业模式的多样化形式

为了表达商业模式的整体特征，强调其中一些特定要素或功能、演示多商业模式叠加组合等需要，除了图1-4-1所示意的T型商业模式全要素构成图，下面再给出几个与竞争战略相关的表达T型商业模式多样化应用的示意图形式。

忽略具体构成要素，只是将创造模式、营销模式、资本模式构成一个T型图，就是T型商业模式的概要图，见图1-4-2之左图。这个概要图主要用来表达商业模式的整体特征、动态进化等。

对全要素图进行"瘦身"，去掉中间要素，只保留与产品相关的三个核心要素（产品组合、价值主张及赢利机制）、与交易主体相关的三个周边要素（合作伙伴、目标客户及企业所有者），由此得到T型商业模式的定位图，见图1-4-2之右图。定位图主要用于阐述或判断企业产品如何定位，这对于创立期的企业尤其重要。

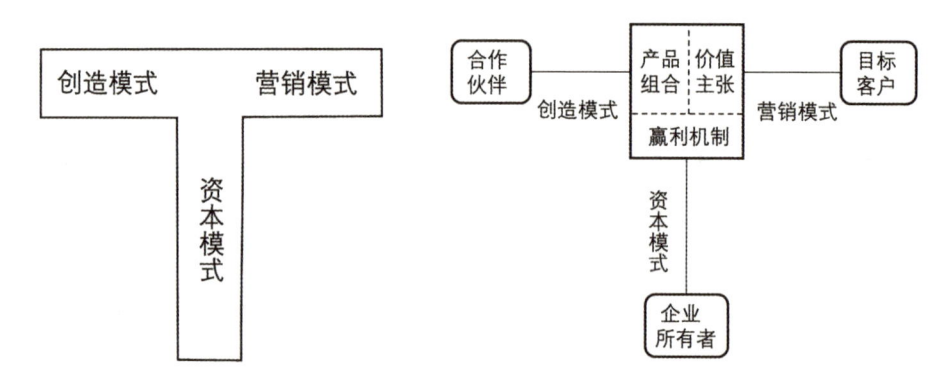

图1-4-2 T型商业模式的概要图（左）与定位图（右）
图表来源：李庆丰，《商业模式与战略共舞》

此外，在传统战略理论中，所谓的横向一体化战略、纵向一体化战略及其他相关多元化战略、无关多元化战略等内容，都可以通过T型商业模式进行图示化表达。例如：图1-4-3的a图为横向一体化示意图，由多个横置的T型商业模式概要图连接在一起而构成。它表示处于一个集团的各个关联企业共享资本模式,但是在一定程度上保留各自的创造模式和营销模式。b图是纵向一体化示意图,c图是盲目多元化示意图,d图是核心竞争力引领下的多商业模式组合示意图。

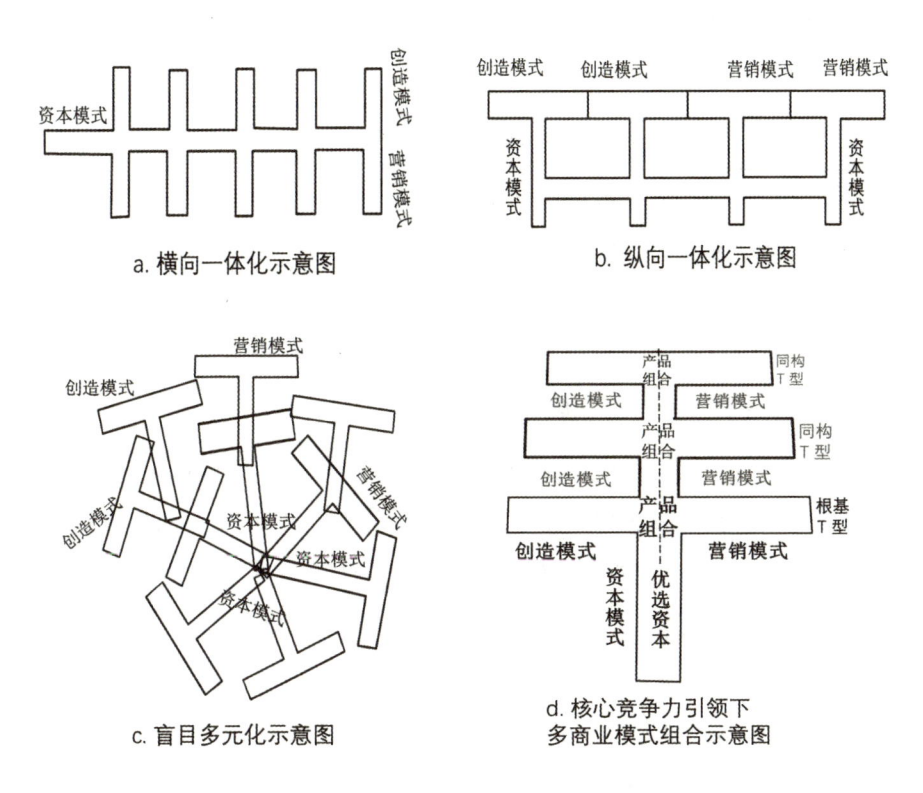

图 1-4-3 用 T 型商业模式表达一体化、多元化战略等示意图
图表来源：李庆丰,《企业赢利系统》

4. T型商业模式的兼容性与扩张性

追根溯源的话,原始社会后期出现的"以物易物"就是一种简易的商业模式。它包括两个交易主体：买方(目标客户)和卖方(企业所有者)。后来,出现了为"以物易物"提供搬运、清洗、中介等服务的第三方合作伙伴。用T型商业模式理论解释一下,目标客户、企业所有者、合作伙伴都有了,处于T型商业模式三端的三个"主角"都登场了,所以那时T型商业模式的实践就已经开始了。

31

理论往往滞后于实践，我们对理论的认识通常是一个逐渐递进的过程。关于商业模式，一种说法是B2B、B2C之类，还有成语接龙式的延长或变异，像B2B2C、C2M2B等。用T型商业模式来解释，这些说法其实是企业所有者、目标客户、合作伙伴三者之间关系或衍生关系的反映。

另一种说法是以盈利模式（或赢利模式）指代商业模式。通俗地讲，盈利模式就是如何将经营的业务拆分或组合——化整为零、化零为整或跨界组合，想方设法向目标客户"巧立名目"收费。例如：租赁费、过路过桥费、解决方案费、订阅费等。现在，也有22种赢利模式、55种赢利模式的说法。用T型商业模式来解释，盈利模式近似等于赢利机制，这只是T型商业模式的一个要素，不能孤立地存在。

商业的本质不变，其实是说商业模式应该有一个固定的要素结构。它应该能解释企业如何应对商业世界的千变万化，将一切变化建立在一个不变的基础之上。从20世纪90年代开始，中外的专家学者都在寻找这个能够反映商业本质的不变的要素结构。尤其进入21世纪以来，关于商业模式的"N要素"说逐渐涌现，有3要素说、4要素说、5要素说、6要素说、8要素说、9要素说等。笔者提出的T型商业模式属于"13要素"说，是站在前人"肩膀"上的又一次创新。

与前人的研究有所不同，笔者认为商业模式不能是一座理论孤岛，不能囿于商业模式而研究商业模式。商业模式只是企业赢利系统的一个子系统，应该去探索商业模式与企业战略、组织能力、业务流程、运营管理、企业文化等子系统之间的连接关系。按照哥德尔定理，"不识庐山真面目，只缘身在此山中"，所以我们需要跳出商业模式来研究与探索商业模式。

另外，扩充范围来说，T型商业模式还与诸多企业管理理论及实践有关联之处，见表1-4-2。

表1-4-2 T型商业模式与一些管理实践及理论的关联之处

有关理论及要点	与T型商业模式关联之处
1.产品思维 一个具备优异产品思维的产品经理应该修炼"微观体感、中观套路、宏观格局"	T型商业模式≈产品思维+资本模式,或者说:产品思维≈创造模式+营销模式。T型商业模式及相关理论是可供参考的"中观套路",再与竞争战略结合,非常有利于培养产品经理的宏观格局与视野
2.平衡计分卡 从财务、客户、内部流程、学习与成长四个角度,将企业战略落地	客户、内部流程对应于营销模式、创造模式;学习与成长增加了企业智力资本,所以对应于资本模式。T型商业模式是平衡计分卡落地的一个简要抓手
3.净资产收益率 净资产收益率=销售净利率×资产周转率×融资杠杆倍数	销售净利率、资产周转率、融资杠杆倍数分别与营销模式、创造模式、资本模式及各要素密切相关
4.价值链 价值链指设计、采购、生产、销售、交货和售后服务等各项活动的聚合体	价值链近似于T型商业模式13个要素之一的增值流程。T型商业模式是价值链理论的一次跃迁式升级
5.五力竞争模型与利益相关者 现有竞争者、潜在进入者、替代品竞争者、供应商、顾客	对应于T型商业模式的市场竞争、合作伙伴、目标客户。T型商业模式将五种竞争力量等利益相关者与企业自身放在一起,从竞争、合作双重角度讨论
6.复利效应与指数增长 与增强回路、滚雪球、赢家通吃、马太效应等是一回事	T型商业模式的第一、第二、第三飞轮效应揭示了复利效应或指数增长在产品定位、赢利增长及培育核心竞争力方面的具体应用
7.生产者剩余与消费者剩余 消费者剩余是消费者福利,生产者剩余是生产者福利,两者之和为社会福利	消费者剩余是第一位的,是前提条件。根据产品组合、价值主张、赢利机制三位一体,必有合作伙伴剩余、消费者剩余、生产者剩余。它们互相依存,形成闭环
8.华为的"铁三角"理论与实践 在大项目管理中分设产品经理、客户经理、交付经理三个不同的角色	华为的"铁三角"促进了产品组合、价值主张、赢利机制三位一体,让合作伙伴、目标客户、企业(所有者)三者利益达成一致
9.资源基础理论 资源可转变成独特能力,在企业间难以流动或复制。这些独特的资源与能力是企业持久竞争优势的源泉	资本模式与创造模式、营销模式之间不断往复循环发生的储蓄、借用与赋能活动,持续增加企业的智力资本、货币资本、物质资本。它们是企业建立竞争优势、形成核心竞争力的前提条件
10.定位学派与相关理论 低成本、差异化、集中化三大战略,蓝海战略、品牌理论、定位理论、平台战略、爆品战略等	与T型商业模式的三端定位模型密切相关,都可以在T型商业模式三大部分中具体展开,从而让它们实现可以描述、可以评价、可以管理

在T型商业模式理论中,企业产品决定成败,它是商业模式的核心内容,企业生存与发展必定要依靠现在的企业产品及不断改进与创新的未来的企业产品。T型商业模式是形成优秀企业产品的最直接保障,担负着为企业不断创造顾客及持续赢利的职能。企业赢利系统是促进商业模式发挥作用的系统性重要保障和建设支持力量。企业产品、T型商业模式及企业赢利系统,三者组成新竞争战略中的企业生命体。

1.5　企业生命周期：
竞争战略的曲径通幽之旅

> **重点提示**
>
> ※ 乐视的"生态化反"为什么无法成功？
>
> ※ 在企业生命周期各阶段设置战略主题有什么实用意义？
>
> ※ 波特竞争战略存在哪些亟待升级的漏洞？

2020年7月21日，乐视网（简称"乐视"）终止上市交易，总市值只剩7.18亿元，较高峰时的1700亿元市值已经"蒸发"99%以上。有网友称，"乐视退市，半个娱乐圈都将遭遇损失"。还有网友调侃，"乐视就属于娱乐圈，将'生态化反'、资本运作这些新旧把戏放在一起玩"。

从企业生命周期来看乐视，大致可以分为以下三个五年：第一个五年，从2004年11月乐视创立到2010年创业板上市，可以看作是乐视的创立期、成长期；第二个五年，从乐视上市到市值屡创新高的2015年，这是乐视的扩张期，"一云七屏"、七大生态一起"化反"的大饼已经成型；第三个五年，从2015年巅峰状态到2020年退市，生命周期抛物线画出了右半边，秋风扫落叶，这算乐视的衰退期。

乐视从视频网站起家，这个业务在当时很引人注目。其他类似网站，像优酷、土豆、酷六、六间房、爱奇艺等，全是赔钱的，投资人的钱烧得差不多了，只能合并重组，找个像BAT[①]那

---

① BAT是指中国三大互联网公司百度（Baidu）、阿里巴巴（Alibaba）、腾讯（Tencent）。

样的靠山，继续进行商业模式探索。乐视于2010年深圳创业板IPO[①]，当时质疑的声音很多。乐视上市时，视频巨头都深陷巨亏，乐视的财务指标竟神奇地位居行业第一，赢利非常好。华兴资本包凡评论道："一个排名第17位的视频网站，却有行业第一的财务指标，变戏法啊！"多年后，《财经》杂志爆料称，因乐视IPO财务造假问题，多位前发审委委员被抓。

乐视上市后，视频业务怎么撑下去呢？

乐视创始人读过知名商学院，认识到盲目多元化胜出的概率太低了，那就搞战略课堂上曾被大家津津乐道的相关多元化。主营业务这棵"大树"不给力，那就再种几棵"大树"，让它们连接在一起，像一片森林。乐视上市后从一个视频网站开始业务裂变，连续造了七个产业生态：视频、电视、手机、体育、金融、汽车、云生态。有人疑问：这七个生态都是传统大行业、大产业，都有巨头存在，任何一个领域想做好都不容易，乐视同时在七条战线作战，这不是在自杀吗？

也许乐视的创始人背后还有国际一流咨询公司或知名商学院出身的战略高手指点，乐视不断地抛出一些新概念，像"生态化反""开放的闭环""一云七屏"等。股市喜欢新概念，一些专家学者也跟着吹捧乐视的"生态化反"。2015年盛极时，乐视股价屡创新高，市值超过了1700亿元。为了股票"增发"，乐视前后一共开了63家公司。乐视的所谓"生态化反"，无非就是"左手倒右手"，以新概念来遮蔽背后的关联融资、关联补贴、关联销售、关联采购、关联担保等各种形式的关联交易而已。

乐视及一些帮着鼓吹的专家解释说，所谓"生态化反"，就是让各个

---

① IPO（Initial Public Offering），即首次公开募股，是指一家企业第一次将它的股份向公众出售。

生态之间发生化学反应。物竞天择，适者生存，不同物种之间都很难融合，各个生态之间能够发生化学反应吗？按照五力竞争模型，一个新企业、新产品周边都是竞争生态。只有做到像乔布斯引领下的苹果公司那样，才可能将竞争生态大幅度扭转为竞合生态。只要是商业交易，竞争永远是第一位的，合作只是第二位的。

乐视所谓的"生态化反"，就是将"相关多元化"换了一个说法。因为盲目多元化比较适合市场经济极不发达的特定阶段的特定企业，且这些企业最终大概率会遭遇失败，而总体战略的理论"香火"要续传，所以相关多元化、打造生态圈或"生态化反"就成了一些人津津乐道的战略话题。总体战略不能成为空中楼阁式的理论，而应该以竞争战略为基础，否则所谓的相关多元化、打造生态圈等也属于盲目多元化。笔者将这些统称为"无根多元化"。

明末清初文学评论家金圣叹曾说："少不看《水浒》，老不看《三国》。"一方面，血气方刚的年轻人价值观尚未形成，一旦痴迷于阅读《水浒传》，很可能会变得更加冲动，做事不考虑后果，给社会安定带来巨大危害。另一方面，人到年老时手中资源较多，且经历丰富、老于世故，看了《三国演义》之后，会对各种权谋诈术更加心领神会……

现在是和平年代，提倡实业报国。套用金圣叹的说法，对于企业经营者来说：前期少看总体战略，后期少读课堂上的知名案例。企业处于创立期及成长期，且创始人、高管经营经验不足时，不要去碰触诸如一体化、多元化、收购兼并、全球扩张等所谓总体战略的内容，也不要频繁混各种"圈子"颇有兴趣地讨论这些"高大上"的战略或案例。像任正非、刘强东、王石、马化腾等这些当年的创业者，并非读过知名商学院，也不一定精通从国外传进中国的那些总体战略，但在企业创立期及成长期，他们坚持把企业产品做好，把根基业务培育成"现金牛"，到了扩张期也是围绕核心进行有机扩张。如果企业领导人经验老到、涉猎广泛，当公司面临衰落及经营困境时，应该少提及过往的成功经验、少模仿那些课堂上的知名案例，而应该让自己心态归零，遵循第一性原理，多到企业一线解决实际问题。一个人多年的经验再叠加教学案例上他人的经验，也许将会塑造出更强大的经验主义思维方式。不过这段内容，也可套用混沌大学创始人李善友常说的一句话："我说的可能是错的！"

从企业生命周期阶段看，乐视在创立期、成长期并没有靠得住的企业产品。而进入扩张期，凭借经营者的"魔棒飞舞"及各路人士的追捧与支持，七个业务组成的"生态化反"就像一群卫星一样上天了。但是，往往这样的企业进入衰退期也快，以迅雷不及掩耳之势被原来的追捧者抛弃，就像流星一样消失了。无根的企业（没有竞争战略的企业）或者根基坏了的企业，是谈不上企业转型的，更谈不上突破困境。后续的各种挽救，即使不算飞蛾扑火，也常常是徒劳无功的。"眼见他起高楼，眼见他宴宾客，眼见他楼塌了。"之所以出现一个又一个类似乐视的企业，是因为不少企业经营者仍然有根深蒂固的投机思维。

波特竞争战略以分析行业结构见长，很少涉及具体的企业经营场景、产品愿景、生命周期各阶段战略主题的差异，也不谈及竞争战略如何通过企业的战略规划落地等。新竞争战略通过系统化的内容结构体系，将逐渐修补这些漏洞。 从"战略=目标+路径"展开，企业通常会历经创立期、成长期、扩张期、转型期/衰退期等生命周期阶段。它们既是战略路径，同时也属于大尺度观察企业的经营场景，所以每一个阶段都应该有自己的战略主题。

创立期的战略主题是什么？企业产品定位及建立生存根基。成长期的战略主题是什么？持续赢利增长及累积竞争优势。扩张期的战略主题是什么？坚持归核聚焦及培育核心竞争力。转型期/衰退期的战略主题是什么？革新再生、突破困境及第二曲线业务创新。上述内容见图1-5-1。这些都是本书第2章到第5章要重点讨论的内容。为简化表达，从可持续经营的角度，在之后的阐述中以转型期指代"转型期/衰退期"。

在企业生命周期的每个阶段，相关战略主题的成果最终通过企业产品在市场上的业绩表现反映出来。另外，与产品思维、产品经理等理论互相连接，新竞争战略理论也更重视对企业产品的阐述。在新竞争战略理论中，为了深化对企业产品的进一步探索，研究企业产品演化对企业成长与发展的影响，我们将创立期、成长期、扩张期等各阶段对企业产品的愿景追求分别称为潜优产品、拳头产品、超级产品，而转型期相当于新的创立期，重新从潜优产品（称之为潜优产品Ⅱ）开始，开启下一个循环。

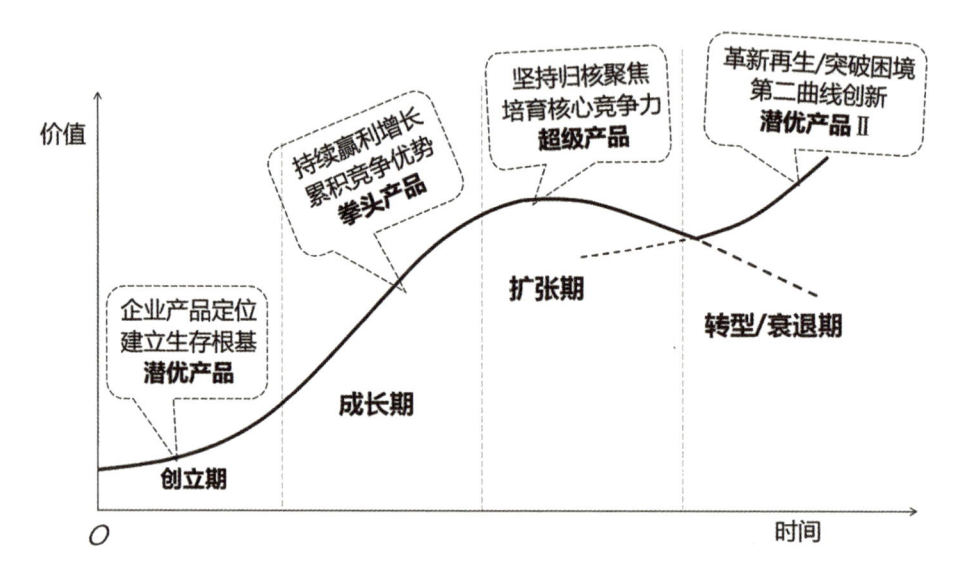

图 1-5-1 企业生命周期各阶段的主要战略主题及产品愿景
图表来源：李庆丰，新竞争战略理论

潜优产品就是潜在的优异产品、未来将有很好市场表现的产品。例如：阿里巴巴创立时期的淘宝、支付宝；腾讯创立时的QQ等。在创立期，通过实现企业产品定位、建立生存根基这两个战略主题，追求让企业具备潜优产品，从而奠定未来销售增长的基础，开辟出一块属于自己的市场领地。

拳头产品就是在市场上有影响力、销量很好的产品，类似通常说的"爆品"。例如：小米成长时期的手机、充电宝等产品；本田成长时期的摩托车、汽车产品等。在成长期，通过实现持续赢利增长、累积竞争优势这两个战略主题,企业追求将创立期的潜优产品打造为拳头产品,进而为下一步扩张发展打下良好的基础。

超级产品是指在市场上具有巨大影响力、有一定垄断地位,且能够通过衍生产品长期引领企业扩张的产品。例如:福特的T型车就是一款超级产品,累计销量超过1500万辆,在美国市场的市场占有率一度超过50%。苹果的iPhone、可口可乐、字节跳动的抖音、腾讯的微信、谷歌搜索等都属于超级产品。这些超级产品带来的持续赢利及衍生产品,引领了相关公司的扩张与发展。在扩张期,通过实现坚持归核聚焦、培育核心竞争力这两个战略主题,企业追求将成长期的拳头产品打造为超级产品,在市场上逐步形成有一定垄断地位的产品组合家族,并引领企业的长期扩张与发展。

从企业的创立期→成长期→扩张期的生命周期过程,也是企业产品从潜优产品→拳头产品→超级产品成长与进化的过程。在企业转型期,通过实现革新再生/突破困境、第二曲线业务创新这两个战略主题,下一轮潜优产品Ⅱ→拳头产品Ⅱ→超级产品Ⅱ的循环就再次开启了。

企业愿景是较长期限内企业的终极目标追求。从潜优产品→拳头产品→超级产品,可以认为是企业产品愿景。《论语》中有句话:"取乎其上,得乎其中;取乎其中,得乎其下;取乎其下,则无所得矣。"企业产品愿景是企业在产品方面追求的崇高目标,需要经管团队带领企业全体员工不畏艰险、排除万难努力去实现。相比于企业愿景,从潜优产品→拳头产品→超级产品的产品愿景更加具体化、可落地,所以它必然是企业愿景实现的抓手和前提条件。

新竞争战略旨在将企业产品打造为超级产品,致力于发挥1+1+1>3的协同效应。第一,通过企业生命体协同打造超级产品;第二,企业生命周期各阶段的主要战略主题协同打造超级产品;第三,通过战略规划与场景协同打造超级产品,最终实现让"小蝌蚪"创业成长为"巨无霸"。

尽管理想很丰满，但是现实较骨感。图1-5-1也会给那些只会谈论纵横一体化、相关多元化、生态共创化、收购兼并、全球扩张等"高大上"战略知识的布道者、经营者敲响一记警钟：站在企业生命周期抛物线的顶端，回头看一下，企业有没有一个优异的企业产品定位，是否建立起了生存根基、具有潜优产品？更进一步，企业的主要产品组合是否经历了持续赢利增长，已经累积起竞争优势，是否成功塑造了拳头产品？如果答案都是"否"的话，那就大胆往前看一下吧！试图通过收购兼并、产融结合、多元扩张等"短平快"形式，能让企业实现飞跃式发展吗？前车之鉴，后事之师。曾经的南德集团、德隆帝国、春兰集团、海航集团、乐视集团……它们都是类似战略路径的"先烈"。

知易行难，且知行也较难合一。贝索斯有一次问巴菲特："你的价值投资理念非常简单……为什么大家不直接复制你的做法？"巴菲特说："因为没有人愿意慢慢地变富。"巴菲特个人财富的99.8%，都是在他50岁之后累积的，而50岁之前，巴菲特也要经历创立期、成长期……

凡事没有绝对，管理学也没有绝对的真理，企业经营更是没有绝对正确。很多管理学的道理通常是在普遍范围内大概率正确，新竞争战略也适用于这条原则。经营企业需要承担一定的风险，但在性命攸关的战略问题上，不能总喜欢与概率作对，孤注一掷寄希望于小概率事件发生，也许极少几次能侥幸胜出，但从长时间来看，必然是惨败的结局。

1.6 新竞争战略：
为企业打造制定战略的"模具"

> **重点提示**
>
> ※ 中外战略学者在目标客户选择方面存在哪些问题？
>
> ※ 如何培养企业经管团队的战略观念体系？
>
> ※ 战略规划是企业发展的导航仪，为何大部分企业一直在随机漫游？

本章开始就说，战略有"三宗罪"：浮夸、"内卷化"、学不会！这可以看成是一种自我批判。

由于战略有"三宗罪"，所以经常有企业出现战略失误，还通常都是"要命"的大事。在创业投资工作中，被投资的企业出现了问题，作为投资方代表，笔者还要进行投资后管理，久而久之就成了半个战略工作者。

1.谁是中外战略学者的目标客户？

如果进行自我批判，就要追问战略"三宗罪"的根源在哪里。类似一个艺术家创作艺术品，一名战略学者必然要向社会提供"战略产品"。这可能是出版书籍、提交论文、发表演说、讲授知识等。从这个意义上说，战略学者也是一个企业——属于一个人构成的企业，或者叫作工作室。结合商业模式第一问：战略学者的目标客户在哪里，如何满足目标客户的需求？

杂志社、出版社是战略学者的目标客户？显然不是。掌握着职称评定、职位升迁权力的相关人士是战略学者的目标客户？显然不是。审批项目研究基金的机构是战略学者的目标客户？显然不是。参加学习的读者或学生是战略学者的目标客户？显然也不是。

既然战略学者研究企业战略，那么战略学者的目标客户应该是需要

"战略产品"的企业。近100年来,中外战略学者提供给企业的"战略产品"是什么呢?正如图1-1-1所示,盲人摸象似的各种战略学派与工具、多不胜数的各种战略类型与案例、一批批的战略名词裂变与混搭、冗长及空洞的战略制定/评价/控制……即便是全球知名的战略大师,提供给企业的也只是"战略零部件""战略原材料"。这是让企业经营者自己组装所需要的"战略产品"吗?面对浩如烟海的战略知识库,这太难了,己所不欲,勿施于人!那么,有现成"战略产品"的模具吗?

2. 新竞争战略给出的"模具"

新竞争战略给出的"模具"简称为"3321"。整体来看,"3321"代表着对当下日益扩张、多样创新、混沌无疆的战略理论的一次收敛和聚焦,最终能让其中有益的部分在企业实践中落地。

"3321"的第一个"3",是指Ⅰ企业、Ⅱ环境、Ⅲ知识等广义上的竞争战略三大板块,见图1-6-1。其中,Ⅲ知识是指近100年来积累而成的战略知识库,它包括战略学派与工具、战略类型与案例、战略裂变与混搭、战略制定与控制四大模块。这个战略知识库是浩瀚无垠的,参与者、贡献者众多,至今还在多样化裂变、混搭式扩张,有数不清的论文、书籍、案例、演讲等。这些对企业都有实用价值吗?弱水三千,只取一瓢饮。一个企业的战略规划,用不了几个战略知识模块。Ⅲ知识对Ⅰ企业和Ⅱ环境发挥外围支持作用,而Ⅰ企业和Ⅱ环境才是竞争战略的核心。Ⅱ环境主要是指企业所处的外部环境,相关研究内容也很多。百鸟在林,不如一鸟在手。对于具体的企业来说,领导者常常会被各类专家学者误导,不断豪情万丈地盲目扩张与多元投资。所以,在Ⅱ环境中,我们只引入行业牵制阻力(主要是五种竞争力量)及风险与机遇两个子模块。Ⅱ环境与Ⅲ知识最终都要聚焦及收敛到Ⅰ企业。Ⅰ企业是指企业的成长与发展,它是狭义上的竞争战略需要关注的重点内容。

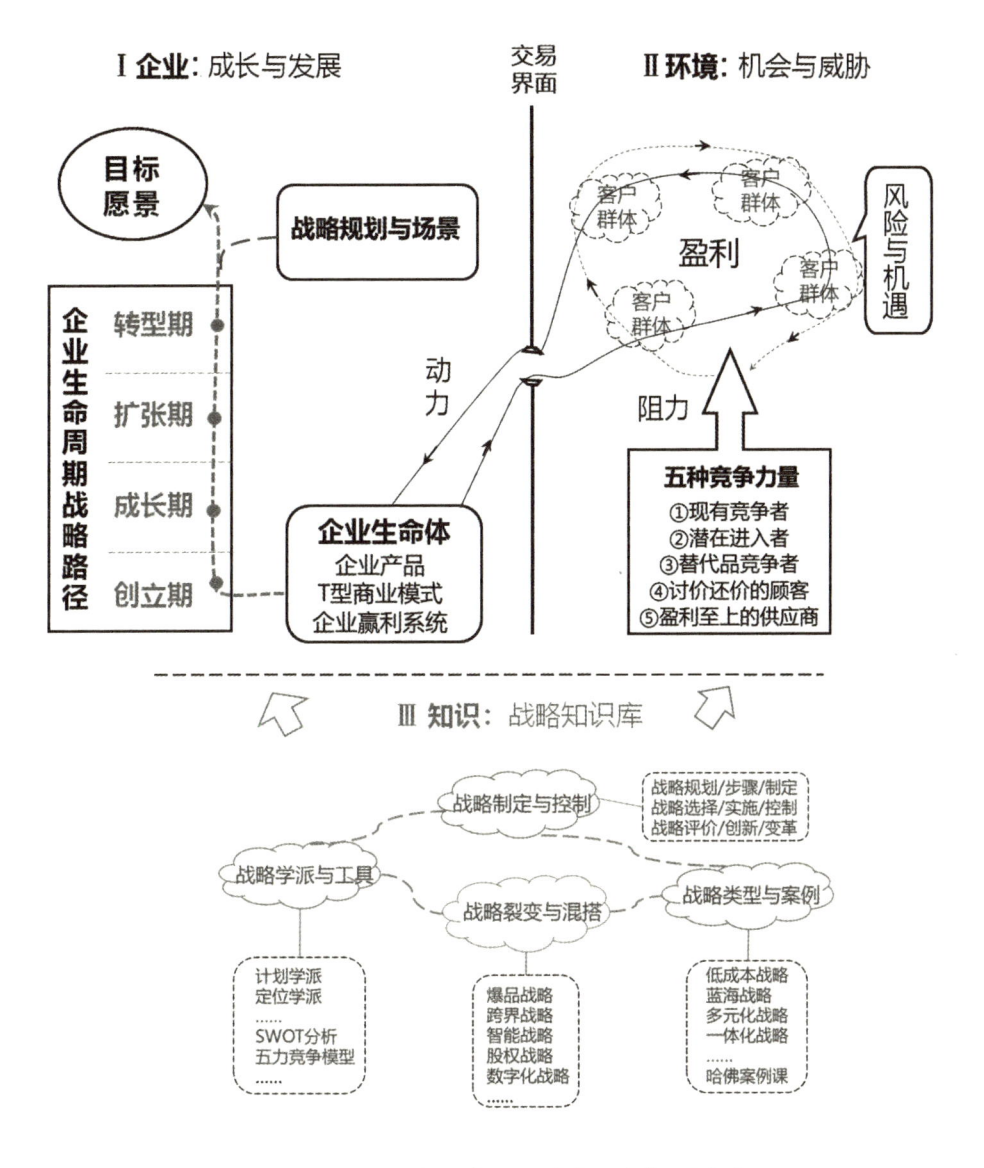

图 1-6-1 狭义竞争战略与广义竞争战略的主要构成
图表来源：李庆丰，"新竞争战略"理论

在图1-6-1中，对Ⅰ企业来说，狭义上的竞争战略包括企业生命体、企业生命周期战略路径、战略规划与场景三大构成，即"3321"中的第二个"3"。企业生命体包括企业产品、T型商业模式、企业赢利系统三个模块。它主要解决企业战略规划中存在的"巧妇难为无米之炊"的问题。前文说"95%以上的企业没有战略,而所谓有战略的企业,'好战略'凤毛麟角,'坏战略'比比皆是",主要原因在于大部分企业不知道战略规划中应该说什么。目前,还没有哪个战略学派系统性、结构化地回答了这个问题。

新竞争战略中的企业生命体简要回答了上述问题。笔者认为,企业战略规划应该谈企业产品、T型商业模式、企业赢利系统三个子模块。按照"战略=目标+路径",为实现战略目标,先要有企业产品,它是超越竞争对手、赢得客户口碑、员工日夜奋斗的最终"凭借物",否则"以客户为中心、以奋斗者为本"就跑偏了。打造优秀的企业产品,需要T型商业模式,而T型商业模式又是企业赢利系统的中心内容。它们构成一个三级嵌套式内容结构,来描述企业生命体,也共同构成了企业战略规划的基本内容。

企业产品、T型商业模式、企业赢利系统等属于企业空间维度上的构成。它们沿着时间维度一直在生长、进化、发展,每时每刻都在发生变化。前文曾说,华为原来是一个"小蝌蚪",现在长成了一个"巨无霸"。从1987年华为创立,迄今有30多年的时间了。按照每天一个横截面来看,华为已经有超过12000个横截面了。今天的华为与昨天的华为一定不同,所以每一个横截面上的企业产品、T型商业模式、企业赢利系统等企业生命体的相关内容都有所区别。

从"战略=目标+路径"深入分析,战略路径由诸多时间维度上的战略区间组合而成。因此,上述竞争战略的三大构成需要进一步收敛,代表空间维度构成的企业生命体应该融入生命周期战略路径、战略规划与场景才有实践应用意义。类似于高等数学,这就像将一个个微分截面融入时间区间的积分,才能衍生出更多实用价值。

上述让"空间截面融入时间区间"的再收敛,"3321"中的 "2"就有了,它是指企业生命周期战略路径、战略规划与场景。沿着时间维度,一个企业通常历经创立期、成长期、扩张期、转型期四个主要的生命周期阶段。它们构成企业战略路径的"主干道"。笔者认为，在企业生命周期的每个阶段，企业都应该有自己的主要战略主题及产品愿景。在创立期，企业应当关注企业产品如何定位，构建一个潜优产品，实现从0→1的突破，建立生存根基；在成长期，企业应当关注如何实现持续赢利增长，逐步累积竞争优势，让潜优产品成为拳头产品；在扩张期，企业应当关注如何有机扩张，塑造核心竞争力，把拳头产品打造为超级产品；在转型期，企业应当关注如何转型突围，开辟第二曲线业务，实现革新再生，以突破困境，下一轮潜优产品Ⅱ→拳头产品Ⅱ→超级产品Ⅱ的循环就开始了。

战略规划与场景是竞争战略落地执行的最终承载之地，也就是说，生命周期战略路径及其战略主题、产品愿景等还要再收敛到战略规划与场景，因为它是"3321"中的"1"，见图1-6-2。绝大部分企业经营者不写书、不发论文、不讲课……他们学习那么多战略知识，其目的是什么？竞争战略最终要收敛到企业战略规划，应用在企业经营场景，其他内容都属于知识基础或中间过程。这也是一个检验标准：凡是不能归结到战略规划与场景的所谓战略理论或思想，就难以在企业经营实践中落地，可以称之为"脱离实际"。

企业有年度计划、竞争对策、战略观念三个需要制定战略规划或指导方案的经营场景。

（1）年度计划场景。通常在岁尾年初，企业经营者要带领企业主要员工讨论年度战略计划，这叫作年度计划场景。当然，讨论中长期战略规划也是一种经营场景，因为这是与年度计划场景近似的例行活动，所以把它归入年度计划场景。

（2）竞争对策场景，是指企业如何面对突发战略性问题这类经营场景，属于非例行战略场景。在这类经营场景下，企业需要一个应急的战略对策方案。企业面对的突发性战略问题，大部分是由于利益相关者的冲突对抗、自身出现经营失误，少部分是由于外部环境突变。例如：2010年发生的奇虎360与腾讯之间的战略性对抗——"3Q大战"；一些国外芯片厂商对华为、中兴实施"禁运";由于监管或政策变化,蚂蚁集团暂缓上市;新冠疫情暴发对餐饮、住宿等服务业的巨大冲击等。外部环境突变往往影响一大批行业或企业,有一定的平等性和普遍性。

（3）战略观念场景,是指通过正确地学习与实践修炼,让新竞争战略阐述的战略规划或指导方案在经管团队的头脑中落地。所谓企业"有战略",不仅指企业有一个形式上的战略规划文件,更是指企业的经管团队头脑中具有与企业发展阶段相匹配的战略观念体系。

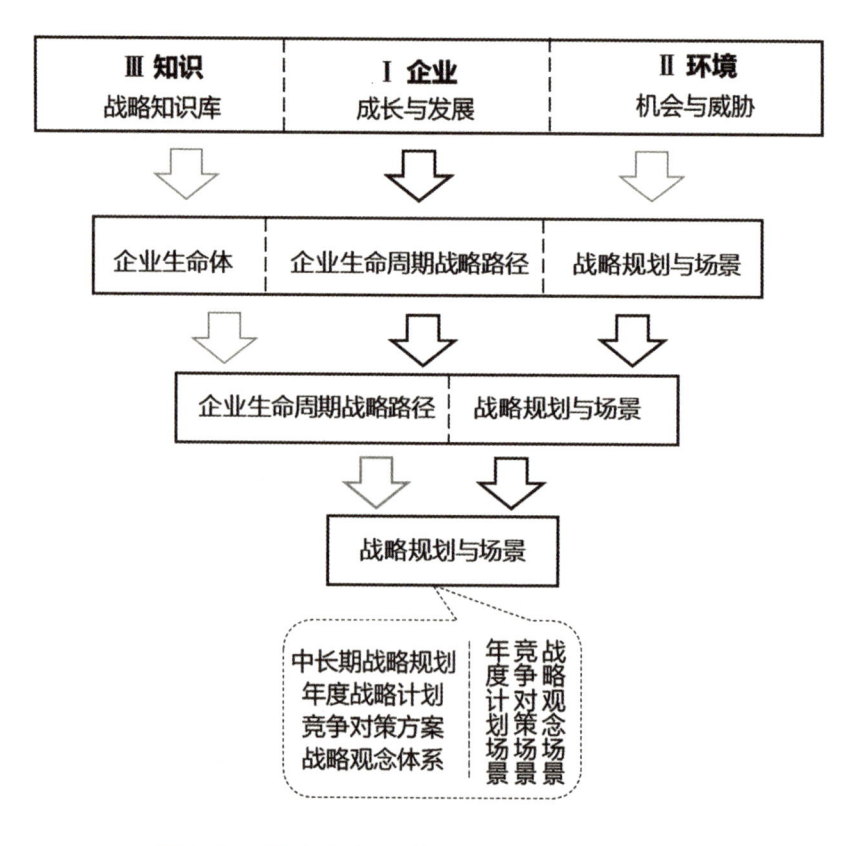

图1-6-2 新竞争战略逐级收敛到战略规划与场景示意图
图表来源：李庆丰, "新竞争战略"理论

综上,"3321"是新竞争战略给出的一个"模具",企业经营者可以据此组装出适合本企业需要的"战略产品"。图1-6-2下方战略规划与场景所包含的内容：这个"战略产品"就是通过年度计划、竞争对策、战略观念三大经营场景，分别获得企业需要的中长期战略规划、年度战略计划、竞争对策方案、战略观念体系。

3. 新竞争战略的两大重点内容

一本书篇幅有限，内容安排上要有详有略。参见图1-6-1及图1-6-2，广义竞争战略的Ⅱ环境、Ⅲ知识两大板块，近100年来已经有很多人在研究和阐述，相关论文及专著颇多，理论也比较成熟，我们直接从中借鉴与选用就可以了。本书重点在狭义的竞争战略，即Ⅰ企业板块中的三大模块，其中企业生命体（企业产品、T型商业模式、企业赢利系统）方面的内容，笔者已经出版了可供参考的相关书籍，本章前面的内容也对其主要内容进行了介绍。因此，本书重点阐述企业生命周期各阶段（战略路径）的主要战略主题及产品愿景（第2章至第5章）、战略规划与场景这两大模块的内容（第6章）。

按照笔者系列书籍的写作惯例，本书最后一章（第7章）是关于"T型人"的内容，将视角从企业转移到个人。每个有愿景追求的职场人士、创业者或自由职业者——笔者在所著系列书籍中称之为"T型人"，都可以把自己看成是一个人构成的公司。本书阐述的新竞争战略理论，同样可以浓缩地投影到每一个"T型人"身上……

1.7 "小蝌蚪"创业，如何成长为"巨无霸"？

重点提示

※ 什么是行业研究的"鱼塘理论"？

※ 新竞争战略与波特的竞争战略有哪些关联？

※ 如何将新竞争战略应用到企业的经营实践中？

有个童话故事是这样讲的：小猫在鱼塘边钓鱼，小兔子在萝卜地看书。一年一年过去了，小猫钓鱼遇到了瓶颈，就向小兔子求教。小兔子自信满满地说："你的鱼饵老化了，唯一不变的是变化！因此，你需要将鱼饵换成小萝卜头。"

如上故事，小猫钓鱼遇到了瓶颈，可能不只是鱼饵的问题。突破困境的思路很多，例如：它应该对周边鱼塘搞一个行业研究，选择一个鱼多而大，并且垂钓者较少的鱼塘。

就像地球是太阳系的一个行星，而太阳只是浩瀚银河系的一个恒星，任何企业都属于一个行业，而行业只是产业链（或产业生态）上的一个环节。个体只是有机整体的一部分，所以全面看一家企业时，我们要扩大到行业及产业范围，这叫作行业研究。

如何进行行业研究？为了易懂易记，结合小猫钓鱼的故事，笔者将其总结为"鱼塘理论"，它大致包括三个部分：第一，行业时空分析。从空间构成上分析，企业所在行业处在产业链的哪个环节，上下左右产业生态有哪些特点。从行业生命周期分析，过去这个行业有哪些特点、现状如何、未来发展趋势是什么。战略教科书常用的PEST分析中，P指政治（politics），E指经济（economy），S指社会（society），T指技术

（technology）。PEST分析属于宏观环境分析，置于具体的行业时空分析才有适用意义。第二，行业竞争分析。它主要包括战略群组分析和五力竞争模型分析。战略群组分析就是分析行业中第一梯队、第二梯队等各企业群组的特点。搞清楚企业处在哪一个梯队，通过SWOT等战略分析工具，初步厘清企业的战略意图及愿景。前文已有简述，五力竞争模型分析是对顾客、供应商、行业竞争者、潜在进入者、替代品竞争者五种竞争力量的分析。这五种力量共同构成强大的行业牵制阻力，是企业发展的巨大挑战，也更能激发企业成长的动力。第三，企业成长与发展分析。这部分要用到企业赢利系统、T型商业模式及新竞争战略理论，本书各章将对企业成长与发展进行阐述与分析。

以上是站在企业自身发展的角度进行行业研究。如果站在投资的角度进行行业研究，那么第三部分就是通过分析行业中的若干重点企业，从而选拔出其中更有投资潜力的企业。以上行业研究的三个部分，类似养鱼或捕鱼——先找到一个好鱼塘、对优质鱼群定位、精心养鱼或有策略地捕鱼，所以称之为"鱼塘理论"。本书浅尝辄止，只是简单说明一下"鱼塘理论"。关于更进一步的行业研究方法论，相关教科书、波特竞争战略、券商分析师的报告、企业IPO招股书等方面都有翔实的阐述或具体案例。

众所周知，波特的竞争战略以五力竞争模型、战略竞争群组等行业结构分析工具见长。除此之外，其三大通用战略、企业价值链等也是非常知名且实用价值较高的理论模型。 波特在1980年提出竞争战略理论，至今已经有40多年了，时过境迁，万物巨变。因此，非常有必要对其进行一次升级。

民乐演奏专家方锦龙说："传统就是一条河，一定要流动，只有流动起来它才清澈。创造性转化，创造性发展，我们今天一定要走这一条路。"相比波特竞争战略，本书阐述的新竞争战略有哪些继承与发展呢？

在图1-7-1中，右侧Ⅱ环境板块的五种竞争力量，来自波特的五力竞争模型。笔者是五力竞争模型的超级粉丝，我们评估创业项目、开发新产品、遭遇发展瓶颈等诸多经营场景时，都可以用五力竞争模型进行分析。笔者一己之见，竞争战略毕竟属于企业战略，波特从行业结构视角阐述五力竞争模型，而缺乏从企业角度的进一步阐述，这算一个小漏洞。后续的讲授者们如同玩"传声筒游戏"，逐渐失真了。最后，五力竞争模型成了一个考试的知识点，没有在实践中发挥出它强大的应用功能。

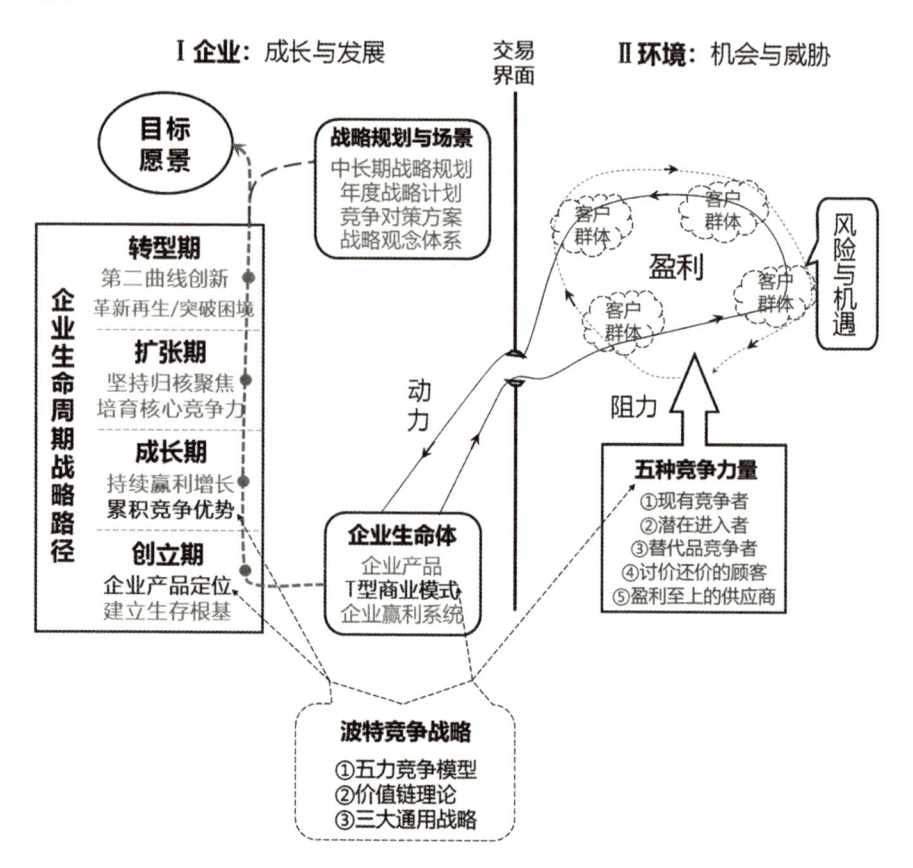

图 1-7-1 新竞争战略与波特竞争战略关联示意图
图表来源：李庆丰，"新竞争战略"理论

笔者对五力竞争模型的改进点之一是，将它置于图1-7-1所示的企业与环境竞争图中，扮演阻碍企业发展的行业牵制力量。在被五种竞争力量围堵的情况下，企业如何激发源动力、寻找突围路径、获得目标客户、实现可持续赢利？回答好这个问题，就可能得出最好的竞争战略。改进点之二是如何将竞争转变为合作。从商业本质讲，竞争是第一位的，合作是第二位的，但是由于交易的互惠共赢性，所以竞争可以向合作转化。顾客、供应商，乃至行业各类竞争者，都可能是企业发展的合作力量。探讨如何将竞争转化为合作，比对五种竞争力量各方进行细致入微的分析更有价值和意义。本书章节6.7的内容将介绍笔者提出的五力合作模型，它是对五力竞争模型的一个重要补充。

图1-7-1左下侧，I企业板块有两个子模块与波特的竞争战略密切相关。其一，波特价值链是T型商业模式13个要素之一，即创造模式中的增值流程。可以说，价值链理论是商业模式的源头理论之一。笔者提出的T型商业模式理论，是在很多前人研究基础上的又一次升级与改进，所以相较于价值链，那已经是经过多次升级的理论了。其二，波特三大通用战略，即低成本战略、差异化战略、集中化战略，是企业生命周期战略主题的一部分。前文曾讲，创立期企业的主要战略主题是企业产品如何定位及建立生存根基。波特三大通用战略就是产品定位的具体方法，低成本是指产品的低成本，例如：福特T型车、格兰仕微波炉；差异化是指产品的差异化，例如：喜茶、爱马仕，它们与众不同；集中化是指产品的集中化，例如：航天硬盘，它主要应用在航天器上。

有专家评价说，波特的《竞争战略》《竞争优势》等书籍太过厚重与琐细，太重经济理性而轻管理人性，不太容易阅读。《经济学人》杂志调侃说："若是让迈克尔·波特发表一些妙语连珠、吸引眼球的东西，会比要求他穿着女式内衣公开演讲还让他感到难堪。"从目标客户角度看，波特的理论及书籍不是特别适合企业经营者或管理者，更适合行业分析师及战略学者借鉴、研究与学习。

2012年，波特联合创立的美国摩立特咨询公司申请破产保护，有媒体文章提问："战略大师迈克尔·波特的公司破产，他的理论也破产了吗？"显然，这是两回事，波特喜欢教学及学术研究，对于企业经营并无兴趣，也未参与企业经营。毋庸置疑，波特的五力竞争模型、价值链理论、三大通用战略等依然熠熠生辉，具有非常好的实践指导意义。

图1-7-2示意了新竞争战略的动态系统构成。与图1-7-1等之前的示意图相比，它由竖转横变换了一下形式。笔者小时候听过这样一个笑话：从前有一个人，为躲避战乱而在深山沟里生活了50年。后来听说天下太平了，他就长途跋涉走出深山。在返回老家的路途中，他看到铁轨上一列火车呼啸而过，惊呼道："这家伙了不得！趴着就跑这么快；如果站起来，一定比闪电还要快！"

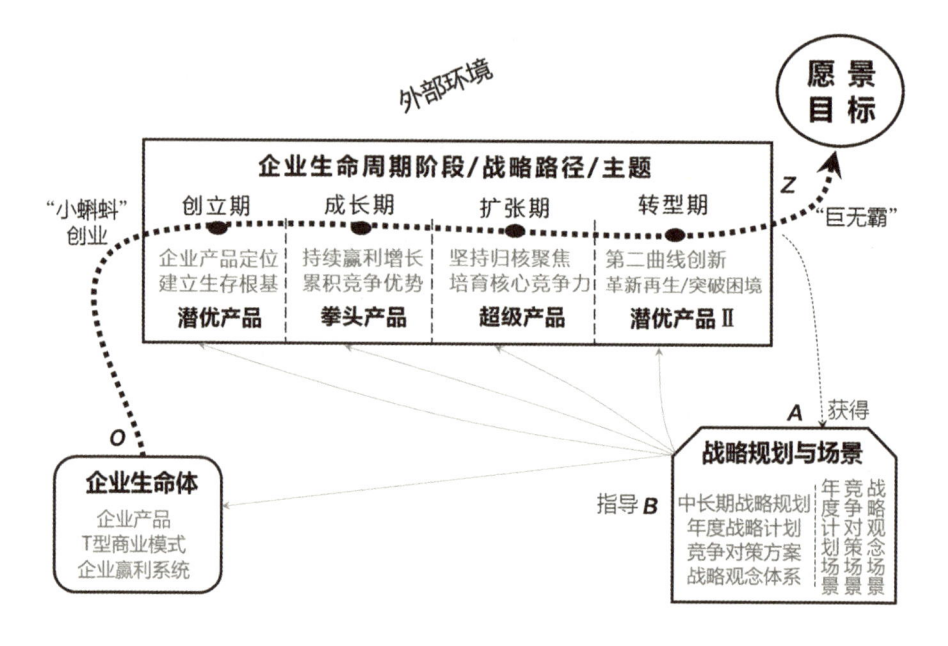

图1-7-2 新竞争战略的动态系统构成示意图
图表来源：李庆丰，"新竞争战略"理论

游戏制作人小岛秀夫的作品中有这样一句话：棍子和绳子是人类最古老的工具，棍子让不好的东西远离自己，而绳子则是让好的东西联系在一起。笔者写这本《新竞争战略》，力求比波特的《竞争战略》更通俗易懂，形式上更活泼一些。笔者从事创业投资工作，处在战略制定及应用的前线，写这本《新竞争战略》，属于"让听得见炮火的人呼叫炮火"。另一个改进之处是，本书以企业的经营管理者为目标客户。他们处在经营管理一线，并不需要太过厚重及琐细的理论说教。就像《隆中对》中诸葛亮对刘备的战略建议，区区350字就指导刘备集团从几个"流浪汉"迅速发展为三国鼎立中的一方强国。船到桥头自然直！只要有一个大致的思路，企业经营管理者就能将竞争战略用好、将企业经营好。

"战略=目标+路径"可以被称为战略的第一性原理。近100年来我们的战略研究、战略教科书、战略大师所言等，有多少与这个第一性原理相关？是否我们经常偏离战略的核心或正题？遵循战略第一性原理，新竞争战略对"战略=目标+路径"的具体阐述如下：

参见图1-7-2，从左向右，从O点到Z点，企业生命体沿着企业生命周期的战略路径进化与发展，通过实现各阶段的战略主题，致力于将企业产品从潜优产品塑造为拳头产品，最终打造为超级产品，促进一个从零开始的"小蝌蚪"创业，最终成长为"巨无霸"，实现组织目标或愿景。像阿里巴巴、腾讯、华为、苹果、微软等"巨无霸"，创立之初就是一个"小蝌蚪"，创始人也无耀眼的履历，很多人甚至没有读完大学本科。新竞争战略不囿于战略知识库，主要来自对成百上千个成功公司的实践提炼、概括与总结。

从左向右，从O点到A点，沿着时间轴复盘过去、认清现在、预测未来，这是战略规划与场景形成的过程。从右向左，从B点出发到企业生命体及生命周期阶段各部分，表示战略规划与场景指导企业经营活动的过程。"从左到右"，再"从右到左"……如此循环往复的过程，就是新竞争战略持续指导企业经营的过程，也是企业始终如一开展战略管理活动的过程。

管理学者明茨伯格曾说："我们对企业战略的认识就如同盲人摸象，每个人都抓住了战略形成的某一方面：设计学派认为，战略是设计；计划学派认为，战略是计划；定位学派认为，战略是定位；企业家学派认为，战略是看法……但是，所有这些学派都不是企业战略的整体。"

近100年来大家寻寻觅觅,战略这头"大象"究竟是什么?从还原式切分到系统性整合,从盲人摸象到摸着石头过河,我们不能放弃探索!比较来看,图1-7-2给出的示意图是否更像那头"大象"?后续各章,我们将把战略这头"大象"描述得更清楚一些。

1.8 企业战略：
必须知道的一件大事是什么？

> **重点提示**
>
> ※ 为什么会出现企业战略"空心化"问题？
>
> ※ 如何理解"战略=目标+路径"呢？
>
> ※ 笔者所定义的"企业生命体"概念有哪些不妥之处？

回国创业两年来，邢昆博士带领团队终于研发出具有世界领先水平的新一代CT扫描技术。有了先进技术，融资就很容易，他的公司很快就获得三家知名投资机构共7000万元风险投资。有了资金支持，邢昆博士对于利用这项创新技术设计制造新一代医疗CT设备信心满满。兼听则明，偏信则暗。融资成功后，邢昆组织了一个战略研讨会，想听听战略管理方面的各路专家怎么说。

1号专家说："邢博士，以我的多年经验，干企业要有点执行力，你们应该先生产30~50台医疗CT机，然后强力推进销售，迅速占领市场！"

2号专家说："对于新技术、新产品，盲目上规模有风险，我在这方面有深刻的经验教训。贵公司应该执行'订单最大化'战略，向所有意向客户营销推广，'广撒网、多捕鱼'，最后以销定产。"

3号专家说："应该通过兼并收购战略，实现跨越式发展。"

4号专家说："是的，可以先收购一家CT医疗设备公司，然后走国际化发展之路，在海外设立研发中心和制造工厂。"

5号专家说："不应过早实施国际化战略，可以考虑前向一体化发展战略。例如：收购两家医院，要在终端消费侧有话语权。"

6号专家说："基于技术相关性的同心多元化风险最低，并具有协同效应，所以应该是首选战略。例如：同时研发市场领先的核磁共振设备等，这样有利于进一步融资。"

7号专家说："造产品不如卖服务，我建议在全国布局CT影像医疗中心，可以实施加盟连锁战略。并且可以与各地政府招商一起互动，申请优惠政策，各处拿土地搞医疗产业园，把这盘棋进一步走好！"

8号专家说："企业战略很重要，但是不能拍脑袋、信口开河！按照战略教科书，还是先做一下外部环境分析，像PEST分析、SWOT分析等，然后才能定战略。"

以上1号、2号专家给出的战略建议属于自己的经验之谈，如果脱离邢昆公司的实际情况，这些经验很可能带来巨大的战略失误。而其他专家给出的战略建议多数属于总体战略，更适合处于扩张期的大企业谨慎采用。

战略教科书上谈及的总体战略，多数内容属于如何通过扩张及跨越式发展，让一个大企业变得更加庞大。但是，中小企业如何生存及健康发展？如何成长为大企业？大企业如何让核心业务更有市场竞争力？这些应该是企业战略需要优先回答的问题。企业战略不能"空心化"，总体战略是外围，而竞争战略是核心。拿一个建筑群做比喻，主楼如同竞争战略，而周边的裙楼则像是总体战略。

笔者认为，聚焦于竞争战略，才是一个企业成长与发展的"王道"。针对一个小企业如何成长，起初根本谈不上什么总体战略，重点是通过竞争战略的指导，先把主营业务做好，培育潜优产品，并逐步将它打造成拳头产品、超级产品。如果中小企业过早地引入及实施总体战略的相关内容，必然存在小马拉大车、窄溪行大船等不良经营现象。

寓言故事《狐狸与刺猬》中说：狐狸知道很多事情，但刺猬知道一件大事。对于企业战略管理来说，我们应该知道的一件大事是"战略=目标+路径"。竞争战略在一定程度上代表企业战略，重点回答一个小企业如何长大的问题。

新竞争战略是对波特竞争战略的一次重大升级。概括来说，根据"战略=目标+路径"，新竞争战略给出这样一个指导"小企业如何长大"的基本战略路径（简称"基本路径"）：企业生命体沿企业生命周期进化与成长，通过创立期、成长期、扩张期、转型期等各阶段的主要战略主题，将企业产品从潜优产品→拳头产品→超级产品，让"小蝌蚪"创业成长为"巨无霸"，实现企业战略目标和愿景。

基本路径只是一种供参考的通用战略路径。由于企业经营的多样性及面对环境的不确定性等，现实中企业的战略路径往往有些变异或个性化特色。例如：有些企业在创立期或成长期就开始转型，不断转换行业，很难发现潜优产品或拳头产品，长期处在"创业"之中。还有一些企业，像可口可乐、茅台等消费类公司，产品的寿命特别长，企业的扩张期就特别长。还有像字节跳动、滴滴这样的公司，创立期及成长期特别短，在新流量及资本推动下迅速进入扩张期，很快就有了自己的拳头产品或超级产品。

这有点像我们每个人从小到大接受教育、学习成长的路径。相当多数人从幼儿园→小学→中学→大学，遵循这样一条基本路径。总有人与众不同，例如：作家莫言小学没有毕业就去从事农业劳动，后来主要依靠自学，成为首位中国籍诺贝尔文学奖得主。漫画家蔡志忠在4岁半时就搞清楚了自己的人生定位，15岁从中学辍学，开始成为职业漫画家。

企业生命周期各阶段与主要战略主题也不是严格"一对一"配对的，见图1-8-1。例如，企业产品定位并不仅是创立期企业独有的战略主题或战略行动，因为客户需求在变化、市场竞争在变化、企业能力和资源在变化，所以它应该覆盖整个企业生命周期。成长期、扩张期、转型期的企业也需要不断创新或优化企业产品定位。除了企业产品定位之外，其他战略主题如持续赢利增长、累积竞争优势、培育核心竞争力、第二曲线业务创新等，也不限定在企业生命周期的某一特定阶段。例如：在创立期有些企业不断进行业务选择试错或探索，类似不断进行第二曲线业务创新。生命周期每个阶段都需要持续赢利增长或坚持归核聚焦等。

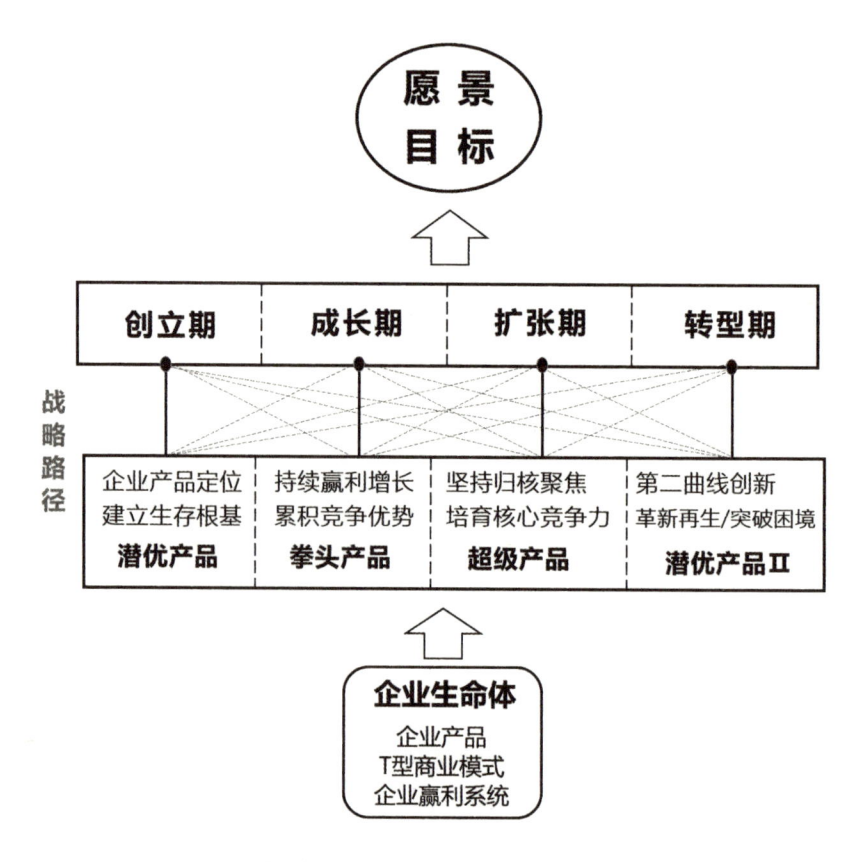

图1-8-1 企业生命周期各阶段与战略主题、产品愿景的相互关系示意图
图表来源：李庆丰，"新竞争战略"理论

同理，企业生命周期各阶段与相关产品愿景也不是严格"一对一"配对的。例如：潜优产品并不仅是创立期、转型期所独占的产品愿景，成长期、扩张期也可以发现潜优产品。现实经营中，科技创新日新月异，五种

竞争力量一直在动态变化，并且企业能力和资源也在变化与发展。因此，每个企业的产品组合及产品生命周期管理都会有自己的特色，并不存在一个统一的模板。

新竞争战略之所以为每个生命周期阶段各"配备"两个主要战略主题和一个产品愿景，一是因为要符合企业成长与发展的普遍规律；二是因为每个阶段应该有所侧重和聚焦，战略是"取舍"的艺术，不能眉毛胡子一把抓；三是因为一个创新理论要给出明确的实践指引和普遍方法论，以供企业选择和参考。

根据"战略=目标+路径"，企业战略规划中制定的战略目标不仅包括销售额、净利润、市场占有率等定量的财务绩效指标，更应该包括生命周期各阶段的相关战略主题和产品愿景等定性的经营目标。例如：企业成长期要达成的战略主题是"持续赢利增长，累积竞争优势"，致力于将潜优产品塑造为拳头产品。把它们看成定性的经营目标，将有哪些实现路径呢？后面的第3章将有专门论述，主要的实现路径包括：聚焦于跨越鸿沟实现增长、驱动第二飞轮效应实现增长、发挥企业家精神实现增长、勇于面对硬球竞争实现增长、综合利用各种战略创新理论或工具实现增长等。这就像3D打印，每一次可持续增长，就相当于为企业增加了一层竞争优势，日积月累，企业的资本尤其是智力资本不断增厚，企业就将拥有称雄于市场的拳头产品。在研讨企业战略规划时，战略管理者应该根据这些主要的战略路径及定性目标，结合企业经营实际情况，阐述具体细化的战略路径和确定定量的财务绩效指标。

各阶段的战略主题和产品愿景实际是企业实现战略愿景路途中的里程碑，将这些里程碑连接起来，构成企业的总体战略路径，它以前文介绍的新竞争战略所含有的指导"小企业如何长大"的基本战略路径为参考。销售额、净利润等定量的财务绩效指标不能作为企业战略路径上的里程碑，它们只是企业这艘舰船在未来行驶中所追求的"里程表"数字。如果只会将这些"里程表"数字作为战略目标，那么企业这艘舰船未来很可能遭遇偏离航向的风险,长期找不到正确的战略路径。

现实中,几乎所有企业都会确定未来年度的销售额、净利润等定量的财务绩效指标,但是达成这些财务绩效指标的战略路径在哪里?它们是如何推导出来的?如果近100年来的战略理论未能明确地、系统地讨论"战略=目标+路径"这个根本问题,很少谈及"一个小企业如何长大"的基本路径,必然导致"95%以上企业的高管有MBA/EMBA文凭或曾经学习过战略,但95%以上的企业缺乏例行的战略规划"。

企业生命体由"企业产品→T型商业模式→企业赢利系统"构成,是公式"战略=目标+路径"成立的必备前提条件。 企业赢利系统包含了T型商业模式及其企业产品。严格意义上来说,企业赢利系统就等于企业生命体,但是新竞争战略所讨论的基本战略路径中,更强调企业产品、T型商业模式的成长与发展,为了"重点部分与系统整体"兼顾,就将企业生命体定义为"企业产品→T型商业模式→企业赢利系统"的三级嵌套式结构。

提出企业生命体概念有什么现实意义?第一,为"战略=目标+路径"中的目标、路径明确一个具体的主体,即"企业产品→T型商业模式→企业赢利系统"历经战略路径获得成长与发展,促进实现各自及企业总体的战略目标。第二,解决战略研究严重脱离战略本质及战略实践的问题。例如:在"战略管理"课堂上老师讲课时会说,战略具有指导性、全局性、长远性、竞争性、系统性、风险性六大本质特征,但是我们在企业战略研究方面正在加速呈现出更加"灌木丛"化、过度理论化、加速碎片化、研究跟班化的学术"四化"特征(详见本书章节6.8的内容)。第三,让"战略=目标+路径"中的目标、路径实现可以描述、可以衡量、可以管理,有助于解决战略"落地难"的问题。

第 2 章
企业产品定位：
从0到1，建立生存根基

本章导读

有人曾问,当今中国是创业机会多,还是创业项目多?创业机会确实多,但是盲目创业的人更多,创业的失败率高达80%以上!多年来,中低端产品供过于求,而许多高端产品需要从国外进口。

现在流行说"所有的行业,都值得重做一遍"。有没有具体的操作思路呢?在细分市场上定义企业产品,五力竞争模型主外,而三端定位模型主内……让企业具备潜优产品,从而奠定未来销售增长的基础,开辟出一块属于自己的市场领地。潜优产品中还可能触发第一飞轮效应,这相当于在企业的产品组合中,植入一个不要工资的"营销总监"!

产品经理群体中流行一句话,叫作"一个优秀的产品经理,应该具备宏观格局、中观套路及微观体感"。熟练掌握和应用新竞争战略的产品定位理论,是否有助于培养优秀的产品经理呢?本章将给出具体的解答。

2.1 企业短寿与新产品失败的根源在哪里？

> **重点提示**
>
> ※ 为什么说"为了情怀、捕捉宏观机会、'追风口'"是创业的主要诱导因素？
>
> ※ 有哪些传统战略理论属于企业产品定位？
>
> ※ 为什么要为企业生命周期各阶段"配备"对应的战略主题？

罗永浩是一个有情怀的人。他高中二年级就退学了，来到北京成为"北漂"。境遇所迫，急中生智，罗永浩发现自己有说话、演讲的特长，历经三次毛遂自荐，终于成了北京新东方英语学校的英语教师。

然后，罗永浩继续跟着感觉走，不辜负自己的情怀……2012年5月，罗永浩创办锤子科技，开始做智能手机。2013年，锤子科技第一款手机尚未发布，罗永浩已经放出豪言："我会努力把锤子做好，将来收购不可避免走向衰落的苹果，是我余生义不容辞的责任。"锤子科技自此有了"苹果母公司"的称号。现实很残酷，前后8轮融资17亿元，锤子科技一直在试错。2019年4月，锤子科技被字节跳动收购。2020年，罗永浩开始直播卖货，以偿还"由于情怀而做手机"欠下的6亿多元债务。

恒大集团的主营业务是房地产，属于周期性且经常被政策调控的行业。恒大创始人是一个危机感极强的人，身边也不乏宏观经济专家及战略发展顾问协助出谋划策，共同消除恒大集团业务单一化带来的风险。从宏观机会角度，中国要消费升级、拉动内需，大消费市场容量达数万亿元，似乎必然存在成就众多大企业、大品牌的机会。2010年左右，恒大集团就开始了多元化战略布局，先后进入了粮油、乳业、矿泉水、新能源车等多个产业。这些尝试却鲜有成功，想当年恒大冰泉声势浩大，但连续三年亏损

40亿元之后，便与相同命运的乳业、粮油业务一起，被恒大集团以极低的价格忍痛抛售。

雷军说"站在风口上，猪都能飞起来"。这个所谓的"飞猪理论"被一些创业者误学误用，创业就要"追风口"似乎有了理论依据。团购风口、共享单车风口、O2O风口、茶饮店风口、P2P风口……成千上万创业者冲进来，数百亿美元创业投资搭进去，"先驱"成了"先烈"，跟随者倒下一片又一片。有人充满诗意地评判说：虽然那么多人"挥一挥衣袖，不带走一片云彩"，但是创业"追风口"依旧是"最炫民族风"。

因为情怀、宏观机会、"追风口"，很多人就去创业、投资下注，最后失败者巨多。据统计，近十多年来，创业投资的失败率高达80%以上。今后会有改观吗？如果新一代人更有情怀、更喜欢捕捉宏观机会、更爱"追风口"，那就很难改观。应该怎么办？我们从新竞争战略理论中去寻找答案。

一个企业追求成长与发展，需要自身有持久且强大的源动力；同时也会受到环境风险与行业牵制的威胁——众人争过独木桥，必然阻力很大。图2-1-1中，中间是交易界面，左边是Ⅰ企业，右边是Ⅱ环境，双方似乎在拔河。如果左边的动力持续大于右边的阻力，企业获得成长与发展；如果左边的动力持续小于右边的阻力，企业就会被淘汰。

花开两朵，各表一枝。右边的Ⅱ环境将带来哪些阻力？其中包括五种竞争力量带来的行业牵制阻力。根据波特五力竞争模型，行业中主要有五种竞争力量牵制企业的成长与发展，它们分别是行业内现有竞争者、潜在进入者、替代品竞争者、讨价还价的顾客、盈利至上的供应商。

例如：小欣留学归来，一直有创业开咖啡连锁店的情怀。她的理由是，咖啡非常符合好的创业标准：容易理解、市场空间巨大、毛利高，并且容易规模化复制。像星巴克全球3万多家店，门庭若市，但看起来没有什么经营难度。况且她的创业项目是"互联网+咖啡"连锁，模式比星巴克先进，这个创业计划书还曾获得创业大赛金奖。小欣的男朋友是从事风险投资的，不看僧面看佛面，近水楼台先得月，她很快就获得了一笔千万元的创业投资。小欣与两个合伙人辛辛苦苦搞了两年，男朋友也在旁边出谋划策，搭配各种资源，最终自己的钱及创业投资机构的钱都烧完了，心目中的"互联网+咖啡"连锁也没有搞成。

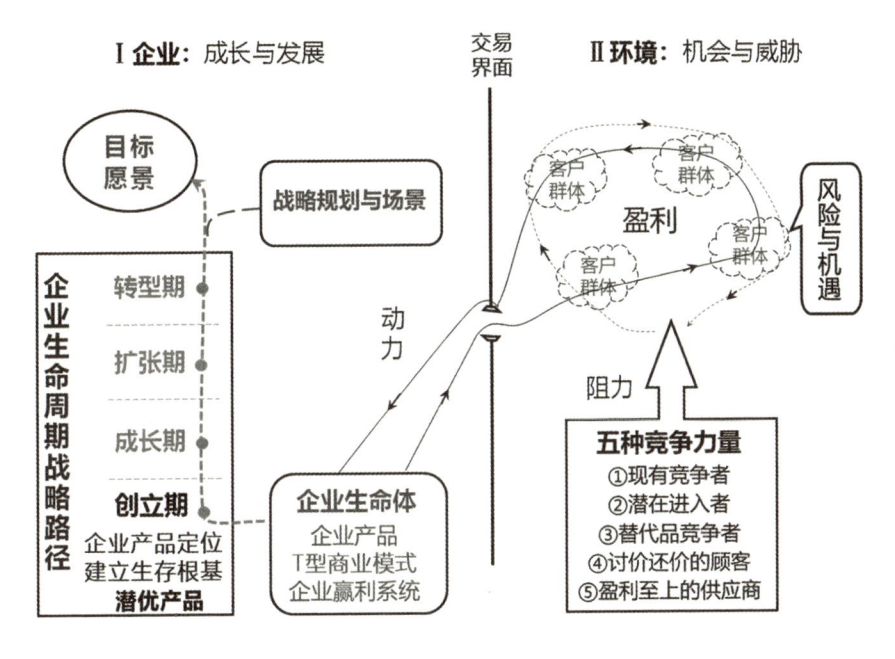

图 2-1-1 创立期企业的主要战略主题示意图
图表来源：李庆丰，"新竞争战略"理论

用五力竞争模型分析一下，其实创业搞咖啡连锁难度非常大。首先，像星巴克、Costa（咖啡世家）等现有竞争者具有相当高的品牌知名度，能够获得顾客的信任，所以现有竞争者力量强大。其次，因为行业门槛很低，像小欣这样的潜在进入者有很多，投入几万元似乎很快就可以开一家咖啡店。再次，遍地开花的奶茶店、茶饮店是一股很强的替代力量，代表着消费新趋势。因为选择太多，有讨价还价的空间，顾客就非常挑剔，哪个给的折扣多或优惠券多，就去哪家。最后，咖啡店、咖啡机多了，在需求拉动的情况下，咖啡原料供应商就趁机抬价，尽量提高自己的盈利能力，并且对小商家采购根本就看不上眼。

像上例中小欣的故事，很多创业只是看起来很美。五种竞争力量中的现有竞争者、潜在进入者、替代品竞争者与创业企业争夺客户群体，而顾客、供应商通过讨价还价与创业企业争夺盈利，见图2-1-1。它们五者形成一种极强的行业牵制力量，最终让创业企业步履艰难、阻力重重，极有可能遭遇创业失败。

此外，创业企业还可能面临外部环境带来的"VUCA风险"。"VUCA"是Volatility（易变性）、Uncertainty（不确定性）、Complexity（复杂性）、Ambiguity（模糊性）四个英文单词的首字母。"VUCA风险"包括很多不同种类的风险，这里列出客户稀疏、政策管制、产业周期、环境突变四项。

客户稀疏，是指从理论上推导目标客户群体巨大，实际上客户需求缺乏刚性或促成客户购买的成本很高，以至于企业长期入不敷出。共享单车成为创业风口后，共享雨伞也火了一阵子。我们推演一下，将共享雨伞铺满全国各地，需要很多资金，但是目标客户在哪里？总不能天天盼着下雨吧！再说了，爱打伞的习惯带着伞，不爱打伞的也很少用共享雨伞。

为了创造文明、美好的社会环境，像环境保护、节能减排、金融安全、内容传播等方面的政策管制，其内容越来越多了。例如：国家对于P2P、电子烟、比特币、直播、社区电商等相关领域的创业项目都有一些政策限制。蚂蚁集团登陆科创板IPO前夕，被突然暂停，也有政策管制的原因。

新能源、农产品、航运、有色金属、房地产、钢铁、水泥等都属于周期性行业。以行业为中心，结合上下游产业链，就构成整个产业。周期性行业也会传导至整个产业，形成产业周期。行业欣欣向荣时，创业项目或风险投资进去了；行业每况愈下时，创业项目及风险投资都熬不住了……

2019年12月开始在全球传播的新冠疫情，给餐饮、住宿、旅游、航空等很多行业的企业带来了环境突变的风险。像中美贸易摩擦、社会潮流的变革、颠覆性新技术的出现等，都会给企业带来环境突变的风险。

创业项目成片倒下、中小企业生命短暂与新产品上市失败的根源在哪里？综上分析，相当多的原因是，对五种竞争力量带来的行业牵制阻力及环境风险估计不足。当然，成功千篇一律，但失败各有不同，由于企业自身原因导致的失败也占相当比例。

不可否认，现在中国的创业机会非常多。除了"节能环保、现代信息、生物科技、清洁能源、新能源汽车、高端装备、新材料"七大新兴产业，在人工智能、新消费、新基建、区块链、工业互联网、3D打印、金融科技、军民融合等行业领域，也正在涌现出大量的创业机会。

机会众多，失败频发，如何提高创业成功率？本章及后续章节阐述的新竞争战略理论将给出一些破局的方案或思路。

如图2-1-1所示，本章的重点内容是，让企业在创立期通过实现企业产品定位、建立生存根基这两个战略主题，追求让企业具备潜优产品，从而奠定未来销售增长的基础，开辟出一块属于自己的市场领地。潜优产品就是潜在的优异产品、未来将有很好市场表现的产品。例如：阿里巴巴创立时期的淘宝、支付宝；腾讯创立时的QQ等。关于创立期企业产品定位的重要性，可以拿穿衣服系扣子来比喻。系好第一个扣子就是定位，如果第一个扣子系错了，后面都是白费工夫。

一说到定位，很多人会想到美国知名广告人特劳特或里斯在中国传播的"定位"（Positioning）。该定位如何操作？它们有其独特且吸引国人的一面，但化繁为简来说，就是设计一个特别的广告语或图像符号，通过广告轰炸让产品在消费者大脑中强占一个"地盘"——称之为定位。这种定位方法，特别适合中国创业者追求简单、速成的心态，尤其在饮料、保健品、白酒等定价区间大又说不清功能、作用的领域。市场不发达，该种定位反而更有效果。史玉柱无师自通，发明的"今年过节不收礼，收礼只收脑白金"广告语，效果绝对超越"定位"理论的预期，每投入1亿元广告，就会带来近10亿元利润。

另一种定位就是传统意义上的战略定位,其理论代表是波特战略定位。笔者认为,波特战略定位主要有三个操作步骤:①通过五力竞争模型等工具,分析行业结构带来的牵制或机会;②结合企业内部状况,从低成本、差异化、集中化三大通用战略中,选择其一作为企业的战略定位;③构建独特价值链,以深化所选择的战略定位。

特劳特或里斯定位本质是一种广告定位,主要对应于T型商业模式中营销模式的相关要素;以波特为代表的战略定位,属于在行业结构中寻找一个有利的位置,主要对应于T型商业模式的创造模式及营销模式的相关要素。除此之外,像蓝海战略、平台战略、爆品战略、产品思维、品牌战略、技术创新等,都可归属为对企业产品进行定位的一种方法或一种理论思想。关于企业产品定位,还有大片的疆域需要开垦。根据T型商业模式理论——参考书籍《T型商业模式》《商业模式与战略共舞》——所谓商业模式创新,80%以上属于企业产品(或产品组合)定位的创新。

2.2 三端定位：
提升创业及新产品上市的成功率

> **重点提示**
>
> ※ Peloton公司的商业模式有什么特点？
>
> ※ 根据三端定位模型，为什么芯片研制不容易成功？
>
> ※ 长期依靠外部融资或资本补贴的创业，属于哪一种单端定位？

大家的印象中，健身行业很热闹，不仅有帅哥美女教练，还有推销、办卡、"跑路"。虽然健身行业一直在创新，但目前多数企业处在盈利困境之中。光猪圈健身创始人王锋在一次论坛中表示，有60%~70%，甚至更高百分比的健身房在亏损。据福克斯网站消息，由于新冠疫情持续肆虐，美国健身行业受到重创；因州政府强制关闭健身场馆，有48.9万名健身员工失业。

但是，疫情期间美国也有一家主打居家健身的企业借势"起飞"。这家企业名字叫Peloton（主赛场）。在新冠疫情蔓延的2020年，Peloton的市值涨了6倍，从76亿美元飙升到了471亿美元，全年总营业收入和订阅用户量也是双双暴增。现在流行说，每个行业都有可能进化与升级，任何生意都值得重新做一遍。Peloton是如何逆袭成功的？根据投资人童士豪的观点，Peloton在做的是健身领域的一次消费升级。哪怕新冠疫情结束了，Peloton依然会有巨大的发展潜力。

根据新竞争战略，一个企业的成功，首要是企业产品定位的成功。为了更好地阐述Peloton公司的企业产品定位，我们引入T型商业模式的三端定位模型。图2-2-1来自第1章的T型商业模式定位图（图1-4-2）。如图2-2-1所示，该定位图有六个要素，分为两组：位于T型三端的目标客户、合作伙伴及企业所有者是一组，它们是商业模式的三个交易主体。位于中心的价值主张、产品组合、赢利机制是一组，分别代表各个交易主体的利益诉求。由于这个定位是对T型商业模式三端的目标客户、合作伙伴、企业所有者三个交易主体的利益诉求进行综合考量而进行企业产品定位，所以形象地称为"三端定位"或"三端定位模型"。

在三端定位模型中，合作伙伴与企业一起共赢合作提供目标客户所需要的产品组合，所以合作伙伴是产品组合重要的利益诉求主体，它们代表了创造模式。回到Peloton的例子，这家公司的产品组合是什么呢？优选的健身器材（硬件）+丰富的明星教练课程（内容）+活跃的O2O（从线上到线下）互动平台（社交）。哪些合作伙伴（或供应商）参与了产品组合的创造呢？类似苹果手机档次的健身器材制造商，社会知名的文体明星、健身明星或"网红"健身教练，积极热情的超级会员或粉丝。

如图2-2-1所示，价值主张的利益诉求主体是目标客户，它们代表了营销模式。Peloton产品组合中蕴含了哪些吸引目标客户的价值主张？引入超一流档次的健身设备，打造炫酷健身体验；导入优秀的文体明星或"网红"教练，通过与会员线上线下"面对面"接触交流，传达精神感染力，激发广大学员的健身热情；营造异常活跃的O2O用户社群，让会员有更多机会邂逅亲密伙伴与友谊。该公司创始人说："Peloton在这个时代，塑造人们对运动的信仰！"

关于Peloton公司企业产品定位及蕴含的价值主张特色，投资人童士豪说："一般的跑步机踩起来比较死板，但Peloton的跑步机踩起来居然有一种科技感……这和苹果的产品很像：你第一次用iPhone的时候，就会觉得它跟一般的智能手机不一样，Peloton也是这样。"

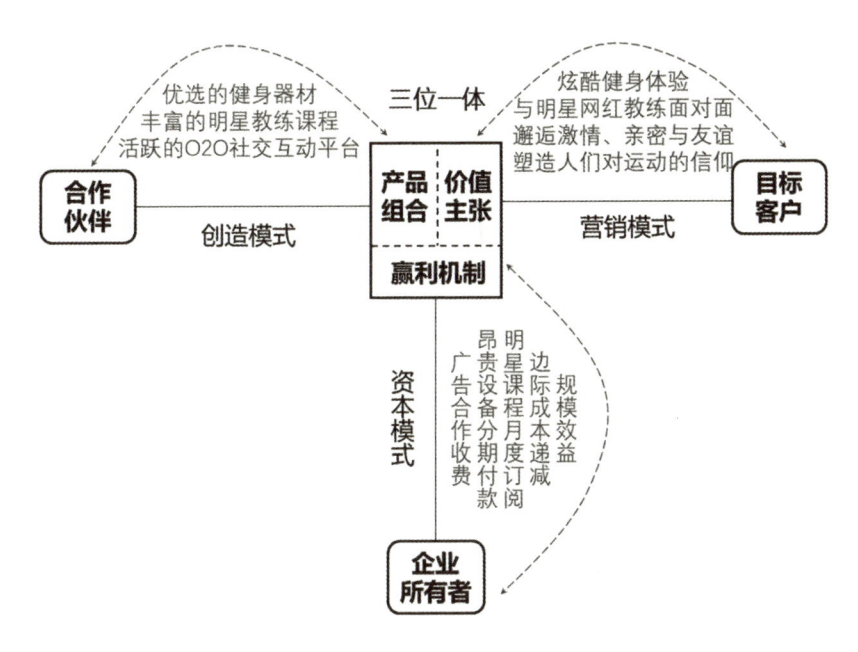

图 2-2-1 Peloton 公司企业产品三端定位示意图
图表来源：李庆丰，"新竞争战略"理论

邵恒头条的文章《美国健身企业Peloton是怎么成功的？》，这样写道：

> Peloton还发布了升级产品Bike+和Tread+，大屏幕实现了左右旋转，玩法更多样了，比如你可以把屏幕转向侧面，方便做瑜伽或哑铃训练。另外，每台设备还配备了摄像头和高品质扬声器，让你能轻松和其他人在线视频交流。
>
> Peloton有个外号，叫"健身行业的奈飞"。Peloton拥有自己的演播室，所有健身课程都由专业制片人制作。课程品类非常丰富，涵盖跑步、单车、瑜伽、体能、力量训练等。还有一个特别之处是，Peloton有51万用户并没有购买硬件，而是单独付费订阅了在线课程，而且这部分用户增长很快，这足以说明课程本身很有吸引力。
>
> 在Peloton的教练团队中，有很多明星健身教练，其中有模

特、前田径运动员、美国自行车大赛冠军，还有知名歌手的伴舞。很多教练背后都有励志的故事，他们不光教课，还在平台上分享自己的人生故事和健身理念。

Peloton提供的健身课能够让学员更有参与感。这是怎么做到的呢？秘密就在"社交"上。有学员说，她第一次上课就被Peloton的教练吓到了，因为教练居然能喊出很多学员的名字，还记得他们来自哪个城市、身体指标怎么样。要知道，一场直播课的参与者少则数百人，多则上千人，记住学员的个人信息得有多难，可Peloton的教练就是能做到。

此外，Peloton还与脸书账户打通了。你能很方便地在屏幕上找到一起上课的脸书好友，进行视频通话，相互加油打气；同时，你还能查看班上其他学员的信息，结交新朋友。目前，脸书上有大量的Peloton社群，有的社群甚至有上万名成员。

Peloton通过健身这件事，打造了一条无形的精神纽带，把人与人连接到了一起。而社交，最终也成了Peloton最大的壁垒。当用户通过Peloton进入了关系网络，并且找到了情感认同之后，他们就很难再被竞争者抢走了。

如图2-2-1所示，赢利机制的利益诉求主体是企业所有者，它们代表了资本模式。Peloton产品组合中蕴含的赢利机制为：通过忠诚会员的高留存率与高复购率获得规模化效益、视频课程产品的边际成本递减带来巨大收益，通过超长期的分期付款来分摊昂贵的健身器材费用，通过内容订阅来收取明星教练的课程费用，通过广告等衍生收费形式进一步增加企业收入。

笔者在《商业模式与战略共舞》第2章中重点阐述了三端定位模型，列举了包括吉列、耐克、罗辑思维、名创优品、芯片研制、网上买菜、互联网咖啡等诸多三端定位的成功或失败案例。

一个可行的企业产品，目标客户、合作伙伴及企业所有者三端利益缺一不可；与之对应的价值主张、产品组合及赢利机制"三位一体"不可分割。它们就像一个风扇的三个叶片，缺少哪一片，整体都不能顺畅运转起来。三端定位模型的经济学解释是：当消费者剩余、生产者剩余、合作伙伴剩余三者达到均衡时，企业的长期价值最大。

三端定位模型的主要功能是判断企业产品是否可行。企业产品是T型商业模式的核心构成部分，其他要素围绕企业产品展开；T型商业模式是企业赢利系统的中心，其他要素围绕T型商业模式展开。所以，企业产品决定企业成败。在新竞争战略中，企业生命体由企业产品、T型商业模式、企业赢利系统三者嵌套分级构成。如果企业产品不符合三端定位模型，企业生命体就会很快衰弱乃至死亡，再谈战略路径、生命周期战略主题及战略规划，犹如"巧妇难为无米之炊"，"差之毫厘，谬以千里"。

对照图2-2-1，罗永浩为情怀创业去搞智能手机，属于从企业所有者一端发起的单端定位，虽然有资本支持，获得外部多轮融资17亿元人民币，但是最终没能与合作伙伴、目标客户的利益诉求相互匹配，即产品组合不行，价值主张也不行。比情怀威力更强大的是企业家的豪情万丈，也是一种类似的单端定位。企业家牟其中曾有一个语惊四座的商业创意：把喜马拉雅山炸开一个大口子，将大西北变成"塞上江南"！即使这个创意变成现实，大西北也难变绿洲，倒可能发生生态环境恶化及控制不住的自然灾害。回顾过去，依靠企业家的豪情万丈进行产品定位，确实有一些误打误撞的成功案例，但是绝大部分最后都失败了。

中国企业特别重视营销，像"网红带货""安利种草""上瘾疯传"甚至"裂变造假"，一夜之间都成了非常流行的营销手段。从纯粹搞定目标客户出发，也是一种单端定位。如果产品组合不行，价值主张偏离客户需求，赢利机制必然也不长久，企业早晚会被市场抛弃。例如：带有忽悠或欺骗色彩的关系营销、会议营销、直销或传销，绝大部分属于从目标客户发起的单端定位。

商业模式的核心，也是新竞争战略的基本出发点，是具有一个可持续的企业产品。就像白光通过三棱镜能折射出七色光，商业模式的内容丰富多彩，从交易视角看它是一种由多个利益方连接在一起的交易结构。说者无心，而听者有意。它导致一种风潮：大家不重视产品，而去重视交易结构。

很多人误以为商业模式就是利用关系去整合资源，喜好设计以各种手段套利的关联交易结构。有人热衷于搞战略合作、校企合作、中外合作；还有人脱离市场需求，盲目搞技术创新、引进人才、购买成套设备及专利技术等。如果不能实现产品组合、价值主张、赢利机制三者合一，打造一个可持续的企业产品，那么它们多半属于从合作伙伴一端出发的单端定位，可能暂时有些热闹景象，长期来看，企业经营很难持续。

开启一段创业或成熟公司开发新产品时，在企业产品判定上，五力竞争模型主外，而三端定位模型主内。采用五力竞争模型，主要从行业结构及牵制阻力的角度，判定企业产品是否具有取得经营成功的可能性。经过五力竞争模型判定后，还需要采用三端定位模型对企业产品进一步判定，产品组合、价值主张、赢利机制是否能够三者合一？这是让企业具备潜优产品的前提条件。

像波特三大通用战略、蓝海战略、平台战略、爆品战略、产品思维、品牌战略、技术创新等，都可归属为对产品组合进行定位的一种方法或一种理论思想。为了提升企业创业及新产品上市的成功率，在它们指导下的特定产品组合，都需要通过三端定位模型进行判定，并通过T型商业模式、企业赢利系统协助进行系统化构建。

2.3 第一飞轮效应：
在产品组合中植入不要工资的"营销总监"

> **重点提示**
>
> ※ 为什么说商业模式应该有一个通用结构？
>
> ※ T型商业模式的产品组合与波士顿矩阵产品组合有什么区别？
>
> ※ 如何理解"免费+收费"产品组合中的"免费"？

知名媒体人吴伯凡说，互联网公司可以分成三类：第一类叫盆景型公司，第二类叫植树造林型公司，第三类叫热带雨林型公司。

第一类公司像盆景，必须不断地往里输入资源，一旦你停止浇水、施肥，它很快就枯萎了。像生鲜电商、互联网咖啡等，有的企业营业规模已经很大了，每年还在巨额亏损，这些应该属于盆景型公司。像亚马逊、字节跳动、BAT、美团等，属于热带雨林型公司，它们的主要特点是，各个关键产品因素之间形成了协同。这些因素叠加形成的结果不是简单的1+1+1=3，而可能等于30，甚至等于300。介于两者之间的是植树造林型公司，它们具有了某种自我生长机制，但又需要不断地输入资源，俗话说就是那些"时好时坏"的公司。

知名产品人梁宁的课程中，常讲一个叫作"三级火箭"的降维打击模型。典型案例是奇虎360，它的第一级火箭是免费杀毒工具，其功能是获得头部流量；第二级火箭是360安全浏览器及网址导航，其功能是将流量沉淀成商业场景；第三级火箭是在商业场景中获得广告、游戏或硬件销售等收入，其功能是完成商业闭环。

以上两种公司划分模型，实质上都是在谈商业模式或产品组合。还有一种现象，人们常常将产品组合的创新案例看成是商业模式或赢利模式。像常说的"21种盈利模式、55种商业模式"等，实际上在讲产品组合的创新案例，大家常常认为这就是商业模式。三谷宏治所著的《商业模式全史》，90%以上的篇幅都在列举产品组合的创新案例，却说这是为商业模式撰写历史。商业模式仍然不是一个成熟的学科，大家摸着石头过河，简便地将产品组合的创新案例看成是商业模式，这也是约定俗成或是为了交流方便。

在笔者写作的《T型商业模式》中，除了阐述商业模式是由13个要素构成的一个通用结构之外（图1-4-1），也列举了大约80个典型企业的产品组合创新案例来协助说明这个通用结构。理论也来自对实践案例的归纳，再去指导经营实践，下面再补充五个有特色的产品组合创新案例。

（1）对照上一节的图2-2-1，亚朵酒店通过让渡未来的股权收益，不仅把房东（合作伙伴）变成了股东（企业所有者），而且通过众筹把消费者（目标客户）变成了股东。这样，T型商业模式三端的合作伙伴、目标客户及企业所有者深度融合，形成一个利益共同体，共同致力于让产品组合、价值主张、赢利机制实现三者合一。简单来说，亚朵酒店的产品组合是"差异化客房服务+社群活动+阅读空间+场景电商"。后面三者所需投资费用很少，但代表了产品的品质，它能让入住亚朵酒店的消费者花钱不多，却站在了"鄙视链"的高位。

（2）喜茶看起来是一杯奶茶，其实背后有一个差异化的产品组合。喜茶创始人聂云宸带领研发团队，通过口味、口感、香气、颜值、品味五个维度进行产品组合的创新与探索，以全面俘获目标客户的味觉、触觉、嗅觉、视觉及听觉系统。有人说，喝喜茶的人瞧不起喝不知名或杂牌奶茶的人。人是有智商的高级动物，身体内不仅有成瘾机制在发挥作用，而且也会通过象征性物品，来显摆自己或鄙视别人。

（3）抖音属于短视频平台服务模式，其平台型产品组合中含有娱乐及流量分发机制，也有广告、带货、电商、游戏的组成成分。笔者不怎么刷抖音，可能是"庐山之外看庐山"，抖音类似老北京的天桥，给各路人士提供一个展示自己的平台，同时招揽来亿万观众及游客。

（4）与盒马鲜生具有的"超市+餐饮集市+外卖"产品组合有所不同，位于北京朝阳银河SOHO地下一层的七范儿搞出一个"超市+餐饮+酒吧"的产品组合新业态。琳琅满目的超市中穿插着各种各样的餐饮、小吃，还配备一个酒吧！酒吧居然还有乐队表演、主题派对，关键是价格不贵。你可以在超市买杯酸奶在酒吧喝，也可以在吧台点一杯300毫升且均价只有10元的"鸡尾酒"。

（5）深圳一家叫鳄鱼宝的公司，在公交车上打广告"2000元领养一条鳄鱼，4个月返本，年化收益率15%"。手机上就可以养鳄鱼，不仅好玩，而且来钱快，参与者众多。鳄鱼宝APP上宣传说，本公司专注于鳄鱼产业，拥有自主知识产权，通过"线上领养、线下养殖、基地统销、红利共享"的领养新模式，完成了"互联网化"。骗子也搞商业模式创新，鳄鱼宝的产品组合，表面上看是"互联网+鳄鱼养殖+鳄鱼制品等价交换"，实际上就是一个庞氏骗局。

T型商业模式中的产品组合是笔者提出的一个新概念，与战略教科书上常讲的波士顿矩阵产品组合有所不同。沿着时间维度，波士顿矩阵中的"明星、金牛、幼童、瘦狗"四类产品组合一直在新陈代谢、吐故纳新，力求企业资源能力与外部环境机会匹配，保持规模经济、范围经济的均衡。**T型商业模式中的产品组合侧重于空间维度上的产品布局状态，它可以是实物产品，也可以是虚拟产品或服务；它可以是单一产品，也可以是多个产品互补组合，在此将其统称为产品组合。**

本书章节1.4曾对"企业产品"有专门说明，上述案例中的产品组合只是企业产品的一个方面。企业产品实际上是产品组合、价值主张、赢利机制的三者合一。进一步看的话，从产品组合上升为企业产品，再到为企业形成一个潜优产品，非常有难度，相当有挑战！本书的重点内容是新竞争战略，涉及企业如何建立生存根基、累积竞争优势及培育核心竞争力等相关战略主题，所以有必要阐述一下T型商业模式的第一、第二、第三飞轮效应。三个飞轮效应之间是彼此连接、依次递进的关系，第二、第三飞轮效应将在本书章节3.2及章节4.3分别介绍，下面重点阐述第一飞轮效应。

第一飞轮效应是在企业产品组合中发生的飞轮效应，见图2-3-1。在图2-3-1左图，在"刀架+刀片"产品组合中，吉列公司将剃须刀架卖得很便宜，甚至可以搭售赠送，而将易耗品剃须刀片卖得较贵，毛利率非常高。吉列的刀片与刀架固定搭配，顾客买的刀片用完后，为了刀架"不孤单"，今后就要不断购买剃须体验优异的吉列刀片。吉列每卖出一个刀架，就相当于增加了一个不开工资却忠于职守的"销售总监"，协助锁定顾客，然后带来源源不断的刀片收入。这就是吉列公司产品组合具有第一飞轮效应所蕴含的赚钱秘籍：在一个时间区间内，当卖出的刀架线性增长时，高毛利的刀片将保持指数增长。

经典案例自有不可替代之处，每讲一次就是再学习一次。另一个第一飞轮效应的经典案例是亚马逊，见图2-3-1右图。亚马逊创立时，就是一个卖书的电子商务网站，由于货架网页化及长尾效应，它比实体书店具有结构性低成本优势。顾客足不出户，就可以在网上下单购买；价格低、快递送货到家，Prime会员实惠更多，所以具有相对更好的购物体验。供应商只要集中配送到亚马逊的郊区仓库，物流等交易成本更低，所以亚马逊平台能够吸引更多优选供应商加盟，自身逐渐成了"万货商店"。亚马逊是平台模式，产品组合的实质内容是由"低价+万货商店+购物便利+Prime（主要）会员"等模块构成的贸易服务。

亚马逊具有先动效应，通过营销促进，让以上产品组合模块联动，第一飞轮效应就启动了：平台的低成本结构→供应商更多、货品更丰富→顾客购物价格低、选择多，购物体验更好→口碑传播及老顾客不断复购，留存购物记录及Prime会员身份价值黏性，导致网站流量更大……更优秀的低成本结构，20年主动不盈利，平台建设更强大→更多优选供应商加盟，各类商品更多、价格更低→规模逐渐增大，边际成本递减，平台的低成本结构带来的驱动作用越来越显著……由于亚马逊产品组合中存在循环增强效应，企业成长的飞轮就一圈又一圈地转起来了，基础飞轮上搭载一个又一个衍生飞轮。今天的亚马逊远不止是网上"万货商店"，它已经是智能零售、消费级人工智能、企业云服务、出版传媒、现代物流等诸多领域的行业领先者。

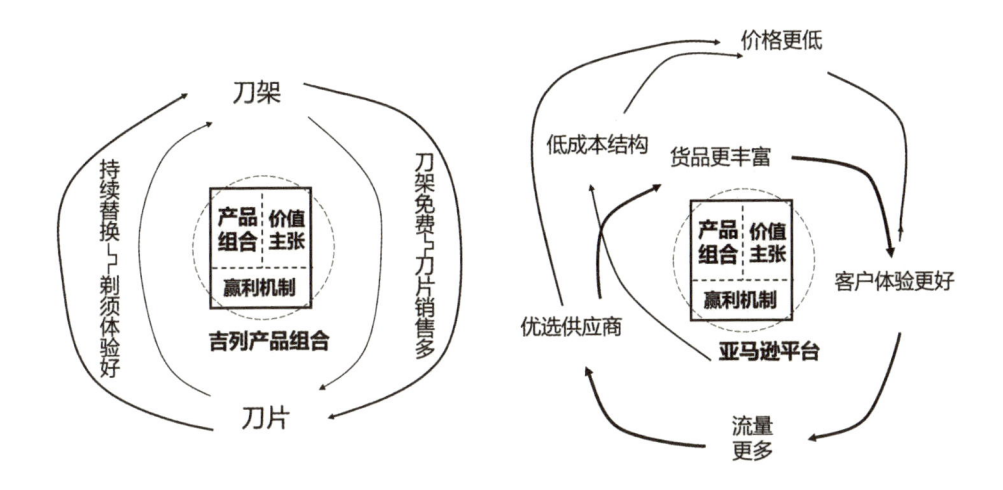

图 2-3-1 吉列与亚马逊的第一飞轮效应示意图
图表来源：李庆丰，"新竞争战略"理论

如图2-3-1所示，第一飞轮效应发生的条件是：**构成产品组合的互补产品（或模块）之间具有相互带动及构成增强回路的特性；它们互补之后的价值主张更好地满足了目标客户的需求，从而增加了目标客户的忠诚度，引发口碑传播；从赢利机制方面看，它们互补之后可以降低企业的成本或增加企业赢利，让企业可以投入更多的资源优化迭代原有的产品组合。**

以上之所以被称为飞轮效应，这里用作比喻的飞轮是一个机械装置，启动时费点力气，旋转起来后就很省力，并且越转越快。飞轮效应与复利效应、马太效应、指数增长或日常所说的"滚雪球""富者越富，穷者越穷"等，其背后都是系统思维中的增强回路原理——因增强果，果反过来又增强因，形成放大回路，一圈一圈循环增强……它揭示了企业成长与发展的秘密。

能够触发第一飞轮效应的产品组合，通常都是"免费+收费"或其变异形式。像上例中的"刀架+刀片"产品组合中，刀架相当于一个免费品，高毛利率的刀片才是收费产品。亚马逊20年坚持不盈利的目的，是通过持续进行商品降价或发放更多的Prime会员卡——它们扮演了免费产品的角色，从而建设一组"巨型增长飞轮"，以带动更多的收费产品。本节开头的"三级火箭"产品组合模型，第一级"火箭"通常是免费产品，后两级"火箭"一定要有收费产品。在"免费+收费"产品组合中，通过免费产品引流，带动收费产品的销售；收费产品赢利积累后，可以打造更好的免费产品。第一飞轮效应促进"免费+收费"不断循环，企业赢利持续增长，竞争优势越发增强。

在"免费+收费"产品组合中，关键是对"免费"的理解。"免费"有很多种变异形式，并不一定是不收费。它可以像爱马仕丝巾那样，是一个低门槛的入门级产品；它可以像产品金字塔中的基础产品那样，是一个通过高性价比扩大销量的产品；它可以像航空会员卡那样，以积分换机票的形式出现；它可以像罗辑思维的每天免费知识分享，由于边际成本递减为零，一人收听与一亿人收听其成本差不多。

经过五力竞争模型及三端定位模型判定，将产品组合、价值主张、赢利机制三者合一设计与构建，形成的潜优产品中将可能触发第一飞轮效应——这相当于在企业的产品组合中，植入了一个不要工资的"营销总监"！

2.4 低成本/差异化/集中化：
波特战略定位中的"红绿蓝"如何升级？

> **重点提示**
>
> ※ 为什么说集中化、低成本、差异化三者可以串联起来使用？
>
> ※ 三大通用战略与T型商业模式有哪些关联？
>
> ※ 对于三大通用战略的落地，新竞争战略可以提供哪些系统性协助？

知名新能源汽车公司特斯拉的创始人埃隆·马斯克，造火箭也很厉害。2002年，马斯克突然对造火箭产生了浓厚的兴趣，于是就举家搬到了洛杉矶。为啥呢？因为那里的太空产业非常发达。起初，马斯克拿到一本二手的火箭制造手册，每天读得津津有味。不到一年时间，他就搞清楚了火箭的发射原理，接着就成立 SpaceX（太空探索技术公司），开始造火箭了。现在，SpaceX制造的火箭，成本只是美国宇航局的十分之一，并且已经成功突破火箭可回收、多次发射技术。马斯克乐观地表示，通过使用可重复发射的火箭，未来可以把航天发射的费用降低到当前的1%左右。

财经作家吴晓波曾写过一篇文章，标题是《去日本抢购电饭锅，买只马桶盖》，文章中写道：

> 今年蓝狮子公司的高管年会在日本冲绳岛开，我因为参加京东年会晚到了一天。我乘坐的飞机刚落在那霸机场，我就看到微信群里已经是一派火爆的购物气象：小伙伴们在免税商场玩疯了，有人一口气买了六只电饭煲！
>
> 到日本旅游，顺手抱一只电饭煲回来，已是流行了一阵子的"时尚"了。前些年在东京的秋叶原，满大街都是拎着电饭煲的中国游客。我一度对此颇为不解："日本的电饭煲真的有那么神奇

吗？"就在一个多月前，我去广东美的讲课，顺便参观了美的产品馆。它是全国最大的电饭煲制造商，我向陪同的张工程师请教了这个疑问。

张工程师迟疑了三秒钟，然后实诚地告诉我，日本电饭煲的内胆在材料上有很大的创新，煮出来的米饭粒粒晶莹，不会黏糊，真的不错，"有时候我们去日本，领导也会悄悄地让我们拎一两只回来"。

这样的景象并不仅仅发生在电饭煲上，从这些天蓝狮子公司高管的购物清单上就可以看出冰山下的事实——

很多人买了吹风机，据说采用了纳米水离子技术，有女生当场做吹头发试验，"吹过的半边头发果然蓬松顺滑，与往常不一样"。

……………

最让我吃惊的是，居然还有三个人买回了五只马桶盖。

啤酒广告通常以"高大上"的画面出现，例如：几位穿着比基尼的模特从一个周边环境幽雅的游泳池上来，展示一下曼妙的身段，各拿起一杯啤酒，与游泳池边上流社会富有的绅士们干杯，口中念念有词：××啤酒，自然纯爽，激情共享！

当美国米勒酿酒公司经营陷入困境时，该公司的市场人员在一次消费调查中发现，啤酒的最大消费群体是男性蓝领工人。随后，米勒酿酒公司仔细研究了蓝领工人对啤酒的需求特点及他们的饮酒习惯，例如：不太重视啤酒的味道，喜欢在酒吧与同伴一喝酒，喜欢在寻猎或钓鱼时喝等。为此，米勒酿酒公司设计推出了一种适合蓝领工人饮用的新啤酒——"米勒好生活啤酒"，并对应制定了有效的促销策略。此后，米勒酿酒公司调整战略，聚焦经营资源，迅速占领了该细分市场，为以后更大范围的成功奠定了基础。

在以上三个案例中，SpaceX代表低成本战略。低成本战略也叫成本领先战略，是指企业强调以低单位成本为用户提供低价格的产品。这是一种先发制人的战略，通过有效途径，实现企业产品的成本降低，以建立一种不败的竞争优势。日本电饭煲或马桶盖厂商采用的是差异化战略。差异化战略又称标新立异战略，它选择用户重视的一种或多种特质，并赋予其独特的地位，让企业的产品、服务、形象等与竞争对手有明显的区别。米勒酿酒公司采用的是集中化战略，是指把经营战略的重点放在一个细分市场上，为特定的地区或特定的消费群体提供专门的产品或服务。

自从波特的《竞争战略》1980年出版以来，低成本、差异化、集中化三大通用战略，在战略研究及应用领域就成了广泛热议的话题。迄今，跟随研究的相关论文有数万篇之多，各种战略教科书更是言必谈"三大通用战略"。网上搜索一下，参阅相关资料，就能把低成本、差异化、集中化三大战略搞明白。

本部分会谈点与众不同的内容。与时俱进来看，一个初创公司起步时通常采用集中化战略，像滴滴打车起步时，选择北京市场集中突破，以存量出租车为主提供网上约车服务。然后通过不断股权融资，类似启动低成本战略——风险投资机构的钱很多暂且不用偿还。在资本的支持下，滴滴打车向目标客户提供补贴，发放优惠券等，图谋在竞争中取得优势。最后，进入差异化战略阶段。同样如滴滴打车，通过不断迭代产品，提供多档次差别化优质服务，获得比较好的赢利，进一步累积竞争优势。

图2-4-1可以有针对性地说明问题，左侧Ⅰ企业主要放置了T型商业模式结构图，右侧Ⅱ环境主要放置了五种竞争力量示意图。位于上侧的波特三大通用战略主要与T型商业模式的价值主张、目标客户、市场竞争、增值流程紧密相关。

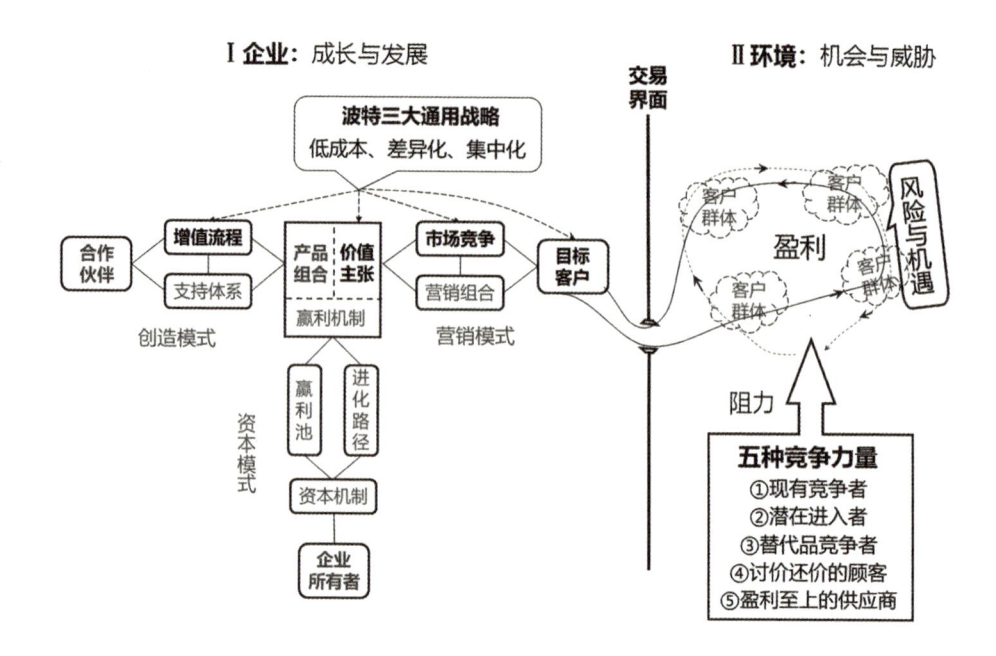

图 2-4-1 三大通用战略与 T 型商业模式的关联示意图
图表来源：李庆丰，"新竞争战略"理论

笔者认为三大通用战略各是一种产品定位方法，更准确地说它们各代表一种价值主张。低成本的价值主张，类似企业对目标客户说"我的产品价格低，选择我的产品吧"。差异化的价值主张，类似企业对目标客户说"我的产品有××特别之处，选择我的产品吧"。集中化的价值主张，类似企业对细分市场的目标客户说"我专门为你们提供产品，我的产品价格低或有××与众不同之处，选择我的产品吧"。

从市场竞争要素来看，三大通用战略主要是从Ⅱ环境的五种竞争力量中推导而来，属于从外到内的产品定位。例如：雷军创立小米时，小米的竞争者苹果、三星的手机价格太贵了——存在小米手机以低成本战略成功的机会。只要小米手机将性价比做到极致，就可以吓退"山寨机"厂商等潜在竞争者或替代品竞争者。小米手机的初期顾客是看重性价比的"发烧友"，然后扩展到在意价格的广泛目标客户。虽然供应商都是大公司，讨价还价能力强，但是小米手机通过大规模订货，可以将它们"降伏"到麾下。

三大通用战略主要通过构建及优化相配称的价值链（近似于图2-4-1的增值流程）落地。还以小米手机为例，自成立以来其供应链一直是重中之重，由雷军、林斌、黎万强、周光平四个联合创始人亲自参与构建及优化，并且采用互联网营销降低成本，最终将价值链成本降低，实现极致的性价比。

波特三大通用战略提出来40多年了，它们就像"红绿蓝"可见光的三原色——其他万千种光色来自三原色的合成，至今仍然熠熠发光，并不过时。20世纪80年代，属于产品时代；2000年后，属于商业模式时代。那么，在商业模式时代，该如何对波特三大通用战略进行升级？

（1）低成本、差异化、集中化是企业所提供产品的低成本、差异化、集中化，即向目标客户宣告的本企业产品中含有的价值主张。所以，不能只是空谈战略定位，让三大通用战略"飘浮"在空中，而是要落实到产品组合的设计及构建、T型商业模式其他各要素的配称及发挥企业赢利系统的支撑作用。

（2）根据商业模式第一问，结合"以客户为中心，以奋斗者为本"，三大通用战略的具体建设者是合作伙伴（奋斗者），主要受益者是目标客户。三大通用战略可以从五种竞争力量中推导而来，但是应该重点聚焦到目标客户。他们需要什么样的低成本、差异化及集中化？目标客户的需求才是合作伙伴、产品经理等奋斗者创新的源泉和努力的方向。

（3）波特说，企业必须在"低成本、差异化、集中化"中选择其一，且不能做骑墙派。这个论述要与时俱进，是否可以进化为"一个为主，其他为辅"？像特斯拉、优衣库、可口可乐等公司，通过全球配置资源——买全球、卖全球，实现了差异化与低成本的统一。当然这些公司以追求差异化为主，其次实现了低成本。像工业4.0或大规模定制、数字化制造、3D打印技术等，有助于实现差异化与低成本的统一。

（4）在T型商业模式的产品组合中，可以实现低成本、差异化、集中化三者和谐共处，并有"1+1+1＞3"的协同效应。例如：路人甲开一个水果店，以低成本、低售价的"大路货"水果引导流量，以差异化的中档产品吸引广大目标客户购买，以集中化的礼品果篮、减肥水果配餐等针对细分市场的客户需求。从产品上升到产品组合，好像从个体上升到团队，必然带来更丰富的价值主张创新。

（5）三大通用战略是一种从外到内的单端定位，必须结合三端定位模型的判定，实现价值主张、产品组合、赢利机制三者合一，将目标客户、合作伙伴、企业所有者三方利益统一。

（6）三大通用战略应该在图1-7-2所示的新竞争战略的动态系统构成中更有效地落地。例如：低成本战略定位的实施，不能只局限于价值链的构建与优化，而应该扩大到企业生命体在相应企业生命周期阶段及战略规划与场景的系统性联动。

2.5 蓝海战略/爆品战略/品牌战略/平台战略：是战略，还是定位？

> **重点提示**
>
> ※ 蓝海战略属于新竞争战略的哪一部分内容？
>
> ※ 为什么说打造爆品需要的能力与资源因素很多，而成功的偶然性很大？
>
> ※ 在平台型企业的创立期，主要战略主题应该是什么？

金伟灿与勒妮·莫博涅两位学者合著的《蓝海战略》于2005年出版后，"蓝海战略"一词开始在全球商界、学界乃至政界大红大紫，大有与波特的竞争战略分庭抗礼之势。2009年，两位学者"乘胜追击"，在《哈佛商业评论》发表文章《用蓝海战略改变行业结构》，文中写道："结构主义视角虽然也有价值和实用性，但在某些经济环境和行业背景中，重构主义视角更适用一些。尤其是处于眼下的经济衰退中，越发有必要选择重构主义。"

文中意思很明显，波特的竞争战略属于结构主义，即通过五力竞争模型分析与判定，从行业结构中找到企业的战略定位。蓝海战略属于重构主义，即从红海行业中重构出蓝海领域，作为企业的战略定位。

对于蓝海战略，波特也发表文章表达了自己的看法："如果竞争者能够利用价格、产品、服务、特性或品牌标志的不同组合，来满足不同客户细分市场的需求，那么竞争对抗也可能带来正和的结果。"在波特的笔下，蓝海战略只不过是"重新定位细分市场"而已，它仍然属于竞争战略中的一种差异化或低成本或集中化的定位方法。

蓝海战略与竞争战略之间交锋，哪个占优？笔者看来，蓝海战略与爆品战略、品牌战略、平台战略等，都是一种产品定位方法。前文讲到的"如何对波特三大通用战略进行升级"的六点内容，对它们同样有效。下面进一步阐述一下，它们与T型商业模式的关联。

1. 蓝海战略：从红海中开辟一片蓝海

在中国，具有代表意义的蓝海战略案例是如家连锁酒店。

2002年如家酒店创立时，中国酒店行业的市场竞争格局是这样的：高档星级酒店高大上，门厅大堂气派豪华，娱乐健身设施俱全，但是相对于当时人们的经济收入，住宿价格比较昂贵。低档酒店以家庭旅馆和单位招待所为主，配置简单、设施简陋，安全与卫生条件不理想。

那时也正是中国民营经济迅速崛起的时候，中小企业主、经理人、营销人员等商旅活动越来越多，但是找不到一个合适的酒店住宿。高档酒店价格高，超出差预算较多，住不起；低档旅馆服务堪忧，无安全保障还经常"宰客"。从以上红海市场中，如家创业团队重新定位了一个细分市场：经济连锁酒店，即从红海中开辟一片蓝海。这样，目标客户有了——中小企业商旅人员，他们的痛点也非常明显。

其次，蓝海战略有两个工具非常有效：四步动作框架及战略布局坐标图。通过这两个工具，结合对现有行业市场中的竞品分析，可以比较准确地刻画出目标客户的价值主张，进而推导出应该为目标客户提供一个什么样的产品构成或产品组合，见图2-5-1。由此看来，蓝海战略就是一种通过"重新定位细分市场"而进行产品定位的新方法。因此，蓝海战略与T型商业模式的关联主要在目标客户、市场竞争、价值主张、产品组合这四个方面，见图2-5-2。

既然蓝海战略是一种产品定位的方法，当然后来者可以追随模仿了。实际上，如家之后陆续出现了汉庭、锦江之星、格林豪泰、莫泰、7天、布丁、桔子水晶等为数众多的经济型连锁酒店品牌。当蓝海变成红海后，亚

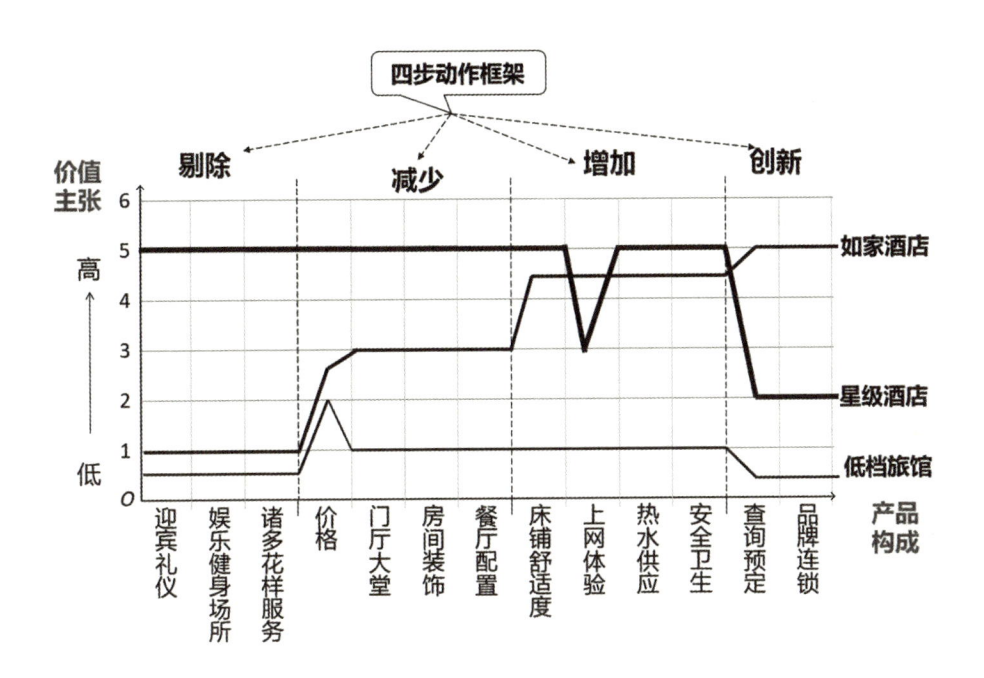

朵、全季等酒店品牌又从红海中再细分出一片蓝海……

图 2-5-1 如家酒店用于产品定位的战略布局坐标图
图表来源：李庆丰，《T 型商业模式》

现在，蓝海战略已经被泛化了：搞一项专利发明，都不知道目标客户是谁，也在宣传开辟了一个蓝海市场；在顾客稀疏的"无人区"，弄出一个团购、O2O、社区服务等之类的APP，也说开辟了一个巨大的蓝海市场等。要这样说，马斯克要将人类送上火星，那才真正叫作"开辟了一个广袤无垠的巨大蓝海市场"！

蓝海战略只是一个产品定位好方法，而新竞争战略是全面阐述如何从潜优产品→拳头产品→超级产品，并且让企业达成目标及愿景的战略路径指导体系。

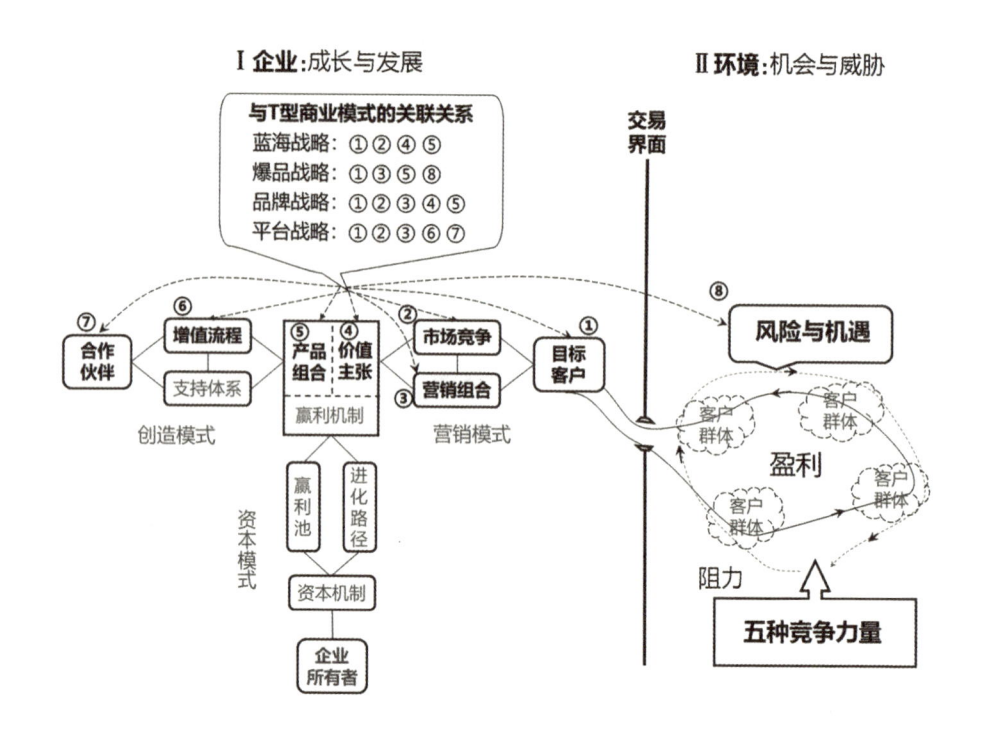

图 2-5-2 蓝海战略等定位方法与T型商业模式的关联示意图
图表来源：李庆丰，"新竞争战略"理论

2. 爆品战略：打造一个爆品的条件是什么？

爆品就是在目标客户群体中能够引起强烈反响、短时间内引爆大量销售的产品。借用一句广告词，爆品就是"一出生就风华正茂"。

金错刀的《爆品战略》核心内容是，打造一款爆品，应该遵循"金三角法则"。它主要包括：①痛点法则。如何找到让用户最痛的"一根针"，把"用户至上"变成价值链和行动，最终把用户变成粉丝。②尖叫点法则。这是基于互联网的产品战略。如何让产品会说话，而不是靠品牌；如何让产品"尖叫"，产生口碑，而不是靠营销强推。③爆点法则。这是基于互联网的营销战略。如何用互联网营销打爆市场，而不是靠广告；如何用社交营销的方式放大产品力，而不是靠明星。

产品人梁宁给出了一个爆品公式：爆品机会＝新流量×爆发品类×技术（或供应链创新）。

（1）新流量。举个例子，在商业地段搭建一个大舞台，就会有很多人赶来看演出、做生意等，即大舞台的出现带来了新流量。像2015年的新媒体、2016年的微商、2017年的O2O、2018年的拼多多、2019年的渠道下沉和直播带货等，这些都是新流量。

（2）爆发品类。一个爆品的背后，其实是一个新品类的爆发。像智能手机、口红、面膜、奶茶等，这些爆发品类的背后，或者是技术进步，让原来不相关的产品可以融合；或者是消费升级，人们开始宠爱自己；或者是人口换代，年轻人要选择代表自己主张的东西……总之，某一处天花板又一次被打破，新的空间出现，诞生了新品类。

新流量×爆发品类，这两个要素就可以出爆品。抓住一批新流量，抢一个爆发品类，做一套极致营销，然后就能出个爆款产品。

（3）技术（或供应链创新）有什么价值呢？它们是出爆品的产业基础。爆品的背后一定有技术创新或供应链的成熟。

如图2-5-2所示，金错刀打造爆品的"金三角法则"分别与T型商业模式的目标客户、产品组合、营销组合相对应。在梁宁的爆品公式中，新流量、爆发品类、技术（或供应链创新）三者都属于外部环境机遇。

爆品战略或打造爆品也是一种产品定位方法。千里马常有，而伯乐不常有。打造一款爆品，并非上述"金三角法则"或爆品公式那样简单。它需要企业具备的资源及能力因素很多，成功的偶然性也很大！

3. 品牌战略：如何从0到1打造一个新品牌？

从2018年开始，大量"新国货"品牌开始崛起，像完美日记、元气森林、喜茶、Ubras、钟薛高、三顿半等，风头开始盖过消费领域的"老霸主们"，成了新一代消费者的宠儿。这些品牌以非常快的速度崛起，大约用

3~5年的时间，就走完了"前辈们"需要10~15年才能走完的道路。

如何衡量一个新品牌是否在崛起？可以用三端定位模型来判定它：①目标客户是否对它积极传播。消费者（目标客户）愿意积极主动地口碑传播，将它分享到朋友圈；各类媒体为讨好自己的消费者，也愿意免费、主动为它宣传。②合作伙伴是否积极主动与它合作。渠道、供应商、投资等合作伙伴围绕着它，"屈膝"希望与它深度合作。③企业能否获得品牌溢价。尽管它的售价比竞品贵，但大家还是趋之若鹜地购买。

2020年之后，阿里巴巴、京东、拼多多、网易严选等平台电商开始大举投资新制造模式，例如：阿里巴巴投资的"犀牛智造"超级供应链，在越来越多的产业领域实现落地。背靠大树好乘凉！这意味着更多的新国货品牌将能够迅速崛起。

如何从0到1打造一个新品牌？品牌战略起步时，它首先是一种产品定位方法。

弘章资本创始合伙人翁怡诺认为，随着传播渠道和供应链的持续创新与变革，我们正在进入一个"新品牌时代"。在此背景下，从0到1打造一个新品牌，可以从以下三点着手：

（1）聚焦到品类创新，做出一款好产品。其一是对老产品重新定位，开辟出一个全新的细分市场，例如：2003年非典疫情期间，蓝月亮推出了洗手液；2008年，蓝月亮又推出了洗衣液。其二是在产品的消费场景上进行创新，例如：将海带、金针菇等餐桌上的菜品做成小包装的休闲零食。

（2）提升情绪价值，增强与目标客户的情感联结。例如：江小白在酒瓶上印一些励志的句子，与年轻消费者建立情感连接；蓝月亮推出的手洗洗衣液，背后包含了母爱、孝顺等情感元素。

（3）拥有品牌"传播机"，让品牌获得自我生长的生命力。其一是搭建超级消费场景，例如：2017年12月，星巴克臻选上海烘焙工坊开业，这个超级体验店最终成了中外网红们向往的打卡地。其二是设计品牌产品的专属会员体系,例如:喜茶的星球会员体系。

综上,参见图2-5-2,品牌战略在市场竞争、产品组合、价值主张、目标客户、营销组合等方面,与T型商业模式有关联。

(参考资料:如何在"新品牌时代",从0到1打造一个品牌?邵恒头条)

4. 平台战略:好定位,才有好平台!

做产品好,还是搞平台好?《平台战略》的作者之一陈威如先生说:"今天这个时代,只做产品的思维恐怕已经落后了。我们需要从产品做到服务,最终做成平台。"阿里巴巴、腾讯、百度、京东、罗辑思维、喜马拉雅、美团、滴滴、拼多多、抖音等都是平台型企业。

平台战略或平台模式重点讨论了如何形成平台及平台如何长大,见图2-5-2。平台战略在以下四个方面与T型商业模式有关联:

(1)目标客户与合作伙伴。平台战略讲双边市场或三边市场,万变不离其宗,必然有买方与卖方,或称为付费方与收费方。站在平台的角度,直接或间接付费的是目标客户,直接或间接收费的是合作伙伴。

(2)增值流程。平台企业不制造产品,而是建设好平台,设法召集更多的卖方和买方来到自己的平台上。

(3)营销组合。从0到1构建平台时,为了激发供需双方相互增强的网络效应,常用的营销工具就是各种形式的价格补贴。

(4)市场竞争。由于存在赢家通吃效应,一个细分市场通常只能有一个主流的平台,所以平台之间的市场竞争异常激烈。

一个企业要在市场上立足,就要向目标客户提供产品。平台型企业也是由产品经理设计及参与打造出来的,它提供的产品是什么呢?就像平台型企业的祖先——远古时代就有的集贸市场,有卖方,有买方,它提供的产品是渠道和中介服务。

在平台型企业的创立期，重要战略主题是企业产品定位。例如：罗辑思维是一个优异的平台型企业，实现了产品定位、价值主张、赢利机制三者合一。以T型商业模式的三端定位图可以表达出罗辑思维企业产品定位的一些具体内容，见图2-5-3。

无论是平台战略，还是平台模式的相关书籍、理论，都很少谈及一个可行商业模式的必备内容——产品组合、价值主张、赢利机制及其三者合一，所以企业产品定位这个重要战略主题也就缺失了。

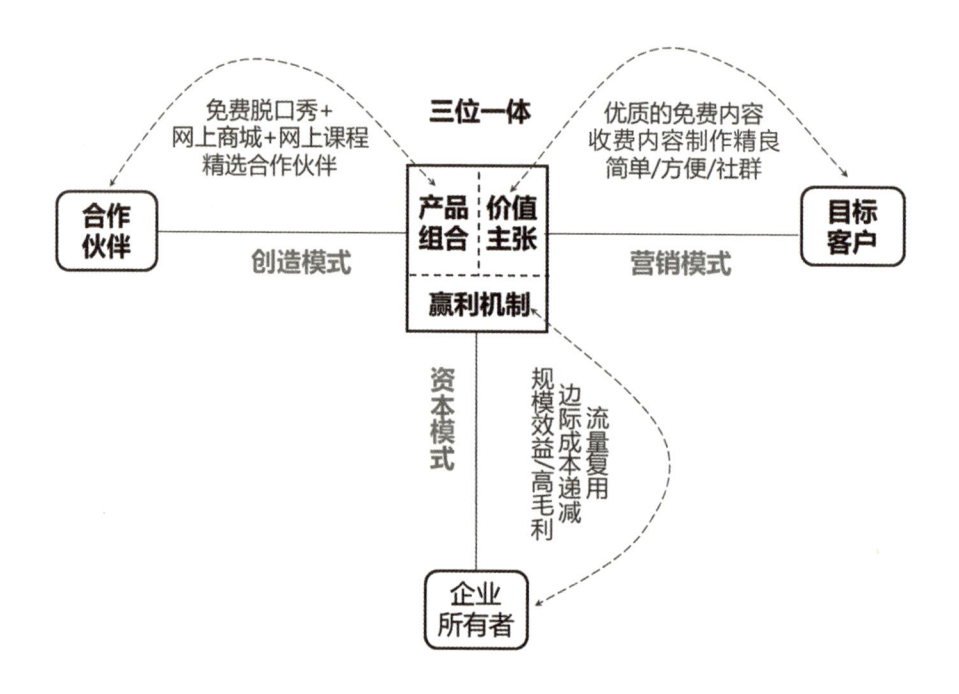

图 2-5-3 罗辑思维企业产品三端定位示意图
图表来源：李庆丰，《商业模式与战略共舞》

2.6 特劳特/里斯定位：
是高调的营销忽悠，还是奇妙的锦上添花？

> **重点提示**
>
> ※ 王老吉/加多宝能够像可口可乐/百事可乐一样，双雄并存并持续发展吗？
>
> ※ 将心智定位"落地"到三端定位模型，阐明了哪些开创性意义？
>
> ※ 竞争定位、三端定位、品牌定位三者之间是什么关系？

王老吉凉茶创始于清朝的道光年间，有"药茶王"之称，至今已有近200年的历史，被公认为凉茶始祖。

2002年以前，红色罐装王老吉凉茶已经是一个不错的品牌：有比较固定的消费群体，在广东、浙南地区销量稳定，盈利状况良好，销售额连续多年维持在1亿多元。2003年初，根据特劳特心智定位理论，成美咨询为加多宝公司经营的红罐王老吉进行品牌定位，非常明确地将其定位成预防上火的饮料，并持续投入巨额资金，通过各大媒体投放广告——"怕上火，喝王老吉"。自此以后，红罐王老吉逐渐成为一个饮料界的"爆品"：2003年的销售额比2002年同期增长了近四倍，从1亿多元猛增至6亿元，并以迅雷不及掩耳之势冲出广东，在中国热销……2010年销售额突破180亿元。

特劳特定位是美国广告人特劳特与他的老板里斯共同提出的一种定位理论，应该称之为"特劳特/里斯定位"。他们合著的《定位》一书，在引言中开宗明义地阐明："定位"是用于产品营销的"一种新的传播、沟通方法"。也就是说，在定位理论诞生之初，其实是关于如何进行广告传播、与顾客沟通的学问。这本书的第1章中写道："定位的基本方法，不是去创造某种新的、不同的事物,而是去操控心智中已经存在的认知,去重组已存在的关联认知。"所以,从理论源头或基因上看,特劳特/里斯定位并不寻求去改变产品,其核心是调整与产品相关的信息,通过频繁的广告或公关营销,潜移默化地操控潜在顾客的心智,促进产品销售,并最终在顾客的大脑中形成该品牌的心智"独占区"。

例如,红色罐装王老吉凉茶原本就存在,并且有比较稳定的销售量。定位咨询顾问并不寻求改变产品——既不改变凉茶的配方,也不改变主体包装形式——而是通过重组已存在的关联认知(上火是中医概念,凉茶可以预防上火),重点是提出"怕上火,喝王老吉"的广告语,去操控潜在顾客对产品的认知,达到促进销售、心智定位、塑造品牌的目的。

由于特劳特/里斯定位理论较早使用并持续宣扬"定位"一词,并且这个理论具有"一学就会"的特色,还有诸多广泛传播的标志性成功案例,所以学习者、实践者、跟随者越来越多,以至于大家一说到"定位"和"定位派",就是专指特劳特/里斯定位和该定位理论的信奉者。

任何一门学问或理论,一旦流行,就很可能被一些盲目的跟随者或别有用心的人"庸俗化"。有人说,典型的"定位派"有个问题:如果企业接受了定位理论,然后企业经营得很好,定位理论的信奉者就认为定位理论起作用了;如果企业经营得不好,定位理论的信奉者就认为企业理解定位理论或执行定位理论不到位。如果一个理论声称自己可以解决所有问题,或者有意无意给人这样一种印象,那就是很可能是骗子或者身为骗子而不自知。

智慧云创始合伙人陈雪频在《为什么定位理论不能解释"BAT"的成功?》的文章中说(此处摘录其中几段并稍有调整):

> 我一直认为,定位理论是一个有效地帮助企业建立品牌认知的工具,在那些主要依靠品牌认知驱动、产品差异化不大的消费品行业里——比如饮料、保健品、白酒等——定位理论在对广告投放时的精准表达尤其有效……因为简单易懂,而且有成功案

例，于是有些人就有点"飘"了。定位理论在中国有一批忠实的信徒，他们言必称定位，而且喜欢用定位去评价所有企业。

君智定位咨询的创始合伙人评价过很多知名企业，并认为苹果、百度、腾讯、华为、小米、海尔这些企业都不行，因为这些企业多个品类使用一个品牌，而这会让客户心智的认知产生困扰，不符合品牌无法跨品类延伸的定位原则。类似的话特劳特全球负责人也说过，他们的评判原则非常简单：只要不符合定位理论就是错的。

和定位相近的被学术圈认可的理论是"顾客感知价值"……为什么定位理论在若干消费品行业比较有效，而在科技创新行业普遍不那么有效呢？用顾客感知价值理论解释更有效。

专注于消费品投资的天图投资创始合伙人冯卫东，在他的《升级定位》一书的前言中说：

> 我最初学习定位是因为做投资的需要……毫不隐瞒地说，学习定位有正面效果，但也有"坑"，甚至是"大坑"。"定位圈"流传着一句话，"定位一学就会，一用就错"，圈内某些"大咖"却自得于"运用之妙，存乎一心"。作为科学方法论的坚定支持者，我认为"运用之妙，存乎一心"的状态，表明定位理论还不够完善，需要发展。

如何升级定位理论呢？冯卫东在书中提出了顾客价值配方、战略二分法、品牌商业模式、品牌战略五阶段、品类三界论等既"接地气"又实用的理论。品牌定位顾问张知愚结合中国企业的经营实践，将心智定位理论拓展到品牌定位，推出"品牌定位40讲"系列公众号文章。鲁建华著有书籍《定位屋》，将已经分庭而治的里斯定位、特劳特定位这两大门派重新融为一体，对"碎片化"定位理论进行系统化整合，并宣告定位理论进入学科体系时代。根据定位理论，鲁建华定位咨询机构给自己的定位是"定位体系全球开创者"，明确宣称自己属于定位咨询的第三大门派。

心智定位起源于美国，但为什么在中国发展得很好？灰洞定位机构的侯德夫认为："因为定位理论与中国人的文化心理结构天然契合，所以中国人对（心智）定位接受更快、领悟更深、运用更妙。"可以说，在中国人邓德隆、张云分别担任特劳特定位全球总裁、里斯定位全球总裁后，这两家跨国定位咨询机构才开始加速整合其全球网络，真正度过事业传承困境，并开创出一个后继有人、追随者如过江之鲫的全新局面；才能够持续进行理论创新，订单与案例越来越多，将心智定位的实践带到一个全新的高度。

特劳特与里斯在1969年提出心智定位理论，原本用于广告和传播领域。后来，特劳特、里斯与若干传承人及众多追随者共同对心智定位理论进行不断升级与创新，逐渐将心智定位延伸到品牌咨询，并进一步拓展到战略咨询。

尽管心智定位在中国发展得很好，但是中国的企业界、学界、咨询界对心智定位的批判也很激烈。《看一个老广告人的反思：定位理论是大忽悠？》《〈定位〉，把你也给忽悠了吗？》《互联网时代最大一棵毒草就是定位！》等批判心智定位的文章，比比皆是。

一边是众多追随者将心智定位看作是心目中非常神圣的"定位教"；一边是大量批判者认为心智定位的套路就是广告轰炸、营销洗脑，通过编创"标新立异"的广告语忽悠消费者！我们将心智定位"落地"到三端定位模型的营销模式部分，试图给它一个可视化的图景，明确它在T型商业模式或新竞争理论上的位置，见图2-6-1。

图2-6-1右上方的虚线框内，心智定位信奉"认知大于事实"，通过持续高强度的广告/公关传播活动，将编创的语言符号（所谓"视觉锤"及"语言钉"）植入目标客户的大脑，逐渐开垦出一片"鹤立鸡群"的心智认知区域，最终起到促进销售、塑造品牌的作用。

1994年，里斯和特劳特分手，各自拥有了自己的定位咨询公司，从此心智定位理论开始分化，逐渐形成两大门派。2004年后，里斯门派提出战略"聚焦"及开创"新品类"的相关理论；2009年后，特劳特门派坚持在品牌"差异化"及战略"配称"等重新定位方向上继续创新发展，见图2-6-1。他们的这些创新分别"落地"于三端定位模型的产品组合与价值主张。

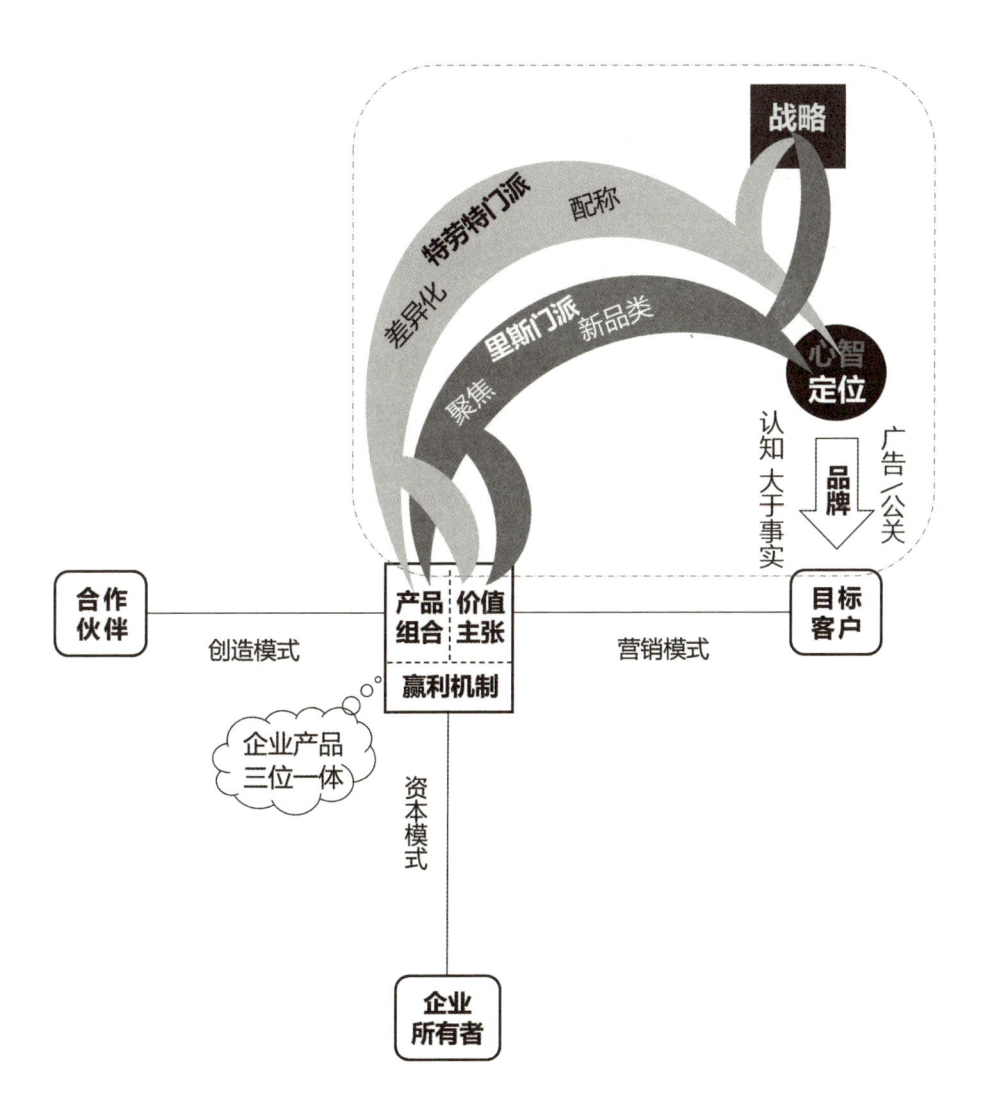

图 2-6-1 将心智定位"落地"到三端定位模型示意图
图表来源：李庆丰，新竞争战略理论

里斯、特劳特两大门派先后将"心智定位"上升到战略高度，与迈克尔·波特的竞争战略理论互相融合在一起。"差异化"属于波特三大基本战略的差异化战略，而开创"新品类"是企业实施差异化战略的一种形式，大部分创业者或产品经理都是这么做的！"聚焦"属于波特三大基本战略的集中化战略，等同于"集中优势兵力歼灭对手"，《孙子兵法》里也有类似的表述。至于心智定位推崇的"配称"，也是借鉴于波特的竞争战略理论。波特是战略定位学派的代表人物。早在1996年，波特在《什么是战略》一文中就把战略分为三个层次：第一是定位，第二是取舍，第三是配称。

如果心智定位理论继续向前发展进化，参照图2-6-1的三端定位模型，必然要从营销模式进入到创造模式和资本模式，这些都是本书《新竞争战略》及《T型商业模式》的理论领地。

德鲁克说："企业的目的就是创造客户，为此必须具备两个基本职能，即营销与创新。"进入21世纪后，德鲁克的这句话应该如何升级呢？根据T型商业模式及新竞争战略理论，笔者提出"为了创造客户，企业有三项基本职能：营销、创新、资本"，具体展开便是赢得客户、创造产品、资本赋能，分别对应于T型商业模式的营销模式、创造模式和资本模式。

进入21世纪，企业经营从产品时代逐渐升级到商业模式时代，如果一些心智定位咨询机构继续坚持"认知大于事实""不寻求去改变产品"的理论基础，那么如何才能为客户继续创造价值呢？

第一，寻找那些具有优异产品及资本实力的公司，对它们的市场销售或经营战略进行锦上添花或画龙点睛式的改进。例如，加多宝时代的王老吉就是一个优异的适合心智定位咨询的企业。但是，加多宝公司只懂营销模式，不懂创新模式及资本模式，至今几乎要破产，不得不艰难地寻求东山再起！现在回归广药集团的王老吉凉茶，尽管也有知名心智定位咨询公司战略护航，但也即将面临"不香"的困境。

第二，继续专注于消费品领域，寻找那些越来越稀少的主要依靠营销驱动的公司。例如，瓜子二手车似乎是这样的企业，好想你枣业曾经是这样的企业，贝蒂斯橄榄油也是符合这个标准的企业。但是，经营企业如逆水行舟，不进则退。根据新竞争战略理论，如果这些主要依靠营销驱动的公司仍然不在创造产品（潜优产品→拳头产品→超级产品）、资本赋能方面下功夫，那么它们就很难取得理想的前景。

根据冰山模型，心智定位所谓的"简单"，源于有选择地只关注企业经营这座"冰山"浮在海平面的一小部分，而没有对冰山的主要部分加以重视。所以，心智定位机构应该敬畏竞争战略理论，学习商业模式理论，融入企业赢利系统及生命周期理论。

新竞争战略理论是对波特竞争战略理论的一次重大升级，所以传统意义上的战略定位也需要同步升级。笔者初步认为，升级后的战略定位即企业产品定位，包括竞争定位、三端定位、品牌定位三个依次相互承接的部分，其中竞争定位是企业在市场上立足的基础，三端定位为企业产品定位的主干，而品牌定位属于为前两者锦上添花或画龙点睛的独特内容。它们共同构成战略定位金字塔，见图2-6-2。笔者创作的下一本书《三端定位》（预计2022年5月左右出版），将系统阐述与这个战略定位金字塔密切相关的理论与实践。

本章中介绍的波特三大战略、蓝海战略、爆品战略、产品思维、技术创新等，都属于竞争定位的经典内容；三端定位主要代表商业模式定位，从产品上升到商业模式需要三端定位；品牌定位在中国广受欢迎，甚至有些虚火过旺！

中国制造较难升级为中国创造；"所有行业都值得重做一遍"较难普遍展开，这与营销、品牌、定位咨询机构众多，并且这些机构积极迎合广大创业者及企业家喜欢走捷径的需求密切相关！

品牌定位

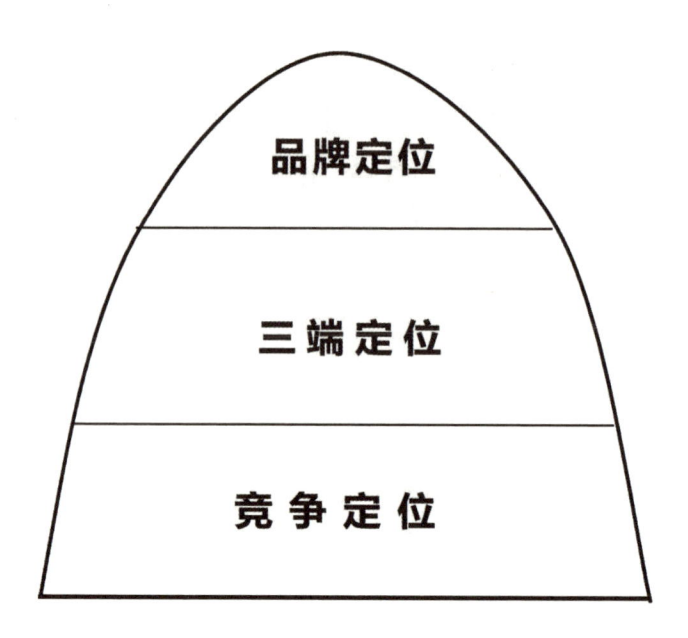

三端定位

竞争定位

图 2-6-2 战略定位金字塔示意图
图表来源：李庆丰，新竞争战略理论

2.7 技术创新：
如何将"潜优产品"打造为超级产品？

> **重点提示**
>
> ※ 饮料、零食等消费品需要技术创新吗？
>
> ※ 对于超级产品，禧多郎咨询是如何定义或解释的？
>
> ※ 产品经理如何具有宏观格局、中观套路思维？

杰克·荀是美籍华人，中文名字叫作荀端乾。他在美国获得博士学位后，先后在某跨国医疗公司工作15年、硅谷合伙创业5年，于2016年回到中国，在上海张江创立了一家医疗器械中外合资公司。在荀博士眼里，中国到处是创业赚钱的机会。围绕主营业务不断衍生，不到2年荀博士就新开辟了8个创业项目，其中2个拿到了天使投资，另外6个是江苏、浙江、安徽6个地市的重点招商项目。荀博士自认为有经商天赋，最擅长设计交易结构。他认为交易结构就是如何谋划股权架构及整合多方面资源。凭借设计交易结构的特长，他还在筹划成立一家风险投资公司、一个投资银行、一个医疗产业园和一个医疗器械研究所。这样，创业、投资、招商、科创的产业链就完善了，并且可以实现自给自足、内部循环，以保障现金流安全，降低创业风险。这些项目联系在一起，最终将是一家投资控股集团。干好这些事，荀博士预计只需要三年半的时间。

恒立液压的主营产品是液压油缸，于1990年在江苏常州创立，起初是作坊式小企业。恒立液压创业初期的车间低矮阴沉，地面坑坑洼洼，设备简陋不堪，四处是杂物、油污，还不如"车库创业"的条件。其创始人汪立平1966年出生，初中毕业，先做乡镇企业销售员，后转型钻研技术，自学了工程机械专业的所有课程。

沿着液压油缸这个产品定位，汪立平带领恒立液压，依靠技术创新解决行业痛点，起初实施集中化战略，专攻"小型挖掘机"细分市场；然后实施低成本、高质量战略，以高性价比产品不断对进口液压油缸各个细分市场进行替代，扩大市场占有率；最后实施差异化战略，以点带面布局高端产品产业链。现在，恒立液压已经是全球液压领域"领跑者"。2011年10月，恒立液压在上海证券交易所主板上市，当时市值96亿元；2021年2月，恒立液压市值突破1660亿元。

根据所在投资机构安排，笔者将以上恒立液压案例写进投后管理PPT（幻灯片），与所投资的博士专家创业项目的高管团队一起研讨学习。在产品定位、技术创新、公司战略等方面，一些只有科研经历的博士专家应该谦卑地向起步于"油手创新"、只有初中学历的汪立平学习、再学习。2021年3月，笔者也想给荀博士讲一下恒立液压的案例。虽然我们没有给他的相关创业项目投资，但是他这个人勤奋好学、结交广泛，他的创业中说不定会诞生"黑马"项目。荀博士联系不上了！后来辗转通过他人，笔者才知道荀博士失联了，可能躲在离岸岛国"母公司"，也可能回美国了。据说，荀博士的投资公司还没有搞成，若干创业项目的现金流提前出了问题。荀博士从小到大都是"学霸"，有不认输的执拗，无奈之下从老家台州借了不少民间高息贷款……

从理论到实践，从国外到国内，很多人认为商业模式创新大有可为，便设计了各种各样的将各方利益关联在一起的交易结构。热衷于交易结构，意味着拼命地整合资源，诸多案例证明，"爆仓"的概率很高！投机来钱快，就会不屑于提升管控及利用资源的能力。交易结构创新也属于商业模式创新的一部分，就像一根绳索可以把好的东西连接起来，也可能让自己被"五花大绑"或做其他匪夷所思的事，所以交易结构本身没有什么罪过。

从T型商业模式视角，交易结构只是外围，只是在企业所有者、合作伙伴、目标客户等利益相关方之间多做些"文章"而已，见图2-7-1。

在新竞争战略理论中，T型商业模式的核心功能是将企业产品打造为超级产品。首先通过三端定位模型找到潜优产品，然后通过不同生命周期阶段有所侧重的第一、第二、第三飞轮效应，将潜优产品塑造为拳头产品，最终打造为超级产品。

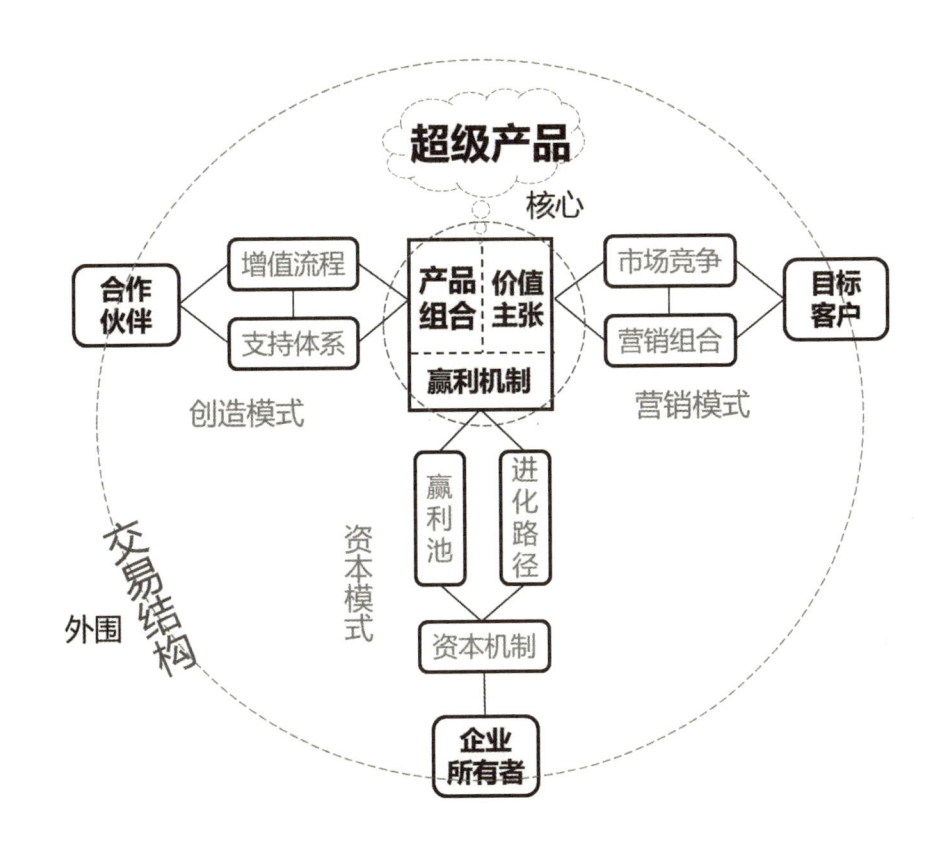

图 2-7-1 超级产品与交易结构在 T 型商业模式上的位置示意图
图表来源：李庆丰，"新竞争战略"理论

像华为、英特尔那样，依靠技术创新打造超级产品，应该是高科技公司的专属；消费品有很多超级产品，它们也需要依赖技术创新吗？

例如：吉列公司于1998年推出的锋速3新型剃须刀，历经6年研发，花费高达7.5亿美元。其新颖的3层刀片带来了全新的剃须体验，一上市就席卷全球，成为一款超级产品。2005年初，宝洁以570亿美元收购吉列，吉列当时的全球市场占有率接近70%，美国市场占有率高达90%。

再如：格力家用空调是一个超级产品。"格力，掌握核心科技！"它不是停留在一句定位口号上。在2018年时，格力就有1.2万名研发人员，设有2个院士工作站，已建成15个研究院，拥有94个研究所、929个实验室……2018年，在家用空调领域，格力以20.6%的市场占有率连续14年蝉联全球第一。

林子大了，什么鸟都有！所以还有一些另类的所谓超级产品。当年的秦池酒，3.2亿元拿下1996年央视广告"标王"，超越茅台、五粮液，销售额3年激增47倍；"今年过节不收礼，收礼只收脑白金"，多年前这个电视广告频频播出，脑白金销售量连续多年位于保健品之首。

技术是解决问题的方法及原理，或根据联合国的相关定义，技术是关于制造一项产品、应用一项工艺或提供一项服务的系统知识。从广义上说，设计及传播一个新颖的广告、开创一个新品类、对一个新产品进行定位等，都属于技术创新。

现在创业容易，但创业成功非常难。例如：开个奶茶店几乎没有什么门槛，几万元就可以实现从"打工人"到创业者的跃迁。所以，大小城市一条僻静的小街上，就有了多家奶茶店。但是如何产品定位，才能顾客盈门？

从喜茶的例子说，看起来喜茶提供的饮品就是一杯奶茶，似乎不难模仿。但是，如果将它放在图2-7-1所示的T型商业模式结构内分析，对13个要素进行技术创新并形成协同效应，目前也只有喜茶等少数企业做得好一些。例如：从合作伙伴方面，喜茶已深入到种植环节，先研发及培养一些特定茶种，找相关茶农帮喜茶种植，再挑选进口茶叶拼配。所以，供应链已经是喜茶真正的壁垒之一。"我们的茶都是自己定制的，并非市面上能拿到。" 聂云宸声称。从满足目标客户需求的价值主张方面，喜茶向入口即溶的哈根达斯冰激凌学"口感"；喜茶向香奈儿学"香气"，将不同食材原料合理搭配在一起，不仅有闻到的前香，还有润过喉咙后喷溢出来的后香……喜茶通过口感、香气、口味、颜值、品味五个维度，全面俘获目标客户的味觉、触觉、嗅觉、视觉及听觉系统。《企业赢利系统》章节4.5中详细介绍了喜茶在T型商业模式相关要素上的技术创新和最终如何实现企业产品的差异化定位。

对照T型商业模式的13个要素，像完美日记、元气森林、Ubras、钟薛高、三顿半、三只松鼠等正在崛起的"新国货"品牌，与喜茶一样它们也在通过多要素的技术创新，实现差异化的企业产品定位，最终的产品愿景也是将创立阶段的潜优产品打造为各自行业领域的超级产品。

笔者曾与禧多郎品牌咨询创始人陈向阳先生聊起超级产品这个话题。他说："产品即战略，所以超级产品就是超级战略。禧多郎咨询通过产品开发、整合营销协同一体的核心竞争力为目标客户打造超级产品。"禧多郎对超级产品的定义或解释，包括以下六个方面：

（1）超级产品是企业产品定位的落地平台、战略实现路径和最终实现物；

（2）通过品类创新、技术创新引领行业发展趋势；

（3）拥有专利等知识产权；

（4）符合大众审美，拥有区隔竞品的独特品相；

（5）销量占据主导地位；

（6）能够改写企业发展命运，颠覆行业竞争格局。

笔者与陈总进一步探讨发现：禧多郎咨询聚焦大消费领域十多年，坚持杜绝形式主义，真诚对待消费者，力求把产品做到极致，近期成功案例有大益茶、金柑普、本田、瑞草世家、东方素养、莱克电气等，属于超级产品咨询领域一个有潜力的"低调的英雄"。禧多郎打造超级产品的五大工程模块，与T型商业模式的创造模式、营销模式不谋而合，并将进一步延伸到资本模式。

借鉴实业及咨询界的实践，通俗地表述新竞争战略的追求，就是如何打造一款可持续赢利的超级好产品！

好产品需要优秀的产品经理主理，还是那句话"千里马常有，而伯乐不常有"，优秀的产品经理或超级产品经理太少了。产品经理界有一句话，叫作"一个优秀的产品经理，应该具备宏观格局、中观套路及微观体感"。熟练掌握和应用新竞争战略理论，是否有助于培养一个产品经理的宏观格局与视野？笔者的回答是"是"。T型商业模式及其相关原理就是一个优秀的产品经理应该理解的中观套路。见图2-7-1，从目标客户→价值主张→产品组合……即从营销模式→创造模式，再从创造模式→营销模式，反复做类似活塞运动的循环。这等同于产品思维理论所阐述的对产品进行定位及优化迭代的过程。更进一步，通过三端定位模型及营销模式→创造模式→资本模式……不断进行增强回路循环，让产品组合、价值主张、赢利机制持续实现三者合一，就是对潜优产品进行定位并进一步优化迭代，实现从潜优产品→拳头产品→超级产品的过程。

根据前文关于"技术"的定义，当进行企业产品定位以获得潜优产品时，T型商业模式的每一个要素都需要技术创新。如果将潜优产品进一步打造为超级产品，更需要T型商业模式的13个要素协同一体地持续进行技术创新。

2.8 企业生命体：
如何联动实现创立期的战略主题？

> **重点提示**
>
> ※ 如何将行业重做一遍？
>
> ※ 创立期企业的经管团队有哪些注意事项？
>
> ※ 企业产品定位与建立生存根基是什么关系？

宏观经济学者常说这样一些数据：南京有800万人口，但是一年能吃掉1亿只鸭子；四川不到1亿人口，每年要吃掉将近2亿只兔子；武汉1100万人，一年要吃掉30亿只小龙虾……中国现在男女单身人口2亿人，16岁以下有3亿人，60岁以上有2.3亿人……中国手机上网用户数规模已达12.9亿户，汽车保有量达2.7亿辆，中国有10亿人没坐过飞机，至少5亿人没用上马桶……

显然，有14亿人的中国是一个巨大的市场，除了人口红利、消费升级等带来的消费驱动外，还有技术驱动、政策驱动、投资驱动、出口拉动等促进经济增长的诸多积极因素。因此，中国的创业机会非常多。另外，14亿人的中国，也在提倡"大众创业，万众创新"。截至2020年底，全国有近4000万家中小企业、9000多万个体工商户，新注册企业接近700万家。

有人曾问，当今中国是创业机会多，还是创业项目多？创业机会确实多，但是盲目创业的人更多，创业的失败率高达80%以上！多年来，中低端产品供过于求，而许多高端产品需要从国外进口或采购。

因此，先知先觉者开始行动了，所有的行业都值得重做一遍！小罐茶将茶叶行业重做一遍，创立的第二年，年销售额就达到了20亿元。喜茶将奶茶行业重做一遍，经历新冠疫情3个月，融资估值反而上涨了70亿元。钟薛高将冰棒行业重做一遍,一根雪糕卖66元,被称为"雪糕中的爱马仕"……

所有的行业,都值得重做一遍!如何重新做?通过阐述新竞争战略理论,笔者正在试图给出一些思路或方案。本章的主要内容是讨论企业创立期的重点战略主题——企业产品定位及建立生存根基。当开启创业或研发新产品时,可以先用"鱼塘理论"做一下行业研究,分析环境机遇和风险,用波特五力竞争模型弄清楚五种行业牵制力量,由此搜寻到可能存在机会的细分市场。

潜优产品是企业创立阶段的产品愿景。所谓潜优产品就是潜在的优异产品、未来将有很好市场表现的产品。它可以是实物产品,也可以是虚拟产品或服务;它可以是一个单一产品,也可以是多个产品互补组合。在细分市场上定义企业产品,并成为企业的潜优产品,犹如在杂乱拥挤的旮旯空间盖一座高楼大厦,非常考验一个企业创始人或产品经理的胜任能力。

在细分市场上定义企业产品,五力竞争模型主外,而三端定位模型主内。 采用五力竞争模型,主要从行业结构及牵制阻力的角度,判定企业产品是否具有取得经营成功的机会。经过五力竞争模型判定后,还需要采用三端定位模型对它进一步判定:将目标客户、合作伙伴、企业所有者三方利益统一考虑后,价值主张、产品组合、赢利机制是否能够实现三者合一?

像波特三大通用战略、蓝海战略、平台战略、爆品战略、品牌战略、产品思维、技术创新等,都可归属为对企业产品进行定位的一种方法或一种理论思想。为了提升创业及新产品上市的成功率,在这些定位方法或理论思想指导下的企业产品,仍需要通过三端定位模型判定,并通过T型商业模式、企业赢利系统协助进行系统化构建。

在创立期进行企业产品定位及建立生存根基,需要企业产品、T型商业模式、企业赢利系统三者组成的企业生命体的联动支持,见图2-8-1。

第 2 章　企业产品定位：从 0 到 1，建立生存根基

第2章前面的部分有详有略地讨论了企业产品、T型商业模式的相关内容，企业赢利系统这一部分有哪些值得我们重点关注的内容呢？

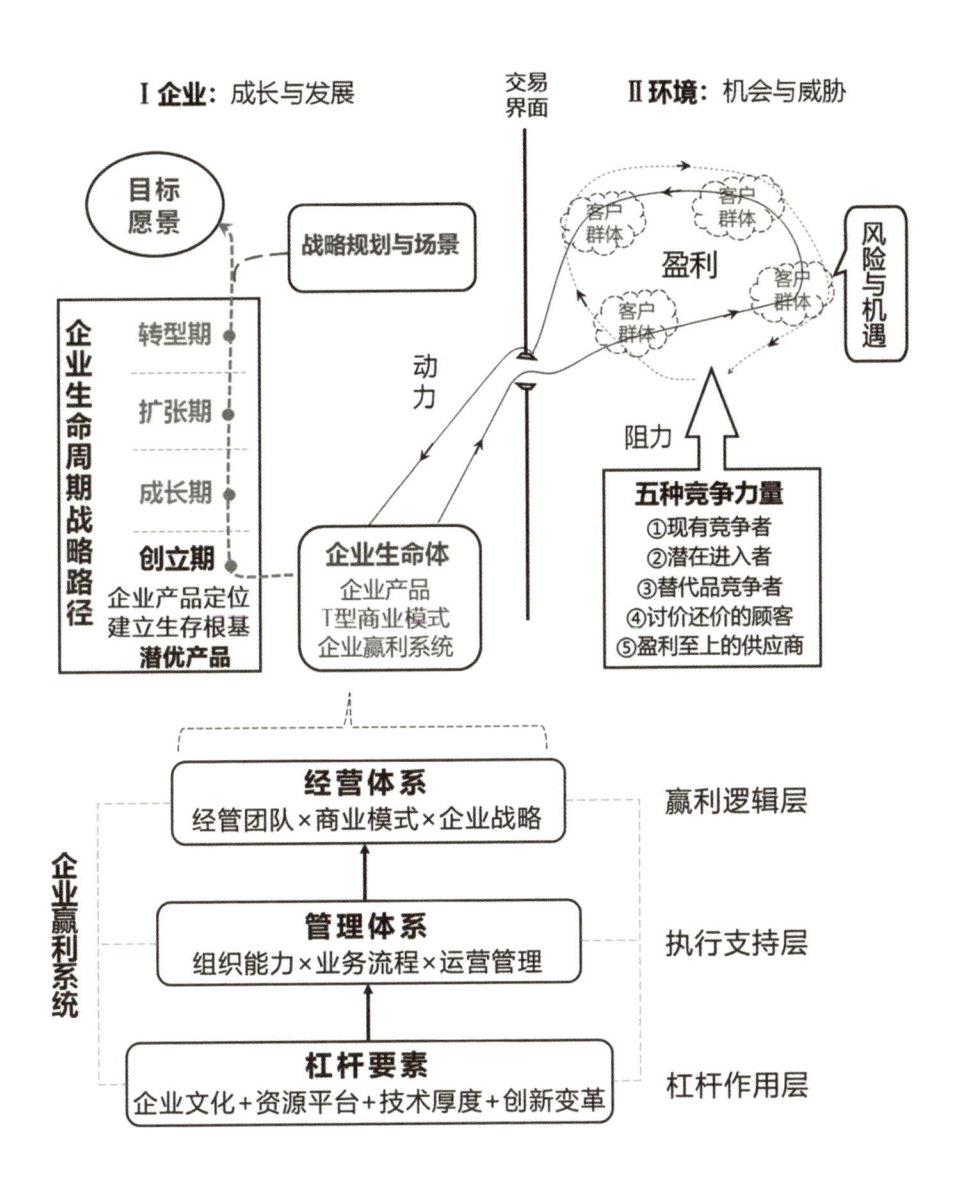

图 2-8-1　企业生命体各部分联动支持创立期的战略主题示意图
图表来源：李庆丰，"新竞争战略"理论

111

企业赢利系统分为三个层次：经营体系（赢利逻辑层）、管理体系（执行支持层）、杠杆要素（杠杆作用层）。对于创业项目，经营体系必不可少，是企业赢利的本源，相当于"1"；管理体系起到放大规模及提升效率的作用，相当于"1"后面的若干个"0"；杠杆要素属于锦上添花，助力经营体系、管理体系持续创造赢利。

（1）经营体系。对于公式"经营体系=经管团队×商业模式×企业战略"，打个比喻说它们三者就像一个"人-车-路"系统，经管团队好比是司机，商业模式好比是车辆，企业战略好比是规划好的行驶路线、外部环境及要去的地方。

T型商业模式、新竞争战略分别代表了企业赢利系统构成中的商业模式、企业战略，它们也是本书的主体内容。下面简要介绍经管团队自身的战略性建设内容及其对本阶段重点战略主题的支持情况。

创业投资界的研讨会上经常讨论：创业初期，企业的领军人物重要还是创业团队重要？没有一个好的领军人物，创业通常是不成功的，所以领军人物的作用怎么强调都不为过。尽管创业初期领军人物更重要一些，但是从创业开始就要打造创业团队，否则企业发展不起来，因为对建立一个企业赢利系统来讲，一个人的能力与精力太有限了。

在创业团队构成上，有些人学习及工作履历光彩夺目，但是一点创业能力和态度都没有；还有些人说起来资源很多，看起来朋友圈也很高大上，但就是来混圈子的，给创业团队带来更多的是麻烦；还有些人名头很大，讲话滔滔不绝"语惊四座"，但做起事来几乎都是错的。以上这些人一般不适合成为创业团队成员或创始股东。

中国古话说：三个臭皮匠，顶个诸葛亮。借鉴德鲁克的说法，一个理想的创业团队，应该是"对外的人、思考的人、行动的人"三位一体，以集成能力构建T型商业模式的营销模式、创造模式及资本模式，最终为企业成功打造一个超级产品。例如：在英特尔创始团队的核心三人组里，诺伊斯是对外的人，摩尔是思考的人，而格鲁夫是那个行动的人。当然，"一个强人+若干助理"的优秀团队,也可以实现"对外的人、思考的人、行动的人"三位一体。

(2)管理体系。管理体系从属于经营体系,对于企业产品定位等战略主题,发挥执行支持作用。管理体系有一个公式,即"管理体系=组织能力×业务流程×运营管理",其文字表述为:企业以组织能力执行业务流程,推动日常运营管理,周而复始地达成现实的绩效成果。

①组织能力可以简单理解为由企业员工、组织结构、管理文件三部分有机构成。创业初期,不仅创业团队成员都应该是关键人才,还要通过股权激励、共同愿景等吸引优秀人才加盟,提升企业员工的整体素质;组织结构力求简单化、扁平化及项目制,这样便于灵活调整以应对不确定性,也有利于提升工作效率和发挥全员创造力;管理文件方面要坚决摒弃繁文缛节,能几行字或几句话说明的问题,千万不要写成冗长的报告。

②创立期进行企业产品定位,主要是创造及创新性的工作,不宜采用严谨及过分细化的业务流程。创业初期应该有大致的业务流程,随着问题的清晰,再逐步优化、细化业务流程,以便形成技术厚度积累和管理成果。

③根据《企业赢利系统》的相关阐述,运营管理有目标分解、计划落实、精益执行、指导监控、绩效考核、持续改进六大作业步骤。对于处于创业阶段的企业来说,根据企业产品定位的具体情况,应该将这六大作业步骤简化为一套最简单的运营管理模型。

(3)杠杆要素。依据公式"杠杆要素=企业文化+资源平台+技术厚度+创新变革",初创企业可以选择其中的必要内容有重点地建设,发挥其对企业产品定位、建立生存根基的支持作用。

①《企业赢利系统》的企业文化相关章节阐述了一个水晶球企业文化模型:通过结构洞人物、企业环境、文化网络、文化仪式、文化考核与奖惩这五项具体建设内容,塑造和维护企业的核心价值观。对于初创企业,绝不能把企业文化搞虚了,应该直接或间接地围绕企业产品定位展

开。通常关注点是对企业文化影响较大的"结构洞人物"，就是指那些在企业的组织结构或人际网络中起到关键性连接作用的人物。对一些企业来说，企业文化就是老板文化，因为老板是企业"第一号"结构洞人物。看一下企业的组织结构图可知，除了老板、相关高管是关键结构洞人物之外，像公司前台、人事经理、财务出纳、总经理助理等，他们与企业的每一个部门甚至每个人都会有业务接触或连接，所以都可能是重点结构洞人物。他们的一言一行对企业文化的影响很大。

②资源平台。创办企业需要人才资源、资金资源、客户流量资源、供应商资源、信息资源等。在企业初创期，资金资源是企业的生命线，所以创业团队中应该有专门负责融资的人。当企业足够好，资源便纷至沓来；有很好的产品或产品组合，才是生存发展的王道。为了融资而融资，资金不能转换为产生复利效应的能力或资源即智力资本，企业便在"烧钱"——"烧掉"的是生存能力、发展前途、创始团队的股权及青春年华。

③技术厚度侧重于描述或衡量产品组合的技术含量多寡、档次高低等精品化程度。日本企业有职人精神，德国企业有工匠精神，它们能增加一个产品的技术厚度，将产品做到全球"数一数二"，所以这两个国家的"隐形冠军"企业比较多。企业初创期的产品组合主要侧重于对一个细分市场的颠覆性创新，聚焦在解决目标客户的痛点或未被满足的潜在核心需求；随着不断发展，企业会逐渐重视产品本身的技术厚度。

④创新变革。本章所讨论的对企业产品定位及延伸到T型商业模式、企业赢利系统等相关支持都离不开创新；颠覆或替代传统产品可看成是一种变革。

实现创立期的战略主题"企业产品定位，建立生存根基"，还可以参考《精益创业》等与创业相关的理论及书籍给出的具体建议。

《精益创业》所阐述的理论思想类似"精益生产"理念，代表了一种循序渐进、持续改进的创业新方法。它提倡创业者先向市场推出极简易的原型产品，即MVP（Minimal Viable Product，最小可行产品），然后进行"验证性学习"——通过一系列的快速迭代，不断试验和改进，灵活调整方向，以最小的成本验证产品是否符合用户需求。它隐含的创业哲学是：如果产品不符合市场需求，最好能"廉价地结束"，而避免"昂贵的失败"。如果产品被用户认可，就不断通过 "建造—测量—学习"循环，挖掘用户需求，持续迭代、优化产品。

本章的重点内容是如何进行企业产品定位。围绕企业产品定位，通过T型商业模式努力构建有发展潜力的适合目标客户需求的潜优产品，并初步建立与之匹配的企业赢利系统。这样，企业就有了一个安身立命的生存根基。

第 3 章
持续赢利增长：
累积竞争优势才是开疆拓土的利器

本章导读

新竞争战略提倡可持续赢利增长，与之相反的是"烟花式增长"。烟花式增长类似"烟花式恋爱"，刚开始时轰轰烈烈，但是不会长久。烟花式增长就像绽放的烟花，只有一瞬间的美丽，美丽过后，除了地上会有少许"残渣"，什么都没有留下。

市面上流行的直播带货、裂变推广、饥饿营销、增长黑客、目标发誓等各种各样的营销增长技术，虽然其结果不一定是烟花式增长，但也不完全属于持续赢利增长。或许，它们属于"纯营销"。

如何实现"持续赢利增长，累积竞争优势"两个战略主题，将潜优产品塑造为广受市场欢迎的拳头产品呢？

3.1 跨越鸿沟：
先破局后破圈，为创业开辟一片新疆域

> **重点提示**
>
> ※ 如何将五种竞争力量逐渐转变为对企业发展的助力？
>
> ※ 企业赢利增长的第一性原理是什么？
>
> ※ 营销理论不胜枚举，市场营销的第一性原理是什么？

在创立初期，B站（哔哩哔哩）是一个二次元视频创作与分享社区，参与者几乎都是25岁以下的年轻人，圈子非常小众。2019年12月31日，B站推出的跨年晚会，获得了超过8000万的在线直播观看量。这是一个里程碑事件，标志着B站"破圈"了，成功吸引了来自不同背景和不同年代的大众用户。

破圈是一个网络流行词，指某个人或产品突破原来的小众圈子，被更广泛的大众接纳并认可。产品破圈后，用户数量将出现爆发性增长。

笔者认为，破圈之前还有"破局"。在新竞争战略的语境下，破局是指企业产品被成功推向市场，并有一定的销量。2018年6月，笔者想写一本书，因为是第一次写书，怎么写？找哪家出版社？有人买吗？等等，诸多问题需要弄清楚。这就是一个局，当时感觉像一个困局。2019年6月，想写的那本书《T型商业模式》终于出版了，当当、京东等平台上都有一些销售。书就是作者的产品，在写书这件事上，笔者破局了！

企业产品破局而立，有一定的销量，这本是第2章应该讨论的内容。因为它与破圈一样，都涉及如何吸引目标客户购买，实现销售增长，所以就放在本章一起讨论了。

在成长期，通过实现持续赢利增长、累积竞争优势这两个战略主题，

企业追求将创立期的潜优产品打造为拳头产品,进而为下一步扩张发展打下良好的基础,见图3-1-1。拳头产品就是在市场上有影响力、销量很好的产品,类似我们常说的"爆品",例如:小米成长阶段的手机、充电宝等产品;本田成长阶段的摩托车、汽车产品等。

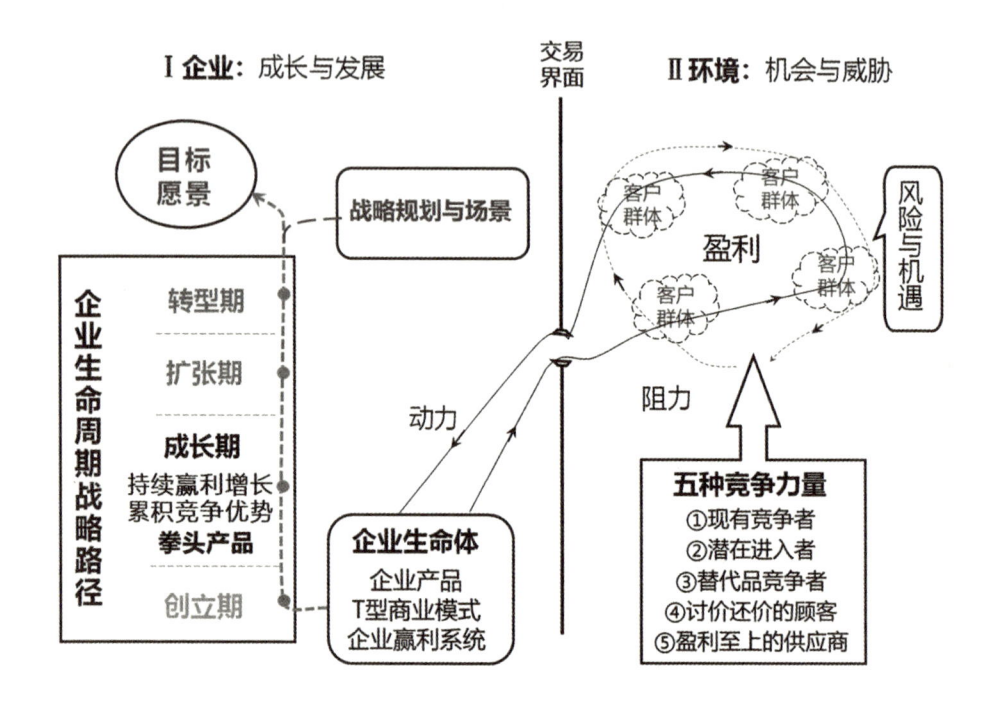

图 3-1-1 成长期企业的主要战略主题示意图
图表来源:李庆丰,"新竞争战略"理论

这里的赢利是指企业能力、资源等各类资本的增加——让企业逐步赢得一个有利的竞争地位,与会计学意义上赚取利润的盈利有所不同。以此赢利定义,破局与破圈只是初步的赢利增长。涉及持续赢利增长、累积竞争优势这两个战略主题,还有更广泛的内容需要在本章阐述。

如图3-1-1所示,左边Ⅰ企业要通过企业产品实现赢利增长,右边Ⅱ环境中有机遇、风险,也有阻碍力量。抓住机遇实现赢利增长,企业就有更多的资本抵抗风险。企业产品足够好,顾客就会购买,供应商就愿意合作，其他各种竞争者的牵制力量也会减弱。这样，企业产品就可能破局而出，实现赢利增长。有竞争战略的企业，随着时间推移，五种竞争力量带来的阻力递减而合作力量递增。有竞争战略的企业，以自己的优势资本（即关键能力与资源），通过不断优化、迭代，将创立期定位的潜优产品打造成一个真正的拳头产品。有竞争战略的企业，为实现自己的战略意图及目标愿景，就会沿着战略路径累积竞争优势，逐渐开辟出一片新疆域。

从Ⅱ环境来看，尽管中国的创业投资机会非常多，但是在"大众创业，万众创新"宏观背景下，各类创业风起云涌，获取所需资源的成本水涨船高！所以企业之间的竞争也非常激烈。高速经济增长从来就不是常态，而是多重历史机遇下的一个特例。尤其是经过40多年的高速增长后，中国经济已经进入到一个增长放缓的中速发展时代，即中国经济将进入"新常态"。

在"新常态"下，我们回归到企业赢利增长的本质思维——复利效应。复利效应可以被认为是企业赢利增长的第一性原理，一年叠加一年，如同滚雪球一般越滚越大。复利效应启示我们：在企业成长与发展的路途中，考验的是企业赢利系统的高下强弱，它不能停留在局部繁荣，更应该追求全面发展；企业之间比拼的是耐力，它不像跨栏比赛，更像一场马拉松。"不谋全局者，不足以谋一域；不谋万世者，不足以谋一时。"这也是新竞争战略在哲学层面的格局与视野。

既要仰望星空，又要脚踏实地。处于创立及成长阶段的企业，路从脚下起，万事开头难。一个有战略的企业，如何破局、破圈，以实现赢利增长？

关于产品初期推广时如何破局，有这样一种说法：有了一张战略图之后，一定要找到一个点是一刀捅进去就会流血的，闻到血腥味大家自然会冲上来，这张皮一定能被撕开。如果四五个点都是拿小钉子敲，敲了三年下来没有一个点敲破，所有人都崩溃了。重要的是一定要找到一个点切入，把它做深做透，彻底地把钉子打进去。

在破圈之前如何才算站稳脚跟，凯文·凯利曾提出"1000个铁杆粉丝"理论，大致意思是：如果你有1000个铁杆粉丝，每个粉丝每年在你的产品上消费100美元，那你每年就有10万美元的收入，一般足够活下去了。后来，"1000个粉丝"就成了一个不成文的创业标准。一个新产品只有积累到了1000个用户，才算是站稳脚跟。那么，在创立期，企业用什么方法才能拉到1000个用户呢？不少人给出了自己的答案，例如：摸准目标用户聚集的地方，设法去拉人；以朋友推荐或找有影响力的人帮忙宣传，对用户施加影响促进购买；通过免费/折扣、限量供应的方式或者说"饥饿营销"，利用消费者"害怕错过"的心理促成销售；等等。

关于如何破局、怎么破圈，彼得·蒂尔认为创业一开始，企业就应该力图成为垄断企业。市场被企业垄断后，客户就只能选择企业的产品。所以创业前期的破局、破圈，都成了"小菜一碟"。他在《从0到1》中分享了自己的创业哲学：大部分创业者喜欢做从1到N的重复过程，而从0到1才是创造市场的过程。像Airbnb（爱彼迎）、Uber（优步）等开创一个全新市场那样，实现从0到1有三个步骤：第一步，发现"秘密"，所谓秘密就是那些被人们忽略却蕴含巨大价值的全新创业机会。第二步，避免竞争陷阱，失败者采取竞争，创新者应该选择垄断。第三步，打造垄断企业。怎么做呢？利用品牌优势、规模经济、网络效应、专利壁垒等组合起来打造垄断企业，通过占领小市场、谨慎扩大规模、不搞"破坏"而躲开竞争，使企业逐步实现赢利增长。

更系统一些的方法论，可以参考杰弗里·摩尔提出的"跨越鸿沟"理论，见图3-1-2的右下图。由于对新产品的不同态度，创新者、早期用户、早期大众、晚期大众、落后者这五种类型的目标客户，依照接受新产品的先后顺序，就可以划分成五个相互联系、依次递进的阶段。

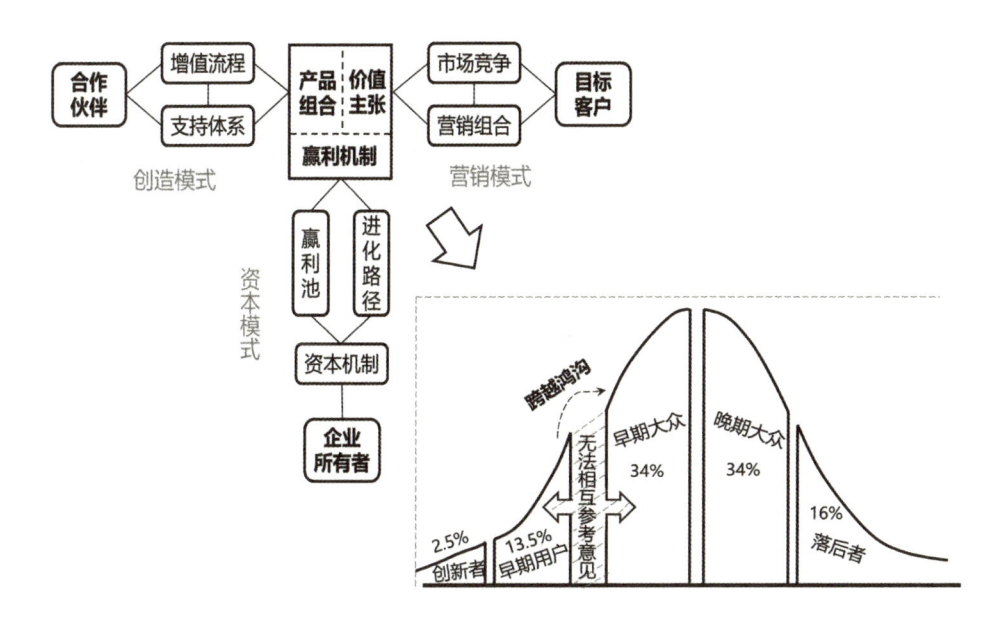

图 3-1-2 T型商业模式为"跨越鸿沟"提供解决方案示意图
图表来源：李庆丰，"新竞争战略"理论

让创新者、早期用户接受或购买新产品，以现在的说法，可以称之为破局。创新者是指那些"技术控""行家"。他们买的是新功能，无论产品好坏，只要新就会买，新技术、"黑科技"是生活中的最大乐趣，他们可以为此忍受产品的不足和缺陷。早期用户通常是一群具有远见的人，能够看到新产品带来的新价值，喜欢做别人还没有做的事，利用新技术产品完成他们的梦想，来获取战略优势。早期大众对高新技术产品有点兴趣，但他们更实际，对价格非常敏感，更关心提供新产品的公司是否有名气、支撑体系是否完整、服务是否可靠。总之，他们需要看到价值能够落地才会决定购买。

如图3-1-2右下图所示，在早期用户与早期大众之间有一条非常显著的鸿沟，大部分创业公司很难跨越。如果有企业成功跨越了这条鸿沟，就类似现在的说法"破圈"了——企业推向市场的新产品，将会被50%以上的目标客户接受，假以时日，更可以获得晚期大众及落后者的认可。

在早期用户与早期大众之间,为什么会存在一条显著的鸿沟呢?因为这两个目标客户群体对新产品的认知差距太大了。早期用户属于有远见者,喜欢"尝鲜",而早期大众属于实用主义者,面对新事物喜欢再等等、再观察观察。两者就像新潮女郎与传统淑女,无法相互参考意见,所以后者迟迟不能做出购买决策。

如何跨越这条鸿沟?摩尔提出了消除鸿沟三大原则:①保证提供完整的产品,让早期大众尽早接受。②通过营销策略,形成良好的口碑,打消早期大众的购买顾虑。③做小池塘里的大鱼,成为细分市场的领先者,然后平行扩散、降维打击。

结合摩尔的思想要点,我们给出企业跨越鸿沟的四个步骤:①寻找一个客户价值明显、可行的细分市场。②集中关键资源和能力到该细分市场。③与同一市场上的竞品区分,重点强调自己产品的差异化优势,以在目标客户的大脑中形成定位。④通过直销、分销、网销、直播带货或地推等各种营销落地方式,在该细分市场打开一个口子,然后一块一块蚕食,直至全面占领该市场。这四个步骤,有点像第二次世界大战期间同盟国选择在诺曼底登陆,最终打败轴心国,改变了整个欧洲战场的格局。

关于如何破局、怎么破圈,怎样才能跨越鸿沟,更系统的方法论是依据笔者提出的T型商业模式的构成要素及相关原理。如图3-1-2左上图所示,根据T型商业模式,按图索骥,可以为"跨越鸿沟"提供解决方案。

例如:在"T型"左侧的创造模式方面:①借力或与合作伙伴一起创造产品及开拓市场。对于新品牌来说,像天猫、京东、拼多多、小米、华为等平台企业都是很好的合作伙伴,例如:裂帛、御泥坊、茵曼、麦包包、韩都衣舍、佰草集、欧莎等"淘品牌",都是依托淘宝、天猫崛起的新品牌;再如,石头扫地机器人依托小米的流量及产业链支持迅速发展起来,具有自己的潜优产品及拳头产品,成功实现了在科创板上市。②检讨增值流程,能外包的外包,不能外包的自己做好,集中关键资源和能力,在一个细分市场实现突破。史玉柱在落魄时,用借来的50万元运作脑白金项目。他把市场营销做到极致,而将价值链上的采购、制造、包装、物流全部外包,并聚焦在江苏无锡的一个县级市江阴,在局部市场上寻求一点突破。③通过技术创新(属于支持体系的重点内容),将产品做到"一招鲜"。20世纪90年代时,优衣库从艰难生存到破圈而出,源于对一款叫作"摇粒绒"面料的技术创新。其中有几年,优衣库"摇粒绒"外套实现了每年2000多万件的单品销量。然后,才有了现在的优衣库全球开店,成为服装界的"日不落帝国"。④构建自带流量的产品组合,让产品一上市就风靡于市场。像奇虎360、罗辑思维等,依托"免费+收费"或称为"三级火箭"产品组合,屡试不爽,瞬间破局、立马破圈,很快成为本领域的超级产品。

至于"T型"右侧的营销模式方面,前文提及的破局经验和凯文·凯利的"1000个铁杆粉丝"、彼蒂尔的"从0到1"、摩尔的"跨越鸿沟"等理论都有阐述。参考《T型商业模式》第3章营销模式,如果我们将营销模式的第一性原理,即公式"目标客户=价值主张+营销组合-市场竞争"彻底搞明白,能够理论结合实践炉火纯青地应用,那么创业企业"如何破局、怎么破圈,怎样才能跨越鸿沟",就会转变为可以落地执行的问题。

至于"T型"下侧的资本模式方面,重点是引进战略股东(企业所有者)、借助风险投资、设计资本机制(资本运作)等。运用资本模式,实现跨越鸿沟,"性价比"很高,但是风险也很大。例如:引进战略股东如同与人联姻,这个操作要慎重,弄不好就会"引狼入室",这样的案例并不鲜见。借助风险投资能让创业企业"瞬间暴富",可以对目标客户进行价格补贴以拉动销售,但是要谨防创业对资本的路径依赖,反而葬送了企业前途。如果创业公司只是通过资本运作,企图实现破局、破圈,在大多数情况下,这近似于自投罗网,最终可能陷入交易结构的陷阱中。

如何破局、怎么破圈?怎样才能跨越鸿沟?对这些问题的阐述及回答,只是本章的序曲或前奏。在企业成长期,通过实现持续赢利增长、累积竞争优势这两个战略主题，追求将创立期的潜优产品塑造为拳头产品。为此，下面将要阐述T型商业模式的另一个重要理论：有助于企业实现复利增长的第二飞轮效应。

3.2 第二飞轮效应：
可持续增长背后的第一性原理

> **重点提示**
>
> ※ 从"小蝌蚪"创业逐渐成长为"巨无霸"，开市客有哪些值得借鉴之处？
>
> ※ 智力资本的构成及主要功能作用是什么？
>
> ※ 家乐福等传统卖场日渐式微的主要问题在哪里？

从2010年起，由于单店连年亏损等因素，家乐福开始陆续关闭在中国的一些大卖场。据统计，2010年至2017年家乐福关闭店面数量累计超过40家。2019年6月，家乐福（中国）将旗下233家大卖场，以48亿元人民币"贱卖"给苏宁，而在同期，新式茶饮品牌喜茶100家小店的估值就达到了100亿元。

2019年8月27日，全球知名的连锁会员制仓储超市开市客（Costco）在上海开业，这是开市客在中国大陆开设的第一家门店。由于慕名而来的顾客太多，导致周边交通堵塞严重，诸多商品被抢光。之所以这么火爆，与开市客开业惯用的低价引流、媒体造势有关：市场上售价达3000多元的茅台，只要1498元！五粮液，只要919元！各种奢侈品"包包"，瞬间被买断货。

阿里巴巴、京东、拼多多等电商平台崛起了，像家乐福这样的传统零售大卖场开始走下坡路，开市客凭什么逆流而上，开一家，火一家？

1983年，吉姆与杰夫两个合伙人创立开市客，在美国西雅图郊区的一个大仓库开出第一家门店。

2021年初，开市客召开了在线股东大会，公布了2020年的一些经营数据：开市客在全球拥有795家门店，实现销售额1630亿美元，达到历史最高值；受疫情隔离及交通管制等影响，开市客扩张速度有所放缓，但也新开了13家店铺；全球拥1.07亿会员卡持有者，每年为公司带来35亿美元的会员费收入。

历经37年时间，销售额从0做到1630亿美元，开市客实现了真正的指数增长。指数增长通常是指企业创立时，赢利增长比较缓慢；"跨越鸿沟"或突破某一临界点后，赢利增长非常快，见图3-2-1。当然，一个企业不可能永远保持指数增长，市场进入衰退期时，增长将放缓或出现负增长。开市客连续37年保持指数增长，属于一个奇迹！

与指数增长相对的是线性增长和摇摆增长。例如：10年前，老马在小镇中心开了一家杂货店。10年过去了，老马一共开了3家同样规模的杂货店。老马的企业就不是指数增长，可以说是一种非常缓慢的线性增长。同一个镇的老刘，喜欢办企业倒腾生意，赶上机遇大赚一笔，一不小心又赔光了，还欠了高利贷，然后东山再起，风光三五年，又连年亏损……老刘办企业就属于摇摆增长。

指数增长的背后是复利效应，也可以叫作复利增长。例如：100万本金，连续37年保持30%的复合增长率，最终将变成164亿多元。如果大家有所怀疑，可以用图3-2-1给出的复利公式进行验证。对于复利效应，巴菲特有一个通俗的说法：人生的财富积累就像滚雪球，要有很湿很湿的雪和很长很长的坡。

社会学把指数增长称为马太效应：强者越强，弱者越弱；富者越富，穷者越穷。2019年诺贝尔经济学奖得主班纳吉就是验证了马太效应的一部分：穷者越穷。对于一些贫困的人来说，贫困不仅是结果，贫困也是原因，他们囿于"贫困陷阱"中。一些企业之所以一蹶不振，连年亏损，也类似陷入"贫困陷阱"，要么复利公式中的本金出现了问题，要么利率成为负数。

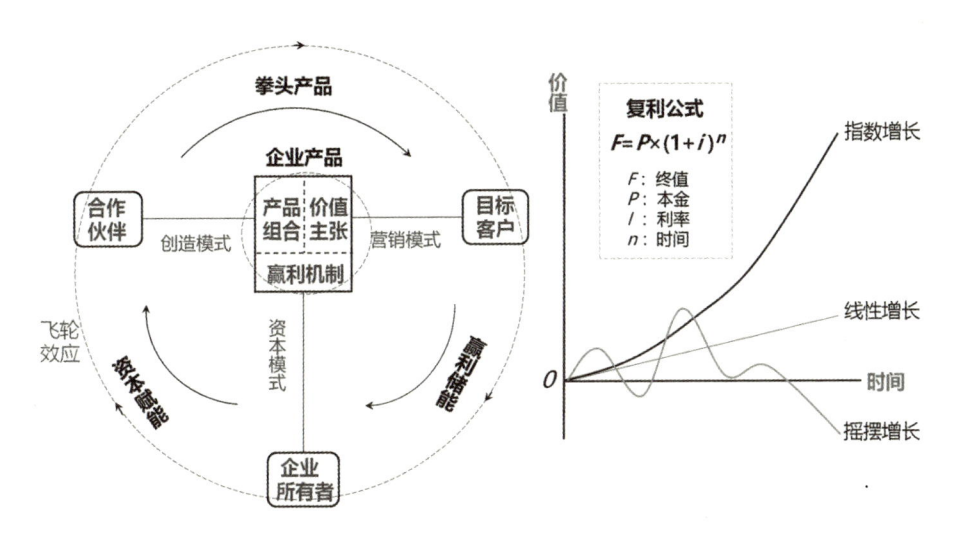

第3章 持续赢利增长：累积竞争优势才是开疆拓土的利器

图 3-2-1 第二飞轮效应（左）与指数增长示意图（右）
图表来源：李庆丰，"新竞争战略"理论

在T型商业模式中，本金是指什么？企业的资本。凡直接或间接用于经营管理活动的能力或资源都属于企业的资本。这里的资本大致分为物质资本、货币资本、智力资本三个类别。

物质资本、货币资本比较好理解，下面简单解释一下智力资本。依据中外学者的研究，智力资本主要包括人力资本、组织资本和关系资本三个方面的内容。

（1）人力资本由企业家资本、经理人资本、职员资本、团队资本构成。具体到知识或能力等表征现象，则主要体现为经营管理能力、创新能力、技术诀窍、有价值的经历、团队精神、协作能力、激励程度、学习能力、员工忠诚度及受到的正式教育和培训等。

（2）组织资本是指当雇员离开公司以后仍留在公司里的知识资产，它为企业安全、有序、高效运转和职工充分发挥才能提供了一个平台。它主要由组织结构、企业制度和文化、知识产权、基础知识资产构成。其中企业制度和文化体现为组织惯例、工作流程、制度规章等；知识产权体现为专利、著作权、设计权、商业秘密、商标等；基础知识资产体现为管理信息系统、数据库、文献服务、信息网络技术的广泛使用等。

（3）关系资本表现为两大类：一类是指企业与外部利益相关者之间建立的有价值的关系网络；另一类是在关系网络基础上衍生出来的外部利益相关者对企业的形象、商誉和品牌的认知评价。组织间的关系网络一般由企业与股东、消费者、供应商、竞争对手、替代商、市场中介、政府部门、高校和科研机构等组成。

（参考资料：李平，《企业智力资本"家族"及其开发》）

就像地球、火星等行星围绕着太阳这个恒星转动，资本模式中的资本围绕企业产品创造价值，见图3-2-1左图。在企业产品定位成功后，资本模式对创造模式进行资本赋能，通过营销模式把企业产品售卖给目标客户。如果目标客户认可并购买企业的产品，那么历经这样一个经营管理活动循环，企业就会相应增加货币资本、物质资本、智力资本等，即以赢利储能的方式回馈资本模式中的原有资本。通过这样一个循环，企业的资本增加了，即围绕企业产品创造价值的"本金"增加了。在后面延续的循环中，更多的"本金"将会增加更多的资本，并成为下一循环的"本金"，日复一日、年复一年，将企业产品从潜优产品培育为拳头产品。在T型商业模式中，如上所述把资本围绕企业产品以增强回路循环创造价值，将潜优产品培育为拳头产品的过程，称为第二飞轮效应。第二飞轮效应就是T型商业模式中的资本模式、创造模式及营销模式之间发生复利效应的形象化描述。它也是可持续增长背后的第一性原理。

含有第一飞轮效应的产品组合，也更有利于驱动第二飞轮效应，两者是相互连接、依次递进的关系，在本书章节4.2将会进一步阐述第一、第二及第三飞轮效应之间的这种关系。

$F=P\times(1+i)^n$是一个集成的复利公式，如图3-2-1所示。以财务年度为单位拆开来看，就像银行存款那样，当期利息将会转化为下一年度的本金。所以，持续增长的公司，其"本金"是每年增加的。

在复利公式中，利率i就是指企业资本的复合增长率，从可以精确量化的角度，通常以销售收入或利润的复合增长率来代表。复合增长率是特别重要的一个指标，它决定了历经一个时间区间后企业资本的大小。例如：100万元本金以1%的复合增长率连续保持37年，最终只能变成144万元，与100万元本金以30%的复合增长率连续保持37年的终值164亿元有天壤之别。这还不算最差，如果是-30%的复合增长率，那么100万元本金，3年后就只剩下34万元了。

复合增长率代表企业的赢利增长水平，它与哪些因素有关系呢？复合增长率与外部环境的机遇和风险、企业生命体（企业产品、T型商业模式、企业赢利系统）、战略路径和目标等均有关系，见图3-1-1。新竞争战略的重点是围绕企业产品匹配战略主题、产品愿景及确定战略路径和目标，其他属于支持或基础设施内容。成长期企业的战略主题是"持续赢利增长，累积竞争优势"，通常有哪些通用的战略路径呢？

参考理论之一是安索夫矩阵。它以产品和市场作为两大基本面向，为实现持续赢利增长，规划企业的战略路径，共给出五种增长策略，分别是：①市场开发；②市场渗透；③产品开发；④多元化经营；⑤市场巩固。后文也会介绍其他驱动第二飞轮效应的增长理论。

复利公式的另一个重要变量是时间n，即某个复合增长率能够持续的时间，通常以年为单位。一年高速增长，其他年份摇摆或负增长，不如连续多年中低速增长。新竞争战略与复利公式的增长哲学是一样的，不提倡昙花一现式的"做大做强"，而提倡"做时间的朋友"，坚持长期主义。

根据第二飞轮效应或复利公式，前文谈到的开市客、家乐福两者都是线下大卖场，为什么一个发展如日中天，而另一个日薄西山被贱卖了呢？

我们从潜优产品→拳头产品入手，就可以探究一些个中缘由。在创立期，让企业产品符合潜优产品，是指产品组合、价值主张、赢利机制三者合一,这也代表了合作伙伴、目标客户、企业所有者三者利益的统一。

开市客的产品组合是"高性价比商品+会员制+生态附业"。开市客自己不制造产品,提供的是商品采供平台服务,所以用"高性价比商品"以区别于"高性价比产品"。在开市客的产品组合中,高性价比商品、会员制这两项容易理解。开市客的"生态附业"是指仓储式卖场配套的美食广场、购车服务、轮胎服务、加油站服务、旅行服务、信用卡服务、影印服务、助听器服务、光学眼镜服务等十多种相关的产业和服务。这些"生态附业"以高性价比经营模式,一直在发挥引流、聚集人气、为会员提供一站式综合服务、增加顾客黏性等功能作用。

开市客对目标客户的价值主张主要是优质低价,节省会员挑选及做决策的时间。其赢利机制并不主要依靠卖商品的差价,而是靠会员每年交的会员费。这样,开市客为了吸引更多的会员加盟,就会设法降低商品售价,不惜保持较低的毛利率,允许会员无理由退货,精选商品以提升会员满意度等。由于会员费的边际成本递减效应,即买得越多越便宜,会员就会设法增加购买频次和采购批量,这进一步促进开市客采购及销售的双边规模经济效益。

开市客真正在贯彻"以客户为中心,以奋斗者为本",不仅让会员超级满意,更让奋斗者(合作伙伴)乐于为共同的事业拼搏。 开市客视员工为亲密合作伙伴,为他们提供超越同行的薪酬待遇及医保福利,配套有"好工作战略体系"等。由此,开市客也多次获得美国最佳大型雇主等荣誉。

如前所述,第二飞轮效应是指资本围绕企业产品以增强回路循环创造价值,将潜优产品培育为拳头产品的过程。以开市客创立期就有的潜优产品,佐之以T型商业模式、企业赢利系统、战略路径和目标、外部环境机遇等成功必备要素,共同激发出极强的第二飞轮效应,将潜优产品培育成拳头产品,进一步打造为超级产品,共同促进开市客事业的发展壮大。

　　家乐福等传统大卖场的问题主要在于企业产品过时了。在新零售时代，它们凭借"商品多而全"及依靠地段守株待兔式的价值主张对目标客户失去了吸引力；对供应商等合作伙伴收取进场费、条码费、促销费、货柜费、导购管理费等名目繁多的费用，也让优秀的品牌商或供应商望而却步。合作伙伴及目标客户都出现了状况，就像一个有三个叶片的风扇其中两个出了故障，飞轮效应怎么还能"转动"起来？

3.3 持续赢利增长：以客户为中心，以奋斗者为本

> **重点提示**
>
> ※ 实现持续赢利增长，为什么需要企业家精神？
>
> ※ 企业家精神追光灯模型的主要内容是什么？
>
> ※ 你赞同笔者对企业使命的定义吗？

新竞争战略提倡可持续赢利增长，与之相反的是烟花式增长。烟花式增长类似"烟花式恋爱"，刚开始时轰轰烈烈，但是不会长久。烟花式增长就像绽放的烟花，只有那一瞬间的美丽，美丽过后除了地上会有少许"残渣"，什么都没有留下。

ofo小黄车属于烟花式增长吗？ofo耗费大约130亿元融资款，仅用三年时间，就投放了2300万辆单车。然后，在很短时间内，ofo小黄车就难觅踪迹了，公司欠款高达20亿元，总部已人去楼空。海航集团属于烟花式增长吗？2008年之后，海航集团迅速拉开了大规模国际化、产业多元化的帷幕。之后，海航集团总资产迅速飙升至10155亿元，业务遍布世界各地。但是，到2017年下半年，海航集团总负债规模已高达7500亿元，资产负债率高达70%，资金链岌岌可危。2021年1月29日，海航集团收到海南省高级人民法院发出的《通知书》，主要内容为：相关债权人因海航集团不能清偿到期债务，申请法院对海航集团破产重整。

市面上流行的直播带货、场景诱购、私域流量、裂变推广、饥饿营销、增长黑客、符号定位、会销地推、目标发誓等各种各样的营销增长技术，虽然其结果不一定是烟花式增长，但也不完全属于持续赢利增长。或许，它们属于"纯营销"。

新竞争战略致力于让利益相关者合力"驱动"第二飞轮效应，达成企业实现持续赢利增长的战略主题。而"纯营销"只是在T型商业模式的营销模式一端用力，由于"三缺二"，不能"驱动"第二飞轮效应增长，所以"纯营销"多数是脉冲增长或摇摆增长。

诸多企业的经营者很累，不少老板不得不亲自做营销工作，花费大量的时间、精力，终于拿下一个订单，算是比较开心的事。像阿里巴巴、开市客、华为、爱马仕、万科等，这些企业的领导人都在从事自己喜欢的事，真正在追求熊彼特提出的"企业家三乐"：成功的快乐、创造的快乐、建立一个理想国的快乐。他们具有企业家精神，是真正的企业家。

什么是企业家精神？张维迎教授说："我在30多年前就开始研究企业家问题。我总觉得他们是与众不同的、人类当中少有的一部分人。企业家精神有哪些特点呢？一是企业家决策不是科学决策，没有标准答案，它只能依据直觉、想象力和判断。二是真正的企业家决策，不是给定约束条件下求解，而是改变约束条件本身。"

究竟什么是企业家精神？综合一些理论研究成果来看，企业家精神大致是冒险精神、创新精神、创业精神、宽容精神等几种精神的排列组合，再叠加一些对敬业、诚信、执着、学习等概念的阐述。长期以来，企业家精神似乎研究不通，一些研究者开始"降维打击"——改行研究领导力了。

笔者在《企业赢利系统》章节2.2提出一个企业家精神追光灯模型，见图3-3-1所示。经过再次优化后，它的五个要点内容如下：

（1）以愿景为领导。愿景就是特别长期的目标或最终目标，至少需要20年才可能达成的目标。企业愿景的作用之一，是让企业始终坚持长期主义，不被短期投机性机会所诱惑。正像黑石集团创始人彼得森所说："当你面临两难选择时，永远选择长期利益。"愿景与现状之间通常有一条巨大的"鸿沟"，它可以激发经管团队的创造性张力，构建出优异的企业产品、T型商业模式和企业赢利系统等。企业家领导企业，而愿景"领导"企业家。经管团队要树立共同愿景，才能汇聚各方资源和能力。这样，新竞争战略才能更有意义和价值。

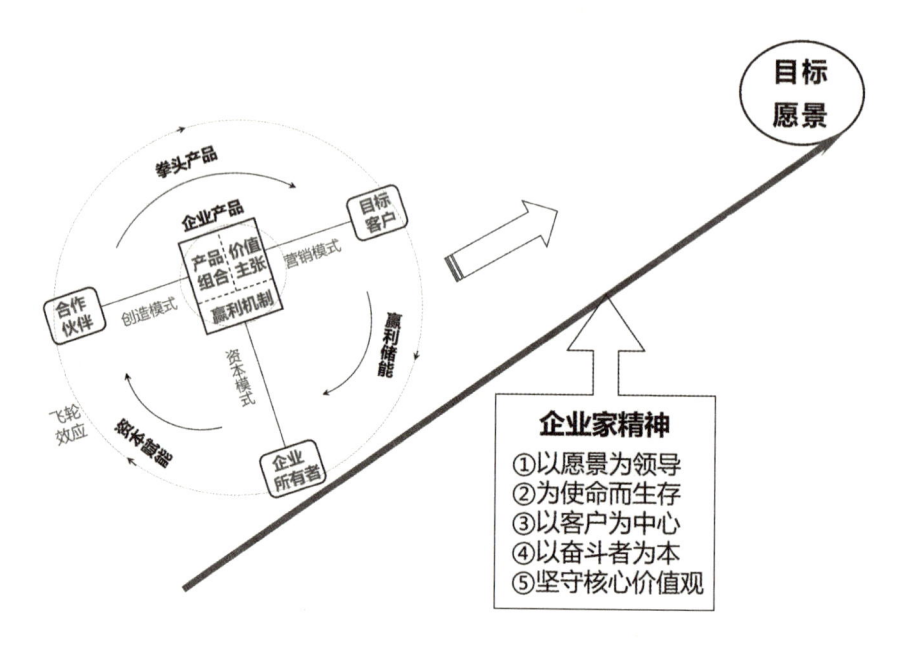

图 3-3-1 企业家精神支撑持续赢利增长示意图
图表来源：李庆丰，"新竞争战略"理论

（2）为使命而生存。笔者认为，使命就是"如何通过利他而最终利己"，或简要概括为"先利他后利己"。企业使命是指企业进化与发展对他人或社会带来的好处，而履行使命又反过来促进企业的进化与发展。企业使命是第二飞轮效应的"第一推"——永远排在第一位的推动力。例如：小米的使命是"始终坚持做感动人心、价格厚道的好产品，让每个人都能享受科技带来的美好生活"。从小米的使命我们可以看出，它至少包含了T型商业模式三个要素：企业所有者——始终坚持做；产品组合——感动人心、价格厚道的好产品；目标客户——每个人都能享受科技带来的美好生活。

从企业使命，还可以推导出企业如何"分钱"。华为是这么做的：以客户为中心，以奋斗者为本。阿里巴巴提出"客户第一、员工第二、股东第三"，就是从企业使命推导出来，三者也正是驱动第二飞轮效应增长的三个推力。

（3）以客户为中心。商业模式第一问："企业的目标客户在哪里，如何满足目标客户的需求？"就是"以客户为中心"的初步展开。企业所有者及合作伙伴都应该以客户为中心，其好处是为自身的利益提供长期可靠的保障。

需要说明的是，"以客户为中心"是经营实践中约定俗成的说法。T型商业模式中规范的说法是：在企业产品中，产品组合、价值主张、赢利机制三者合一；合作伙伴、目标客户、企业所有者三者利益统一。当然，其中客户利益是第一位的，是合作伙伴、企业所有者利益的前提条件。

（4）以奋斗者为本。奋斗者不仅是指创始人等企业所有者，还包括核心员工及关键供应商等重要合作伙伴。奋斗者是驱动第二飞轮效应增长的重要推力，"以客户为中心"也需要奋斗者具体实施。

（5）坚守核心价值观。核心价值观是企业文化的重点内容。企业家只能抓重点，很多事不能亲力亲为，通过培育企业文化，贯彻核心价值观，一定程度上能够保障企业"不逾矩"及形成合力。

以上五点是精要版的企业赢利系统，属于企业家的"要事第一"。愿景是企业家的伟大事业目标，使命是战略路径的中心轴线，核心价值观是经营管理活动的虚拟边界，而以客户为中心、以奋斗者为本，将激励更多人与企业家一起合力"驱动"第二飞轮效应增长，让企业循环向前成长与发展。为什么叫作企业家精神追光灯模型？这个并不重要，只是个让大家容易记住的形象称呼，在《企业赢利系统》章节2.2中有问题的答案。

企业家精神追光灯模型的五点内容具体而"硬核"，可以供研究企业家精神的各方专家学者参考，共同促进中国企业家队伍的健康成长和发展壮大。虽然这五点内容大家都是耳熟能详，但是能够全部做到者寥寥无几。

企业要实现持续赢利增长，企业家精神最不可缺位，而其中"以客户为中心、以奋斗者为本"实实在在,经营管理或赢利增长活动的每时每刻都必不可少,所以显得更加重要。

从图3-1-1中可以看到,Ⅰ企业与Ⅱ环境中的五种竞争力量最终"争夺"的是客户群体。目标客户增加,企业就兴旺;目标客户减少,企业就衰落。可以说,客户是唯一能解雇企业家的人,客户也能解雇企业中的所有人。

在企业产品中,当价值主张、产品组合、赢利机制三者合一时,实际上价值主张是第一位的,它代表着以客户为中心;当目标客户、合作伙伴、企业所有者三方利益统一时,实际上目标客户的利益是第一位的,由此派生其他两方的利益,这也是以客户为中心的具体体现。

第二飞轮效应基于T型商业模式,T型商业模式的核心内容是企业产品,而企业产品基于目标客户的需求:基于目标客户的需求,通过创造模式打造一个好产品;基于目标客户的需求,通过资本模式引进人才等各种资源;基于目标客户的需求,通过营销模式将产品售卖给目标客户。可以说,T型商业模式始于目标客户,终于目标客户,不断循环也源于目标客户。

"以客户为中心"必须在企业赢利系统中落地,例如:由产品导向转向客户导向,对业务流程再造;通过技术创新,为客户创造新的价值;从重视营销卖货,转向深度服务客户,以提高复购率及留存率;将为客户创造价值作为重要的绩效评价标准;等等。

"以客户为中心"的具体落地需要依靠"以奋斗者为本"。以奋斗者为本,就是将奋斗者看成是企业最重要的智力资本。与货币资本或物质资本有所不同,由于技术厚度积累和学习曲线效应,智力资本为企业创造价值时具有边际报酬递增趋势,即智力资本不会随着时间发生减值损耗,反而越用越多、越用越好,创造的价值越来越大。以奋斗者为本的落地内容很多,例如:股权激励计划、塑造优异的企业文化、超越同行的薪酬福利、职业晋升与培训计划、为人才提供事业舞台、建立合作伙伴共赢平台等。

站在"T型"的下端企业所有者的角度,将"以客户为中心、以奋斗者为本"落到实处,就是利他主义,见图3-3-1。《道德经》里有句话:"是以圣人后其身而身先,外其身而身存。以其无私,故能成其私。"转换为现在的说法就是"利他就是最好的利己"。

将企业所有者置于"T型"的下端,这是赋予他们一种谦卑低调的品格。只有企业家由衷地"以客户为中心、以奋斗者为本",沿着战略路径,履行企业使命,坚守核心价值观,才能持续驱动第二飞轮效应引发的增长,累积竞争优势,最终实现企业愿景!

3.4 硬球竞争：狭路相逢，智勇双全者胜

> **重点提示**
>
> ※ 株洲湘火炬为什么能在市场竞争中"杀出一条血路"？
>
> ※ 雅迪和爱玛的竞争，未来将有怎样的格局？
>
> ※ 为什么麦当劳、肯德基、星巴克三者越来越像了？

具备了企业产品定位、跨越鸿沟、第二飞轮效应、企业家精神等战略指导内容，为实现持续赢利增长，如何化战略为行动呢？从运营管理的角度来看，传统而有效的做法通常分为三个步骤：第一，制定目标；第二，绘制增长路线图；第三，有效激励。其中有效激励包括对目标客户和奋斗者的激励两个方面，它的意义和内容也非常广泛，但归结起来就是：如何让客户愿意购买并积极口碑传播，如何让奋斗者积极行动并富有团队精神。有效激励充分，目标客户才会进入企业的私域流量；有效激励充分，奋斗者也会为实现目标而拼搏。

企业给予充分的有效激励，就是要启动引发复利增长的第二飞轮效应，然后沿着增长路线图，向战略目标进发。"天下熙熙，皆为利来，天下攘攘，皆为利往。"竞争是第一位，合作是第二位。在战略路径上，为争夺目标客户，行业内的诸多企业必然会相互竞争。在激烈竞争的态势下，一些企业就会进行"硬球竞争"，硬碰硬！狭路相逢，智勇双全者胜。

什么是"硬球竞争"？可以参考波士顿咨询公司乔治·斯托克提出的"硬球战略"，它包括发挥强势、全力打压、以反常取胜、进攻对手的利润要害、学以致用的"拿来主义"、诱使敌人撤退、打破妥协、"硬球并购"八大方略。

在此表明，实施"硬球竞争"的前提是既不钻法律的空子、不采用"下三滥"手段，也不损害对目标客户、合作伙伴及股东应尽的义务和责任。它可以凭借竞争优势全力打击竞争对手，聚集关键资源，进攻对手要害，压倒一切困难，直至取得最后的胜利；它可以是以冷酷无情的态度追求强势，甚至应用兵家谋略，以各种激进的方式超越竞争对手；它可以是"打铁还需自身硬"，通过优异的企业产品、商业模式及企业赢利系统，取得双方竞争对抗中的必然性胜利。

典型的"硬球竞争"案例有腾讯与奇虎360之间发生的"3Q大战"、滴滴出行与美团之间发生的网约车之战、微信与支付宝之战等。下面我们再补充三个相对温和的"硬球竞争"案例。

1. 株洲湘火炬：将定位变成现实，争获行业领导者

株洲湘火炬位于湖南省株洲市，主要产品是汽车点火用的火花塞。火花塞行业的竞争格局曾经是这样的：高端产品主要为汽车主机厂配套，长久以来由NGK、博世、德科等日本、德国、美国企业把持；低端产品在汽车后市场作为低值易耗配件销售，主要由江浙一带的作坊型企业生产。面对如此行业结构，株洲湘火炬要怎样进行产品定位，才能"杀出一条血路"？

"在高端、低端产品之间，细分出一个中端市场。凭借极高性价比的火花塞产品，株洲湘火炬要成为中端市场的领导者。"株洲湘火炬总经理陈光云当时这样说。

这事能干成吗？一个高端火花塞20多元，每辆汽车用4~6个，一共100多元。对于一辆汽车来说，火花塞的成本并不敏感，而火花塞是汽车点火系统的关键零部件，真正属于"细节决定成败"的产品，哪个主机厂愿意冒这样的风险？

这事还真让株洲湘火炬干成了！现在，株洲湘火炬的火花塞系列产品主要为上海通用、长安福特、沈阳三菱等十多家重点汽车厂商配套，产销量已经连续多年稳居国内第一，位列世界第三。株洲湘火炬的系列产品已被列入美国通用汽车的全球销售及售后体系,畅销全球五十多个国家和地区。

以新竞争战略理论分析,株洲湘火炬为汽车主机厂等目标客户所提供的火花塞系列企业产品,内含的价值主张为"高品质、低价格"。陈光云说:"我们的火花塞质量上等同于欧美高端产品,而价格只是它们的一半左右,汽车主机厂怎么能不选择我们?"

以这样的"高品质、低价格"企业产品定位,株洲湘火炬还能赢利吗?实际上,它每年创造利润1亿多元,并且增长非常稳定。如何将这个定位变成现实,并成长为行业领导者?企业家陈光云带领株洲湘火炬做到了以下五点:

(1)加大技术创新投入,建立起多条世界先进的自动化专业生产线,并将产能规模迅速提升至2亿个火花塞/年,同时实现质量提升和成本大幅降低。

(2)重组企业的"增值流程",将原来外包、外协的一些中间件或原材料加工流程,收回企业进行集约化制造。这样既大幅降低了成本,又提升了质量管控水平,还缩短了交货周期。

(3)成立智能制造中心,通过研发与自制先进装备和自动组装生产线,建立起较高的技术防护壁垒,以防止同业模仿,避免恶性竞争。

(4)不断优化精益管理及精益制造系统,实现科学考核和有效激励,以管理促文化,向管理要效益。

(5)注重培养、引进及重用高端人才,加强全员能力素质培训,长期致力于提升企业的智力资本。

从重新定义细分市场及目标客户的价值主张开始,即以客户为中心,在营销模式的引导下,株洲湘火炬重新调适了创造模式,并且不断提升企业的智力资本持续加强资本模式,不断为创造模式赋能……这样,第二飞轮效应就逐渐启动了。

从企业产品定位到实现战略意图,成为行业领导者,让定位变成现实,是一个动态竞争的过程。在株洲湘火炬执行战略的过程中,必然会受到国际巨头及低端厂商的双重阻挡,它们甚至常常采取与之雷同的战略对抗行动。株洲湘火炬是一个有战略的公司,通过第二飞轮效应的复利增长功能,持续不断地将"高品质、低价格"内化为企业的一种特有的智力资本。这是它最终能够胜出、开辟出一片新疆域的重要原因。

2.爱玛和雅迪:在对抗中升级,从竞争中重生!

在电动两轮车(以下简称"电动车")行业里,无锡的雅迪、天津的爱玛旗鼓相当、冤家路窄!它们在对抗中升级,从竞争中重生!在爱玛与雅迪之间展开的三场"防御与进攻"之战,属于企业产品及商业模式之间的竞争。此后,市场份额逐渐向两者集中,南雅迪、北爱玛品牌影响力持续增强,已经形成南北"双巨头"的竞争格局!

1.第一阶段,营销模式之间的粗暴对抗

2011年,雅迪销量180万辆,而爱玛是280万辆。2012年初,雅迪一改以往安居第二,跟在爱玛背后追随、模仿的策略,向行业第一的位置发起冲击。当年,雅迪投入上亿元广告费用,以一条"中国电动车领军品牌"广告作为开始,企图向消费者强化自己的行业"领导者"地位。

2012年底,爱玛加入商战,同样启动向消费者强化自己"领导者"地位的传播。爱玛公司同样拿出上亿元的广告费用,投放的广告语为"年销量率先突破300万辆,电动车真正领导者",无论是内容还是声量上都对雅迪形成压制。

2013年,雅迪追加广告投入到2亿元,并将传播的广告语更换为"全球电动车领导者"。但是,雅迪在内容上缺乏证明自身领先的依据,所以无论措辞如何提炼,也无法反驳对方"率先突破300万辆"的数据事实。

爱玛以更小的投入换来了更大的战果,这场历时不到两年的攻防战暂告一段落。这个阶段两者只是营销模式上的对抗,争夺目标客户的方式以广告为主,简单粗暴,敢于投入资金积极竞争就会获得市场份额。

2.第二阶段，创造模式之间的相互抄袭

2013年后，雅迪调整策略，以聚焦单品为主，推出自主研发新车型。雅迪的新品除了造型之外，没有在功能、性能等方面形成真正的差异化，仍然停留在发布新款式、创造新概念的层面。

雅迪推出新品不久，爱玛迅速跟进，设计推出同样款式的产品，并以更大的投入强化和升级电池组等核心零部件。不仅如此，爱玛开始细分电动车市场，并针对性地布局新产品，例如：对于看重续航里程的平原市场，推出了长里程系列"骑迹"电动车；对于看重爬坡性能的山区市场，推出了动力系列"霸道"电动车。

这次，改为雅迪迅速跟进，模仿爱玛。相互模仿的后果是两者的产品趋于同质化。产品同质化后，如果发生激烈的市场争夺，就会触发价格战。2014年第四季度，爱玛与雅迪之间的价格战进入白热化状态。当兵出身的雅迪创始人董经贵被逼急了："我不赚钱了，就是亏钱也跟你拼了！"于是，雅迪不但给消费者"送政策"，将几款热销车型的出厂价直降200~300元，还给经销商"送政策"，经销商每卖出一辆车，就送价值800元的净水器。

2014年，爱玛销量400万辆，进一步拉开了与对手的差距。雅迪当年销量只有280万辆，经营越来越困难，发展也越来越慢。当一个企业被另一个企业牵着鼻子走时，它的经营状况往往会恶化，因为它总是比对手晚一步。

3.第三阶段，资本模式赋能的竞争与比拼

2015年3月，雅迪在天津召开全国经销商大会。公司掌门人董经贵高调宣布：雅迪从此将远离价格战，专心做更高端的电动车。为推动这个新定位、新战略的落地执行，雅迪当年就砸下近10亿元投入，让资本模式为创造模式和营销模式赋能。

例如：在产品设计上，雅迪与意大利乔凡诺尼、德国巴斯夫色彩研究室等全球资源合作，加强高端自主专利产品的研发，并将国际流行元素及

色彩融入产品设计,创新及研发出一系列高端新品;开发新款智能锂电池车,推出智能锂电池版的高端车型;大幅减少了简易款车型,加大投入主攻热销精品车型;生产流程采用丰田式的精益生产管理方式,以确保每个环节的高端制造标准。

对高端产品来说,好的购物场景至关重要。为此,雅迪2015年投入数亿元对全国近8000家门店进行"硬件"和"软件"升级。雅迪这么做,是要将单纯的零售生意向骑行文化体验转变,让消费者从进店的那一刻就产生品牌认同感。

2015年,雅迪高端车型销量同比大幅增长80%,排名行业第一。2016年5月19日,雅迪成功在港交所IPO,由此成为中国首家电动车上市企业。

爱玛一直对竞争对手"更高端的电动车"持怀疑态度,所以到2016年,爱玛的防御战才刚刚开始,在设计、研发、制造、渠道、服务、营销等企业系统的各个方面先后累计投入数亿元,企图弥补差距,迎头赶上。错失战略良机,不进则退。在资本模式赋能的竞争与比拼方面,这个阶段爱玛落后了,逐渐沦为行业老二。2020年,爱玛销售电动车800万辆,并计划2021年实现销售1600万辆的奋斗目标,希望再次夺回行业老大的位置。

2020年,雅迪实现销售1000万辆"更高端的电动车"。如今,雅迪设立了企业大学,现有研发专业人才达千余人,在全球建有7大生产基地,是行业内唯一拥有2个国家级企业实验室、5家技术研发中心及1家工业技术设计中心的电动车企业,产品远销德国、美国等83个国家或地区,已经跃升为全球电动两轮车行业第一品牌。

(参考资料:肖瑶,里斯品类战略;刘雪慰,《大竞争》)

3.麦当劳、肯德基和星巴克:为什么越来越像了?

据说,肯德基创始人哈兰·山德士一生经历了1009次随机试错,直到退休后又捡起了少年时期就有兴趣的烹饪,发明了含11种调料的炸鸡秘方,并于1952年创立了以原味炸鸡为特色的肯德基连锁快餐企业。

1940年,世界第一家麦当劳餐厅诞生,主要售卖汉堡包等快餐食品。

1968年,"巨无霸"汉堡包面世,麦当劳成立国际业务部,逐渐成长为全球知名快餐连锁企业。

后来,麦当劳与肯德基之间越来越像了,都有汉堡包、炸鸡、薯条、可乐、咖啡……菜单很像、店面很像、促销很像、环境很像、服务很像、管理很像,就连地段也很像。有麦当劳的地方,往往有肯德基,并且两个餐厅之间的距离也越来越近。

再后来,星巴克与麦当劳、肯德基也越来越像了。最早开始竞争的应该是麦当劳,它于2008年大力推广自己的咖啡品牌"麦咖啡",开始在美国超过14000家门店中设置咖啡馆。面对麦当劳的这种挑战,星巴克也没有等闲视之,随后开始仿效麦当劳的一些成功做法,例如:2017年,星巴克高调宣布进军午餐市场,计划5年内让食品销售额翻番,而午餐市场也正是麦当劳的传统地盘。

麦当劳、肯德基和星巴克,为什么会越来越像?

一种说法是:货卖扎堆。肯德基、麦当劳越来越像,地段也毗邻,这对于客户而言,想到吃这类快餐的时候,第一时间就会想到这两家店。这种说法有点像1+1>2的协同效应,它会在产品同质化并且相互竞争的行业巨头之间发生吗?

另一种说法是:"竞争越激烈,打法越相似",即符合霍特林法则。霍特林法则是美国数理经济学家霍特林在1929年提出的一个理论。它说的是,在一个理性市场里,竞争对手彼此靠近、产品做得很像,是为了使得市场份额最大化。

从博弈论的角度说,霍特林法则就是竞争对手各自以最优策略采取行动,而最后趋于纳什均衡。纳什均衡又称为非合作博弈均衡,典型案例是囚徒困境。通俗地表述纳什均衡,可以这样说:旗鼓相当的竞争对手都以自己为中心,采取利益最大化策略,最后将会越来越相似。

竞争战略提倡出奇制胜,通过差异化创新获得竞争优势。所以,霍特林法则或纳什均衡不是一个战略家或企业家应有的格局及视野。麦当劳、肯德基、星巴克都是世界知名公司,应该比其他企业更懂战略。但是,为什么它们会越来越像?

笔者给出的通俗解释是:这是没有办法的办法。通过第一飞轮效应、第二飞轮效应,持续赢利增长、积累竞争优势,麦当劳、肯德基、星巴克都有了自己的拳头产品乃至超级产品,都已经成长为"巨无霸"。随着潜在进入者及替代产品增多,行业趋于饱和,天花板显现,这些"巨无霸"的"第二飞轮"转动变慢,指数增长向平缓维持过渡,它们进行差异化创新的难度将越来越大!这时,霍特林法则生效,市场里的主要竞争者信奉"有比没有好",就会相互模仿,最终彼此越来越像,形成纳什均衡。

创业难,守业更难,那些曾经辉煌过的大企业怎样实现持续增长?继续进行高难度的差异化创新或启动第三飞轮效应。

2017年后,星巴克开始实施新一轮差异化创新战略,通过创造模式构筑四层金字塔门店布局:最底层是普通星巴克店,较高一层是具备手冲咖啡角的门店,再高一层是星巴克甄选店,而金字塔顶端就是烘焙工坊店了。与时俱进并与新一轮差异化战略配称,星巴克在视觉识别、语音交互、区块链、大数据、机器学习、人工智能、VR(虚拟现实)/AR(增强现实)七个领域进行再创新,实现个性化精准营销,企图在赢利增长方面再突破。

在一个行业中,各企业面对的外部环境几乎是一样的,五种竞争力量构成的行业结构也具有相对稳定性。以上案例中企业之间的"硬球竞争",归根结底都是商业模式之间的竞争,具体表现为对目标客户的竞争、对人才/供应链的竞争、对资本等相关资源的竞争,见图3-4-1。

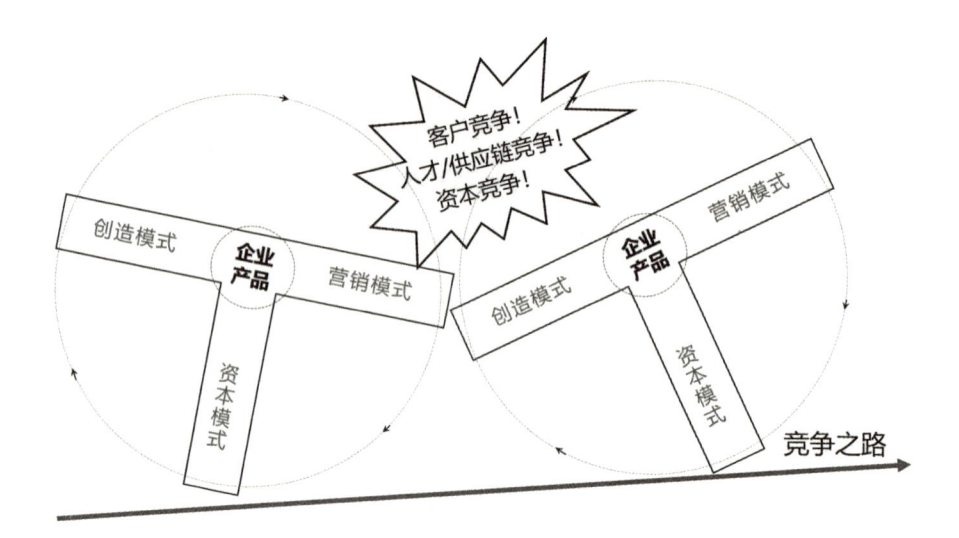

图 3-4-1 竞争者之间的"硬球竞争"示意图
图表来源：李庆丰，"新竞争战略"理论

　　面对激烈竞争时，如何扭转乾坤？所谓设计"巧妙"的交易结构、争取一些国家补贴、玩一些营销概念、搞一些"无厘头"的战略合作，这些顶多是锦上添花，或者说是机会成本损失。鬼谷子说："内实坚，则莫当。"企业成长期的战略主题是：持续赢利增长，累积竞争优势。这如同3D打印一样，"第二飞轮"每转一圈，企业的竞争优势就增厚一层。企业有了雄厚的竞争优势，才能所向无敌，敢于"硬球竞争"。

3.5 累积竞争优势：
108种赢利增长理论或方法，选用哪一个？

> **重点提示**
>
> ※ 在战略十大流派中，哪些内容有实践应用价值？
>
> ※ 打造拳头产品与持续赢利增长、累积竞争优势有什么关系？
>
> ※ 如何结束各种战略理论模块的孤岛式状态或碎片化存在？

"你是想卖一辈子糖水,还是想跟我一起去改变世界？"1983年乔布斯对时任百事可乐公司总裁的斯卡利说了这样的一句话。在这句话的感召下，斯卡利毅然从百事可乐辞职，进入苹果公司并担任CEO。两年后斯卡利联合董事会共同决策，解雇了他的"伯乐"、苹果创始人乔布斯。

1997年9月，乔布斯回归陷入经营困境、距离破产只剩下两个月的苹果公司。接着，他砍掉了苹果90%的产品线，推出了赢得年轻人好感的iPod（苹果音乐播放器），创造性地构建iPod+iTunes（苹果数字媒体播放程序）产品组合（硬件+内容），重整了苹果计算机系列产品，推出了改变世界的iPhone（苹果手机）系列产品，并最终为苹果建设成具有iPhone+iOS（苹果操作系统）+APP Store（应用商店）产品组合（硬件+系统+内容）的优异商业模式。

上文中乔布斯为说服斯卡利加入苹果说的那句话属于战略吗？属于战略。乔布斯回归苹果后，围绕产品的一系列"大动干戈"属于战略吗？当然属于战略。**在实践中，战略应该围绕产品展开，致力于为企业打造拳头产品及超级产品**。企业售卖给目标客户的"东西"，都属于产品，它的形式是多种多样的，包括有形物品、虚拟物品、各种服务或它们的组合。T型商业模式讲的是产品组合。当然，单一产品是最简单的产品组合。

T型商业模式的核心内容是企业产品，主要功能是不断创造顾客，实现持续赢利。为此，从图1-7-2提取T型商业模式等若干关键元素形成图3-5-1，结合常用的战略理论或工具，来重点说明企业成长期的两个战略主题：持续赢利增长、累积竞争优势。

成长期企业的竞争战略是围绕企业产品依次展开的一个过程：首先，不断优化、迭代潜优产品，追求企业产品定位的实现。其次，通过T型商业模式将潜优产品塑造为拳头产品，沿着战略路径不断创造顾客，实现持续赢利增长、累积竞争优势。在这个过程中，企业生命体（企业产品、T型商业模式、企业赢利系统）同步获得成长与进化。战略规划与场景为这个过程提供指导方案及纠偏、控制、优化的方法和建议。

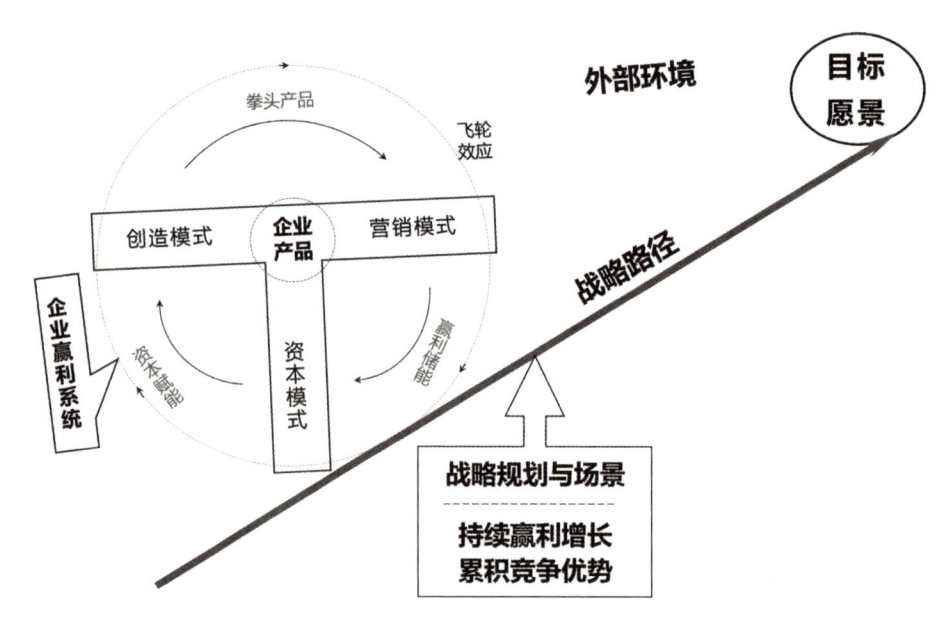

图 3-5-1 成长期企业的竞争战略简要构成示意图
图表来源：李庆丰，"新竞争战略"理论

1.企业产品定位的实现

尽管在第2章已经阐述了企业产品定位这个企业创立期的主要战略主题，但是企业产品定位是一个持续优化、迭代的系列行动，它的实现依赖于成长期持续赢利增长、累积竞争优势的过程。

在企业成长期，随着潜优产品逐步获得目标客户认可，波特五力竞争模型所阐述的行业牵制阻力逐步减弱，这有利于三端定位模型中的价值主张、产品组合、赢利机制三者合一，目标客户、合作伙伴、企业所有者三方利益统一。另外，像第2章所提及的低成本/差异化/集中化三大通用战略、蓝海战略、平台战略、爆品战略、特劳特定位、品牌战略、技术创新、产品思维等企业产品定位方法，将在企业成长期通过连贯的战略计划与行动，将定位真正转变为现实，并为企业带来持续赢利增长、累积竞争优势。例如：低成本的战略定位，需要与目标客户、合作伙伴、竞争者等持续交互以实现优化，需要依据外部环境机遇及风险进行不断调试与改进，最终需要企业生命体（企业产品、T型商业模式、企业赢利系统）做出相应调整与改变。这个战略定位的实现还需要赢利增长过程中一系列连贯的战略计划与行动。在这个过程中，低成本的战略定位逐步转变为企业的竞争优势，主要以智力资本的形式储存于资本模式中。

为实现持续赢利增长，不仅需要落实企业产品定位，还需要对战略产品组合推陈出新。战略产品组合是指随着战略路径的演进需要而增加—减少—剔除—创造企业产品的系列构成、品种、品类等。在产品战略相关理论中，有对战略产品组合的相关阐述。例如：波士顿矩阵将企业的战略产品组合拆分为明星、金牛、幼童、瘦狗四个组别。企业决策者通过增加—减少—剔除—创造四步动作框架，定期优化调整这四个组别，以保障企业的持续赢利增长。

2.营销模式对拳头产品的塑造

根据营销模式的公式"目标客户=价值主张+营销组合-市场竞争"，持续赢利增长就是创造和留存更多的目标客户。这需要倾听目标客户的心声，不断优化、迭代企业产品中含有的价值主张，通过营销组合克服市场竞争，最终促成目标客户持续购买。优化、迭代价值主张不能来虚的、玩概念，需要实实在在、坚持不懈地将潜优产品塑造为拳头产品。

"现代营销学之父"科特勒的皇皇巨著《营销管理》《市场营销学》中,囊括了大部分营销增长理论或工具,少说也有100种以上。市面上流行的直播带货、社群营销、私域流量、裂变推广、饥饿营销、增长黑客等营销增长工具层出不穷,极大地丰富了营销模式的内容。本节的标题是:"累积竞争优势:108种赢利增长理论,选用哪一个?"单从营销模式看来,赢利增长理论就不止108种,而我们应该选取更有利于累积竞争优势及有助于塑造拳头产品的那一部分。

"产品"是营销4P的重点内容之一,也是市场营销学的核心内容。T型商业模式的企业产品是指产品组合、价值主张、赢利机制三者合一,它比营销4P中的"产品"定义更全面一些。层出不穷的各种营销理论不能只是阐述如何卖产品,更应该有如何对企业产品进行持续优化与迭代、将潜优产品塑造为拳头产品的阐述。

3.创造模式对拳头产品的塑造

根据创造模式的公式"产品组合=增值流程+支持体系+合作伙伴",增值流程、支持体系、合作伙伴三者都会对拳头产品的塑造起到作用。打造好产品,是持续赢利增长的必备要件,也是累积竞争优势的过程。

结合相关战略理论或工具,促进创造模式对拳头产品的塑造。关于增值流程,有波特价值链、精益生产、工业4.0、智能制造、微笑曲线等理论与实践;关于支持体系,有颠覆性创新、技术创新、逆向创新、熊彼特创新等理论;关于合作伙伴,有供应链理论、生态理论、合作战略、共生共创理论等;关于产品组合有产品思维、产品经理、IPD(集成产品开发)等理论与实践。

4.资本模式对拳头产品的塑造

根据资本模式的公式"赢利池=赢利机制+企业所有者+资本机制+进化路径",赢利池需要赢利机制、企业所有者、资本机制、进化路径四个要素协同贡献。赢利池汇聚着企业内生及外部引进的各类资本,它表示企业可以支配的资本总和。

在新竞争战略和T型商业模式语境下,资本近似等于"关键能力和资源"。在T型商业模式之前,"关键能力和资源"是中外研究者给出的一些商业模式模型中的一个构成要素。因此,资本是对"关键能力和资源"的继承和扩张,包括货币资本、物质资本及智力资本。它们共同对创造模式、营销模式赋能,三者联动形成第二飞轮效应,实现对拳头产品的塑造。

关于如何增加赢利池的资本存量、容量和如何形成防护壁垒,可供参考的相关理论有资源基础理论、竞争优势理论、学习曲线理论、赢利机制理论、动态能力理论、团队学习理论、股权激励理论、资本运作理论、顶层设计理论、护城河理论等。

5. T型商业模式三部分联动对拳头产品的塑造

根据公式"T型商业模式=营销模式+创造模式+资本模式",三者联动形成1+1+1＞3的协同效应,驱动第二飞轮效应,促成价值主张、产品组合、赢利机制三者合一及目标客户、合作伙伴、企业所有者三方利益统一,实现对拳头产品的塑造。

产品思维≈创造模式+营销模式,借鉴产品思维,有助于塑造拳头产品。平衡计分卡发挥的功能与T型商业模式类似,该理论阐述的财务、客户、内部流程、学习与成长四大模块中有营销模式、创造模式、资本模式的影子,这些都有助于战略理论在企业实践中落地,有助于对企业拳头产品的塑造。

6. 企业赢利系统对拳头产品的塑造

企业产品是T型商业模式的核心内容,T型商业模式又是企业赢利系统的重要子系统。因此,企业赢利系统各要素从总体上参与对拳头产品的塑造。

7. 赢利增长过程对拳头产品的塑造

赢利增长过程是企业生命体通过战略路径为企业创造赢利的过程;战略规划与场景为这个过程提供指导方案及纠偏、控制、优化的方法和建议。它们都有助于对拳头产品的塑造。

从广泛意义上说，以上对拳头产品塑造的六个方面都属于赢利增长过程。更具体来说，赢利增长过程主要是指：面向行业市场，通过塑造优异的拳头产品克服市场竞争，持续创造和留存目标客户，实现销售增长的过程。在市场开拓、行业竞争及战略规划方面，促进赢利增长过程对拳头产品的塑造，相关战略理论有安索夫增长矩阵与经营战略、增长思维、波特竞争战略、动态竞争战略、时基竞争战略、合作竞争战略、目标管理体系、战略规划相关理论等。

如果本节高谈阔论直播带货、裂变拉新、社群传播等销售增长方法——它们随处可见、信手拈来——似乎也更容易一些，但那些不是新竞争战略的重点内容。为避免陷入昙花一现的"纯营销"或烟花式增长，就要坚持走可持续赢利增长之路。这个过程是致力于对企业的拳头产品进行塑造的过程，也是持续累积竞争优势的过程。以终为始来看，具有相对竞争优势的企业，才可能实现持续赢利增长，才可能打造出超级产品。

综上，聚焦于持续赢利增长、累积竞争优势这两个战略主题，促进潜优产品塑造为拳头产品，也将近100年来与之相关的诸多战略理论与工具等战略"原材料"或战略"零部件"，归置于以上七个方面的阐述中。通过给它们在新竞争战略中安置一个"家"，以结束它们原来的孤岛式状态或碎片化存在。

在迈克尔·波特眼里，"经营效益不等于战略，日本企业缺乏战略"；明茨伯格说，"战略是一个手艺活，不是规划出来的"……在企业成长期，如何判断诸多战略理论中关于企业战略的论断或争议？笔者给出如下"三合一"判断标准：①与拳头产品塑造的相关程度；②与持续赢利增长的相关程度；③与累积竞争优势的相关程度。

3.6 销售额、利润等绩效目标，从哪里推导出来？

> **重点提示**
>
> ※ 为什么说"以客户为中心"这句话并不严谨？
>
> ※ 在企业经营中，如何理解"利他就能利己"？
>
> ※ 一个企业有没有增长的极限？

郭云深出生于清朝末年，身材矮小，相貌平平，但练习功夫十分用功，形意拳技艺超群。为了打抱不平，为民除害，郭云深误杀一个地方恶霸，被判入狱三年半。狱中条件艰苦，没有足够的条件练习形意拳，脚上戴了镣铐只能走半步，他就自己发明了"半步崩拳"，每日练拳不止。

出狱后，郭云深曾向恩师演示在狱中自创的半步崩拳，只见他一拳发出，半截土墙轰然倒塌。尔后几年，通过不断切磋，半步崩拳的名气越来越大，各路武林高手张树德、洪四把、焦洛夫等纷纷找郭云深较量，却都架不住半步崩拳的威力。郭云深从此赢得"半步崩拳打天下"的美称，名扬四海。

盛名之下，郭云深进入京城，要与八卦掌开创者董海川一比高低。两人交战三天三夜，难分胜负，干脆握手言和，最终成为合作伙伴，这便是"形意八卦是一家"的由来。

看一家企业怎样，关键在其是否有"半步崩拳"那样的拳头产品。产品可以，人就可以。"××出身"标签、"纯营销"套路、玩交易结构等，都属于"花架子"。今天的解决方案可能成为明天的生存问题。

联想是知名企业，"联想做大，华为做强"，从宣传口号上联想排在前面。联想花200亿人民币收购了摩托罗拉，手机也没有做成，也许是因为三星、苹果等国际巨头太强大了！雷军带领六个合伙人，每人喝一碗小米粥，成立了小米。后来小米手机销量排名世界第三。从0到1，"小蝌蚪"创业最后成了"巨无霸"，小米产业链上300多家企业，很多企业已经登陆科创板。小米的成功，不能"怪罪"对手不够强大，也许是雷军太重视产品。在一次节目采访中雷军坦言，由于工作需要，他每周要更换一部手机（一年要换约50部手机），而且包里一直都有几十部手机，不断地摆弄试用。

很多"大咖"产品经理积极倡导产品思维，而产品思维并不是"以产品为中心"。如果"以产品为中心"，极易导致甲方思维，企业自以为是，经常看不到目标客户的真实需求及消费变化。德鲁克说"企业的唯一目的是创造顾客"，这句话可以推导出"以客户为中心"。这属于实践经验类的语言，通俗易懂，比较容易传播。但是，如果"以客户为中心"跑偏了，极易导致围绕客户关系兜圈子，投机搞关系及欺骗客户，也为数不少。

到底是以产品为中心，还是以客户为中心？两者都不严谨。笔者提出，企业经营者应该致力于打造商业模式中心型组织，坚持以商业模式为中心。商业模式是企业赢利系统的一个子系统，它有三大基本功能：通过价值主张，创造目标客户；与合作伙伴共赢，塑造产品组合；通过赢利机制，为企业所有者赢利。商业模式的核心内容是企业产品，处于T型商业模式最核心的位置，它包括价值主张、产品组合、赢利机制三者合一，致力于目标客户、合作伙伴、企业所有者三方利益统一，这也是通过商业模式打造拳头产品的核心内容。当然，提倡"客户利益第一"无可厚非，它与跑偏的"以客户为中心"并不是一回事。

但是，解析以上严谨的说法就会有"一大堆"内容，如果不够通俗易懂、简单易记，在企业经营实践中就不容易传播与应用。所以，在不至于引起误解的特定语境下，本书也会使用"以客户为中心"等实践经验类语言，这也是向一线企业家、经营者致敬！不过，从价值观及企业文化层面，企业应该做到价值主张、产品组合、赢利机制三者合一；目标客户、合作伙伴、企业所有者三方利益统一。华为、谷歌、阿里巴巴、开市客等优秀企业，都是这方面的卓越实践者。

在企业成长期，企业生命体（企业产品、T型商业模式、企业赢利系统）致力于实现持续赢利增长、累积竞争优势这两个战略主题，为企业塑造拳头产品，同时它自身也在进化与发展，即企业也在进化与发展，见图3-6-1（右图）。持续赢利增长含有企业能够坚持长期主义，持续为客户创造价值、促进社会文明进步、增加社会总福利等内容；累积竞争优势是对企业付出的回报，回馈给付出者"好上加好"。这符合马太效应，也验证了"利他就能利己"这个人类社会的自然法则。

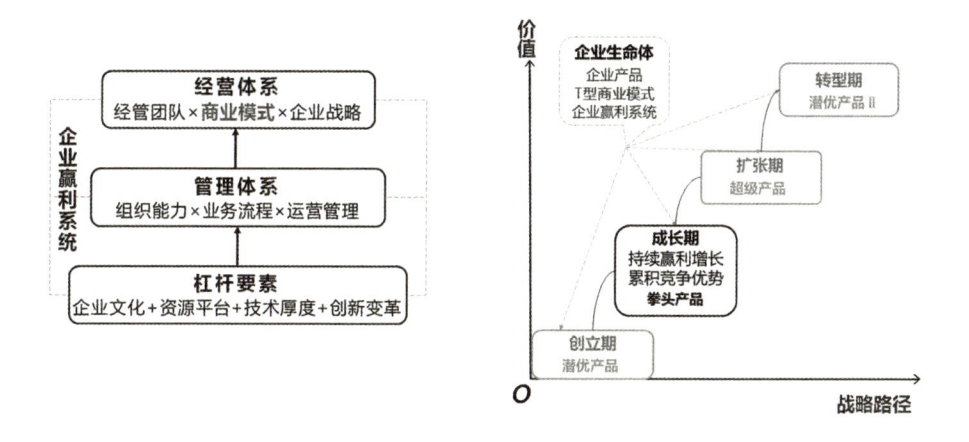

图 3-6-1 企业赢利系统（左）及企业生命体成长与发展（右）示意图
图表来源：李庆丰，《企业赢利系统》

企业产品是T型商业模式的核心内容，而T型商业模式又是企业赢利系统的中心。前文重点讨论了如何塑造拳头产品及发挥T型商业模式的相关功能，致力于实现持续赢利增长、累积竞争优势这两个战略主题。对于成长期企业塑造拳头产品及实现主要的战略主题，企业赢利系统的其他构成要素经管团队、组织能力、业务流程、运营管理、企业文化等，属于相对外围的内容，见图3-6-1。下面仅简要述之：

（1）经管团队。有靠谱的团队才有靠谱的拳头产品。从创立期进入成长期，企业要快速成长，必然要求团队快速成长，尤其是领军人物更要尽快成长为一个优秀的经营管理者。现实中，技术专家团队创业比较多，他们中一些人会认为管理理论比较虚，不如技术来得实在；还有一些人认为自己学习能力强，所以事必躬亲，不懂授权之道。如何转变这些观念呢？跌倒几次，再爬起来，一些人就完成了转型。还有一些人，选择去商学院进修，也是一个不错的选择。在实践中"干中学"，向标杆企业学习，往往会事半功倍。

（2）组织能力。塑造拳头产品及实现成长期的主要战略主题，组织能力要与企业生命体的进化与发展相匹配。成长期企业的组织能力建设包括三方面内容：①高层、中层、基层经营管理岗位，都要有若干关键人才，尤其是高层不能虚、中层有专才、基层要实干。②重视组织结构把人才岗位与商业模式的增值流程（或价值链）有机连接起来的基本功能。通常来说，调整商业模式就要调整组织结构，两者是联动的。打造流程型组织是怎么回事？就是依照商业模式建立组织结构，通常以矩阵制组织结构为主。进一步说，企业应该围绕拳头产品的愿景实现设计组织结构。③逐步完善与规范管理文件，包括管理制度、职位说明书、员工手册等。

（3）业务流程。业务流程是商业模式的执行步骤总和，所以应该围绕企业产品依次展开。在管理学原理中，流程属于计划范畴，笔者称它为相对固定可以重复使用的"计划"。业务流程是构成企业运营管理所能依托的"基础设施"的一个重要部分。一个企业的"基础设施"好，运营管理才通畅，管理体系才能真的好！德国、日本企业能把产品做得出类拔萃，源于职员有工匠精神，而工匠精神源于不断优化流程，并一丝不苟地执行流程。

（4）运营管理。在日常运营管理上，企业可以通过引进、消化、吸收标杆企业的卓越运营体系，如丰田精益生产体系、霍尼韦尔运营体系（HOS）、启盈的卓越运营体系（EOS）、江森的业务运作系统（BOS）、稻盛和夫的阿米巴运营体系等,最终建设一个适合自身的运营管理体系。

(5)企业文化。在成长期,企业文化将逐步成型。企业文化的重要内容是构建和维护企业的核心价值观。来自五湖四海的一群人,应该有一个共同的核心价值观。否则,企业这艘"轮船"就可能由欲望牵引,在大海中漂荡式航行,能够持续生存的概率太小了! 根据水晶球企业文化模型,通过结构洞人物、企业环境、文化网络、文化仪式、文化考核与奖惩这五项具体建设内容,构建和维护企业的核心价值观。企业文化是位于经营体系、管理体系之后的要素,所以很容易被一些人拉偏、搞虚,见图3-6-1。如果经营管理者热衷于把太多"花里胡哨"的活动或内容当成建设企业文化,那么这样做要么是骗员工,要么是骗客户,要么是骗"上级",但最终一定是骗自己。企业文化应该以商业模式为中心,要直接或间接使上劲,最终把企业产品做好,即打造有竞争力的拳头产品。

关于以上企业赢利系统要素更翔实的阐述和本文未提及的资源平台、技术厚度、创新变革等要素的相关内容,可以进一步参考书籍《企业赢利系统》中的相关内容。

每隔三五年或一年一度,通过战略研讨会、私董会、虚拟专家组等经营场景,企业要制订面向未来的战略规划。战略规划写什么? 相关的经营场景讨论什么? 这些好像永远是模模糊糊的,成了一个难题,理论界也长期没有对其进行清楚的表述。对于这些问题,本章给出了一个可供参考的大致脉络:在企业成长期,主要的战略主题是持续赢利增长、累积竞争优势。依此战略主题,首先讨论或阐述如何塑造优异的拳头产品、构建T型商业模式和打造企业赢利系统。然后,根据企业具体经营情况讨论或阐述:如何聚焦于跨越鸿沟实现增长、驱动第二飞轮效应实现增长、发挥企业家精神实现增长、勇于面对"硬球竞争"实现增长、综合利用各种战略创新理论或工具实现增长等。可持续赢利增长与波动增长或烟花式增长的主要区别是什么? 可持续赢利增长致力于为企业塑造拳头产品和累积竞争优势。就像3D打印,每一次可持续赢利增长,就相当于为企业增厚了一层竞争优势。这样日积月累，企业的资本尤其是智力资本不断增厚，企业也就能够拥有称雄于市场的拳头产品。

另外，在战略规划与场景中，销售额、利润等绩效目标及展开分级、落实责任等并不居于优先位置讨论。它们只是以上内容的结果，而不是原因。它们是依据持续赢利增长、累积竞争优势的可实现程度推导出来的，而不能是预先凭空想象出来的。

第 4 章

坚持归核聚焦：
培育核心竞争力，促进内圣外王

本章导读

雀巢公司以速溶咖啡为根基产品，通过新创或收购，不断拓展衍生产品，最终将其打造为超级产品。2019年雀巢营业收入为925.68亿瑞士法郎（约合6614.4亿元人民币），在全球拥有500多家工厂，生产300多种产品，为世界上最大的食品制造商。

随着市场不断发展，各领域都存在激烈竞争，继续坚持无关多元化战略的企业将更难成功，例如：美的造车失败，格力投资新能源车折戟，恒大进军"粮油、饮料"半途而废，乐视集团、海航集团等已经走向破产重组……

企业进入扩张期，如何沿着核心业务扩张与发展？本章给出了T型同构进化模型、SPO核心竞争力模型、庆丰大树模型等最新的方法论。

4.1 扩张期的烦恼：是拿起"奥卡姆剃刀"，还是参考麦肯锡的"三层面理论"？

重点提示

※ 为什么联想在信息技术（IT）领域的多元化拓展频频失败，而在农业领域却取得了一些成果？

※ 奥卡姆剃刀定律对企业经营战略制定有什么启迪作用？

※ 如何提高企业多元化经营的成功率？

2015年9月，包括庄吉集团、庄吉船业在内的庄吉系6家企业被曝破产。

庄吉集团曾经是国内服装界的巨头，彼时通过品牌质押就能获得银行提供的巨额贷款。然而自2003年开始，庄吉集团开始实施多元化战略，连续投入巨资到自身不熟悉的房地产、有色金属及造船领域。

庄吉集团进入造船业的初衷是看中它丰厚的利润，集团掌舵人认为卖掉一艘大船就能抵上服装公司几年的利润。经过三年筹备，2007年庄吉船业正式开工，先后投入十几亿元的资金。但是，随后而来的一场金融危机使得航运业提前进入衰退周期。屋漏偏逢连夜雨，一个庄吉船业的大客户在所订购的货船即将竣工之际，因自身困境而放弃订单。而之前庄吉集团已经将这个大额订单向银行抵押以申请贷款，这最终引发了庄吉船业的财务危机。受此牵连，庄吉集团的服装产业也被拖垮，多元化投资导致多米诺骨牌效应爆发，最终使这家曾横跨多个行业、创造过辉煌产业传奇的公司走上了末路。

专一化与多元化战略哪个更好，一直是学界及企业界争论的话题。打个比方，专一化类似把鸡蛋放在一个篮子里，可以使企业集中优势力量，把产品做精做强,但同时也可能存在业务单一、企业发展后劲不足的经营问题。多元化类似把鸡蛋放在很多个篮子里,可以给企业带来更多的发展机遇,但同时又面临着资源分散及能力不足的经营风险。

2005年,联想收购IBM[①]个人计算机事业部,成为全球最大的个人计算机生产厂商。2014年,联想完成对摩托罗拉移动的收购,并全新设立了个人计算机业务、移动业务、企业级业务、云服务业务四个相对独立的产业集团。

联想曾经是一家以个人计算机为主打产品的专一化公司。早在2000年,联想就有多元化发展的打算。当时,麦肯锡给联想做了一个"九宫格"战略规划图,横向怎样发展,纵向如何扩张,从个人计算机制造、服务器业务、手机OEM[②]到服务外包、软件服务、信息产业咨询等,三横三竖九个方格几乎全部填满了。若干年后,除了起家的个人计算机业务外,联想公司其余的相关多元化业务并没有大获成功的。

2010年,联想开始进军农业,重点发展的产品有蓝莓、猕猴桃、车厘子等水果,有白酒、葡萄酒,有龙井茶、主粮,还有三文鱼等各类海鲜。为了缩短成长周期,联想的策略以并购为主。几年后,联想控股的农业食品板块已经有布局水果领域的佳沃鑫荣懋集团,饮品酒水领域的丰联集团、佳沃葡萄酒、龙冠茶叶、酒便利,农业互联网领域的云农场、海鲜领域的KB食品集团和在主粮领域与黑龙江北大荒集团成立合资公司。

纵观联想的进化发展之路,在IT产业领域的相关多元化投资,如收购摩托罗拉移动等,大部分都失败了,而在八竿子打不着的农业领域的布局,除了白酒板块由于巨亏而被剥离出售外,其他板块的业务正在逐渐向好的方向发展。

这事就蹊跷了!究其原因,可能是IT产业领域高手如林,联想大而不强,没有建立起应有的核心竞争力,而农业领域各板块的竞争态势相对

---

① IBM 是国际商业机器公司(International Business Machines Corporation)的简称。
② OEM(Original Equipment Manufacturer),也称为定点生产,俗称代工。

不太激烈，具有诸多产业发展方面的薄弱之处，联想进入农业属于降维打击。

根据业界专家的总结，联想进军农业长期坚持"三全"战略：一是全产业链运营，从上游种植到加工生产，再到下游品牌营销，进行全产业链控制。把工业、IT行业的先进技术和理念引进到农业，以全面改造和升级农业。二是全球化布局，整合全球农业资源，实现一个产品四季供应。三是通过全球化把国外好经验、先进技术和一流人才吸收进来，提升所投资农业领域的产业化技术水平。联想农业领域的投资是相对独立运营的，经过近10年的积累竞争优势、探索与发展，逐渐具备了一些核心竞争力。

中国学者康荣平研究认为，企业多元化程度与市场发展水平成反比关系。 中国改革开放初期，诸多先发展起来的企业蜂拥而上，开始盲目发展多元化，如巨人集团、太阳神集团、轻骑集团、春兰集团、三九集团、南德集团、德隆集团等。这些集团后来纷纷遭遇失败，类似案例数不胜数。随着市场发展水平的提高，各领域都存在激烈竞争，继续坚持无关多元化战略的企业就更难成功了，例如：美的造车失败，格力投资新能源车折戟，恒大进军"粮油、饮料"半途而废，乐视集团、海航集团等已经走向破产或重组……

第二次世界大战后，随着第三次技术革命的兴起，美国将大量军用技术转为民用，为企业多元化经营提供了丰富的技术来源。1967年—1969年出现一个小高峰，美国企业的多元化并购多达10858起。到1970年，美国500强企业从事多元化经营的达到94%。进入20世纪80年代以后，在以专一化战略见长的欧洲和日本大企业两面夹击下，美国企业在许多领域节节败退，不少通过多元化经营而形成的大企业开始遇到严重的亏损问题。随着"反混合兼并""反多元化"的呼声增强，多元化经营热潮开始降温，越来越多的美国企业开始关注核心业务，逐步进行归核化经营。

假如某企业集团搞多元化经营，即多商业模式经营，从Ⅱ环境中可看到该企业有A产品、B产品、C产品、D产品及X产品等多个客户群体，要与多个行业领域的五种竞争力量争夺赢利,并要应对多个行业领域的环境风险与机遇,见图4-1-1。相应地,该企业就有多个企业生命体,它们有各自的生命周期阶段、战略规划与场景及目标愿景。如果我们把企业有一个产品组合,聚焦在一个行业领域发展,看成是求解"一元一次方程",那么搞多个产品组合,发散到多个行业领域……就是求解"多元多次方程"。**大部分企业的领军人物及其经管团队,豪情万丈,激情澎湃,试图干一番大事业,但是可能没有能力求解这个 "多元多次方程"。所以,绝大部分盲目多元化经营成了失败案例。**

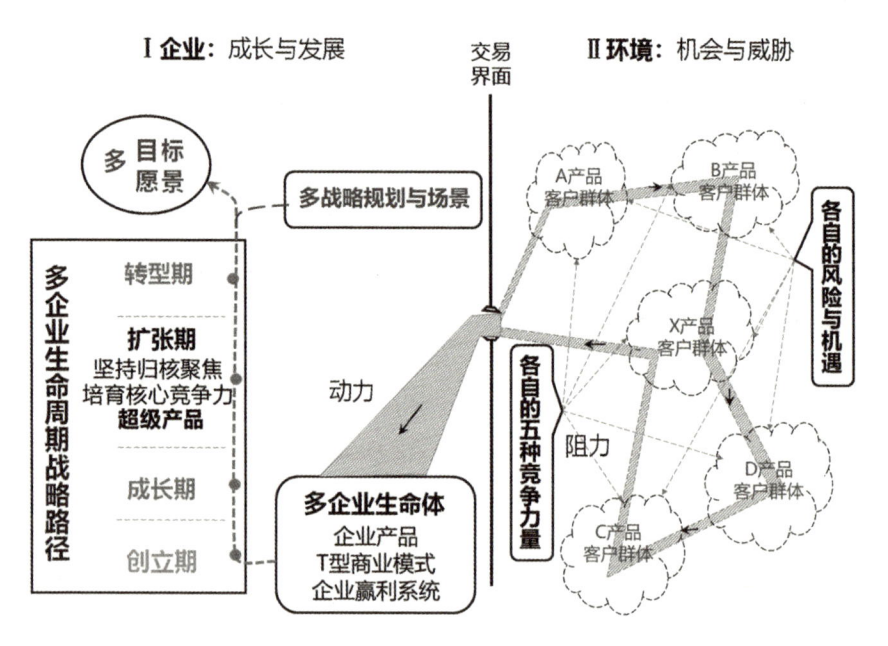

图 4-1-1 扩张期企业的主要战略主题及多元化经营风险示意图
图表来源:李庆丰,"新竞争战略"理论

就像卖雨伞的人希望天天都下雨,卖雪糕的人盼着每日都是艳阳天,麦肯锡这样知名的咨询公司,可能总愿意给一些大公司提出多元化经营的建议。麦肯锡的咨询顾问曾提出一个业务发展三层面理论:第一层面是拓展和守卫核心业务;第二层面是建立新兴业务;第三层面是创造有生命力的候选业务。中国企业家教父柳传志将它通俗表达为：吃着碗里的，看着锅里的，想着田里的。联想的多个收购项目中，也都有麦肯锡提供的咨询服务。

奥卡姆剃刀定律是由14世纪英格兰的逻辑学家奥卡姆提出，它的核心思想表述为"如无必要，勿增实体"，即"简单有效原理"。人有贪欲且经常迷途而不知返。如果滥增实体，那么太多的实体常会给人们一个控制不住的结果。遵循这个定律，我们要经常拿起"奥卡姆剃刀"，剃掉多余的选项及无效的活动。现实中，个别企业的选项很少，根本用不着"奥卡姆剃刀"；而大多数企业被选项太多所困扰，拥有太多且继续追求更多。

德国纳粹分子、日本军国主义者，在第二次世界大战期间，曾近乎疯狂地对外扩张，其霸权主义侵略行为与全世界大多数国家为敌。这样滥增实体，最终导致国家濒临灭亡。也许是痛定思痛，而后德国企业、日本匠人的专注精神受到全世界称道！

在德国近400万家企业中，隐藏着一批极具核心竞争力的中小型企业。它们的产品质量精良，具有说一不二的定价权，在全球市场的某一细分领域拥有最高的市场占有率，是某个细分领域的王者，关键是还不愁客户，几十年甚至上百年稳定运营。可是，它们并不像大企业那样耳熟能详，在公众和媒体面前相当低调。德国管理学教授赫尔曼·西蒙给它们取了一个独特的名字——"隐形冠军"。西蒙对"隐形冠军"的定义是：全球市场占有率第一或第二，年产值在20亿欧元左右，鲜为大众所知。按此标准，德国共有1400多家这样的企业，是世界"隐形冠军"数量最多的国家，接近全球的一半。

日本匠人（在日本称为"职人"）一生只做一件事！据估计，在"日本奇迹"的主要创造者——420余万家中小企业中，有超过10万家历史超过百年的企业，而它们的核心是几十万名职人。例如：日本国宝级职人、《寿司之神》的主角小野二郎出生于1925年，他一生中有超过60年的时间都在做寿司。2018年，小野二郎接受采访时说："今年我93岁了，我想用这双手捏寿司到100岁。"

基业长青是指企业能够跨越生命周期，实现"长生不老"。根据《世界最古老公司名单》，全球经营超过200年的公司有5586家，其中日本有3146家，德国有837家。日本企业之所以更长寿，一是大部分长寿公司是中小企业，二是源于日本企业员工的职人精神。"追求自己手艺的进步，并对此充满自信，不因金钱和时间的制约扭曲自己的意志或做出妥协……"这句话表达了职人精神的人格气质，更是企业长寿的基因。

根据1994年出版的书籍《基业长青》，在当时选为样本的36家公司中，今天几乎一半处于亏损状态或已经破产倒闭。基业长青是否一个伪命题？如人一样，企业有生命周期，生老病死乃常态，所以并不存在真正的基业长青。

由于行业更替、竞争加剧或市场需求碰到了"天花板"，成长期的企业总要遇到"增长的极限"。为了追求基业长青，企业可以走德国企业那样的"隐形冠军"之路，也可以学习职人精神让企业具备长寿的基因。在现实中，绝大部分大型企业或集团公司都不是纯粹的专一化经营，适度或相关多元化的经营道路更是一个主流选择，像爱马仕、小米、格力、阿里巴巴、腾讯、百度、微软、英特尔等，或多或少都有多元化经营的成分。

多元化战略（也称为多元化经营）是公司战略的重要内容，它的内容繁杂庞多。多元化经营是很多企业的优选之路，但也充满荆棘坎坷，让诸多企业折戟沉沙。进入扩张期的企业，如何有效进行适度或相关多元化经营？企业由成长期进入扩张期，将拳头产品打造为超级产品，主要战略主题为：坚持归核聚焦、培育核心竞争力，见图4-1-1。后文将对此进行具体阐述。

4.2 核心竞争力：令无数英雄竞折腰

> **重点提示**
>
> ※ 叮咚买菜能否成功培育出属于自己的核心竞争力？
>
> ※ 哪一种文化更有利于培育企业的核心竞争力？
>
> ※ 在企业资源与能力方面，为什么相关研究"内卷化"非常严重？

中国有个成语叫邯郸学步，讲了这样一个故事：两千多年前的战国时期，燕国寿陵有个青年，听说赵国邯郸人走路的姿势特别优美，于是不顾路途遥远来到邯郸，准备在现场模仿学习。一进邯郸城，这位青年就跟在行人后面一扭一摆地学起来。他抬腿、跨步、摆手、扭腰，都是机械地模仿邯郸人的走路姿势。结果，他不仅没有学会邯郸人走路的姿势，还把自己原来走路的姿势也忘记了，最后只好爬着回去。

李子柒在家乡老宅拍摄美食短视频火了，后面一堆人换个名字就直接模仿；海底捞通过"微笑服务"取得了经营成功，来海底捞学习"如何微笑"的企业摩肩接踵；乔布斯成功打造苹果手机后，罗永浩说"这没啥"，立马弄个锤子手机，还计划成为苹果的母公司……没有核心竞争力，邯郸学步的故事重复了一遍又一遍。

什么是核心竞争力？前前后后、成百上千的相关理论也许只是给出了片面的或修修补补的阐述。1990年，普拉哈拉德和哈默尔在《哈佛商业评论》上发表了《公司的核心竞争力》一文，提出了关于核心竞争力的三个检验标准（简称"普哈核心竞争力"）：

首先，核心竞争力是企业扩大经营的能力基础，有助于企业进入不同的市场。 例如：由于在发动机技术方面具备核心竞争力，所以本田能在割草机、摩托车、汽车、轻型飞机等多个相关市场领域取得经营佳绩。

其次，核心竞争力通过企业产品能够为目标客户创造巨大价值。它的贡献在于实现目标客户最为关注的、核心的、根本的利益，而不仅仅是一些普通的、短期的好处。显然，本田的发动机技术起到了这一作用。

最后，核心竞争力应当是竞争对手很难模仿的。核心竞争力通常是多项技术与能力的复杂结合，其被复制的可能性微乎其微。竞争对手可能会获取核心竞争力中的一些技术，却难以复制其内部复杂的协同与学习的整体模式。

该创新理论的提出者主要采用了像NEC（日本电气）、本田、佳能、索尼、松下、卡西欧等日本企业的成功案例，来说明和证实以上三个检验标准。与此对比，迈克尔·波特认为：运营效益不等于战略，日本企业普遍缺乏战略。看来，这些成功的日本企业缺乏波特所说的"战略"，但是已经具有普哈核心竞争力。

借助于2020年新冠疫情带来的发展机遇，叮咚买菜迅速蹿红，并且获得了高榕资本、今日资本、红杉资本等著名风险投资机构的投资。自创立以来，叮咚买菜迅速完成了十多轮融资，估值超过百亿元。据报道，叮咚买菜最快将于2021年赴美IPO，至少募资3亿美元。叮咚买菜是否具有核心竞争力？参考《叮咚买菜，背水一战？》等网上文章，大家可以先用五力竞争模型分析一下，然后再用核心竞争力三个标准进行检验及预测。

依照普哈核心竞争力理论，企业之间的竞争可分为三个层次：核心能力（核心竞争力的简称）的竞争、核心产品的竞争、最终产品的竞争。企业好比是一棵树，核心能力是树根，核心产品是树干，最终产品是果实，见图4-2-1（左图），称之为普哈大树模型。例如：本田的核心能力是研发卓越的发动机及传动技术，核心产品是发动机及传动部件，最终产品是割草机、发电机、摩托车、汽车、轻型飞机等。核心产品是决定最终产品价值的零部件或组件,是核心能力与最终产品之间的纽带,也是多种核心能力的实物体现。

从核心能力→核心产品→最终产品,是一个依次衍生的过程。如果一家公司具有卓尔不群的核心能力,那么它将在核心产品开发上超过对手,进而在最终产品市场上赢得目标客户,取得经营佳绩。

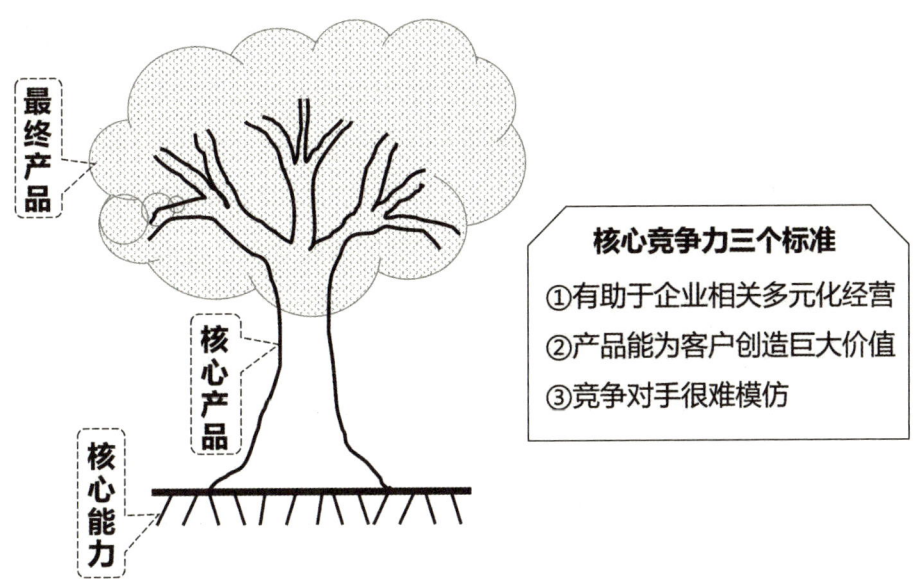

图 4-2-1 普哈大树模型(左)及核心竞争力三个检验标准(右)示意图
图表来源:李庆丰,"新竞争战略"理论

核心竞争力的一个显著特征是具有延展性,而这种延展性恰好是多元化经营的根基。在根基不扎实的情况下,盲目进行多元化,必然导致战略的失败。企业好比是一棵树,树干之上有很多树杈,都可以有自己的果实。这里的树杈好比是多元化经营的各类相关业务,果实好比是各类相关业务的最终产品。只有努力培育自己的核心竞争能力,才能孕育具有特质的核心产品和最终产品,才能以相对竞争优势成功进入多个不同市场,进而实现真正有效益、可持续的多元化经营。所以,企业多元化战略的实质就是核心竞争力的运用。核心竞争力是企业多元化的前提,只有建立在

171

核心竞争力之上的多元化战略才能取得最终成功。

从20世纪90年代开始，普哈核心竞争力逐渐被学界、企业界所认可，一举扭转了当时战略研究与实践的重点和方向。而之前的十年，迈克尔·波特的竞争战略大行其道。当时，竞争战略似乎成了企业战略的代名词。五力竞争模型、SWOT分析等工具与方法非常流行，彰显出外部环境对企业战略成败发挥着决定性作用。

根据竞争战略理论，企业应该更多关注产业环境中的竞争力量，通过选择有吸引力的行业、在三大通用战略中选择其一进行定位、打造配称的价值链"三步走"来获取竞争优势。竞争战略有其合理性、正确性的一面，但是盲目运用则过犹不及。很多企业不顾自身能力和资源的限制，热衷于捕捉外部环境机遇，贸然进入不相关的市场领域，通过收购兼并盲目扩大规模、实施多元化经营。

实践证明，盲目或错误应用竞争战略，导致竞争加剧；实施价格战等不仅不能带来竞争优势，而且往往是两败俱伤；收购兼并及大力拓展不相关业务领域，导致企业管控能力不足、支撑资源短缺、严重文化分歧等问题。盲目实施多元化经营战略给企业带来的负担远远超出了其带来的效益。

另外，波特提出竞争战略理论后，起初各界一片叫好声。接着就有些不同的声音，因为波特的理论太强大了，后来的研究者很难对它进行修补或升级，无奈只能分成两派：一派是捧波特的，翻来覆去地重复波特的理论；一派是批波特的，设法对波特的理论吹毛求疵。至今，波特的竞争战略仍旧独树一帜，只此一家，别无分店；40多年过去了，也没有什么大的迭代、升级。笔者创作的这本《新竞争战略》，说是对波特竞争战略的一次重大升级，其实两者雷同之处很少，写作风格也有很大不同。这也算抛砖引玉，促进竞争战略理论的进化发展，通过打造更多的超级产品，尽快让"中国制造"转变为"中国创造"。

在学界及商界都处于迷茫之际，1990年普哈核心竞争力应运而生，

犹如春天来了,引发了能力学派和资源学派的诞生和兴旺。虽然此两种学派都不在通常所说的战略十大学派之中,但是参与研究的学者数量及发表的论文、出版的书籍都远远超过战略十大学派的总和。

能力学派源于突破波特竞争战略理论的局限性,以普哈核心竞争力的出现为标志。该学派有两种代表性的观点:一是以普拉哈拉德和哈默为代表的核心能力观;二是以斯多克、伊万斯、舒尔曼为代表的整体能力观。能力学派的战略管理思想可以归结为:组织内部环境分析→了解能力结构→制定竞争战略→实施战略→建立和保持核心能力→赢得竞争优势→获得经营绩效。能力学派与以前的战略学派相比,最大的不同是注重从企业的内部出发研究企业的竞争优势。

资源学派的理论观点最早出现于20世纪80年代中期,该学派打破了经济利润来自垄断的传统经济学思想,认为企业资源与能力的价值性和稀缺性是其经济利润的来源。资源学派认为,核心能力的形成需要企业不断地积累所需的各种战略资源,需要企业不断地学习、超越和创新。只有核心能力达到一定水平,并通过一系列组合及整合后,企业才能形成稀缺的、不易被模仿的、难以替代的、有价值的战略资源(即杰恩·巴尼的VRIN模型[①]或VRIO模型[②]),才能获得和具备持续的竞争优势。同时资源学派也承认产业分析的重要性,认为企业能力只有在产业竞争环境中才能体现出重要性。资源学派的战略管理思想可以概括为:产业环境分析+企业内部资源分析→制定竞争战略→实施战略→积累战略资源并建立与产业环境相匹配的核心能力→赢得竞争优势→获得经营绩效。

(参考资料:许可,徐二明,企业资源学派与能力学派的回顾与比较,《经济管理》2002年第2期)

资源学派与能力学派的观点非常近似,实质差距不大。就像太极与八

[①] VRIN 模型是从提供获得竞争优势基础的角度,提出了企业战略能力评估的四项标准:价值(Value)、稀缺性(Rarity)、难以模仿性(Inimitability)和不可替代性(Non-substitutability)。
[②] VRIO 模型是针对企业内部资源与能力,分析企业竞争优势和弱点,四项指标是价值(Value)、稀缺性(Rarity)、难以模仿性(Inimitability)和组织(Organization)。

卦是一家，资源学派与能力学派也是一家，合称为资源能力学派。资源能力学派打破了"企业黑箱论"，从企业拥有的独特资源、知识和能力等角度揭示企业竞争优势的源泉。但是，许多战略学者也承认，资源能力学派尚不成体系，叙述纯文字化，对于什么是独特资源、核心能力或核心竞争力等，尚未形成统一的概念。

资源能力学派与T型商业模式有什么关系呢？资源与能力都属于T型商业模式的资本，核心竞争力属于其中的优选资本。优选资本有什么用途？企业如何培育核心竞争力？请看章节4.3的内容。

4.3 第三飞轮效应：
培育核心竞争力，永远在路上

重点提示

※ 第一、第二及第三飞轮效应之间有什么联系？

※ 阿里巴巴生态圈的各个商业模式共享了哪些智力资本？

※ 为什么说企业培育核心竞争力"永远在路上"？

人类从哪里来？在全世界至少有11种广为流传的关于人类起源的神话传说。例如：在《圣经》神话中，上帝用尘土创造出亚当与夏娃；在希腊神话中，普罗米修斯仿照自己的身体，用泥土捏造出人形；在中国神话中，女娲用黄土和水混合成泥，然后造出很多小泥人……

很久很久以前，人类祖先尚在刀耕火种、茹毛饮血的原始阶段，彼此天各一方，之间很难有什么通信联系，但是这些神话传说之间的相似度非常高，大致都是这样一个脚本：某位尊神先抓一把泥土造出人，然后对着泥人吹上几口气，瞬间就诞生了一个一个男人、女人。

达尔文在1859年出版的《物种起源》一书中，阐明了生物从低级到高级、从简单到复杂的发展规律。12年后，他又出版《人类的起源与性的选择》一书，书中列举许多证据说明人类是由已经灭绝的古猿演化而来的。人类从哪里来？从达尔文生物进化的观点来说，可分为三个阶段：古猿阶段、猿人阶段、智人阶段。根据已发现的古猿和古人类化石材料，最早的人类可能出现在距今300万年或400万年前。

企业像人一样是一个生命体，有生老病死，也可以繁衍生息，具有自己的生命周期。以此推理，达尔文生物进化论同样适用于分析企业的进化与发展。

企业的核心竞争力从哪里来？有学者说，通过组织学习而来；有学者说，通过资源到能力递进转化而来；有学者说，通过不断创新而来；有学者说，通过有目的、有计划地内部协作逐渐形成；还有学者说，通过数字化、生态、赋能、原则、共创、跨界等"新概念"杂合而成……

综上所言，更需要补充的是，核心竞争力不是"天上掉下来的馅饼"，也不是"通过怎样做"忽然就能够具有的！核心竞争力通过进化发展而来，需要不断培养才能形成。

从可持续经营的角度，企业通常会历经创立期、成长期、扩张期、转型期四个生命周期阶段。根据新竞争战略理论，创立期的战略主题是：企业产品定位、建立生存根基；成长期的战略主题是：持续赢利增长、累积竞争优势；扩张期的战略主题是：坚持归核聚焦、培育核心竞争力；转型期的战略主题是：革新再生、突破困境及第二曲线业务创新。由此看来，培育核心竞争力是企业在扩张期的战略主题，并且有一个从创立期到成长期，再到扩张期，从潜优产品→拳头产品→超级产品，逐渐储备、培育及形成的过程。

在创业期，企业要有一个成功的企业产品定位，发现独特的潜优产品。这是企业未来生存与发展的正确起点，也是建立生存根基的关键。并且，如果潜优产品中含有并能激发第一飞轮效应，那么它对于未来将企业产品塑造为拳头产品及打造为超级产品，能够起到如虎添翼的作用。例如：淘宝与支付宝就是一组优异的互补潜优产品组合。买家与卖家在淘宝平台上购物交易，支付宝则打消了双方对钱款或货物能否给付的担忧和顾虑，既是双方建立信任的纽带，也是促进交易的工具。由此，更多的买家与卖家使用或进驻淘宝平台→支付宝上资金存量增大→有利于"淘宝+支付宝"潜优产品组合的平台建设→越来越多的买家与卖家使用或进驻淘宝平台……

在成长期，企业需要通过复利增长快速进化与发展，即通过激发和驱动第二飞轮效应，企业获得可持续赢利增长，累积竞争优势，塑造拳头产品。第二飞轮效应就是T型商业模式中的资本模式、创造模式及营销模式之间发生复利增长效应的形象化描述,实质上是资本围绕企业产品以增强回路循环持续创造价值的过程,它也是可持续增长背后的第一性原理。在香港联交所主板IPO(2007年11月)之前,可以看作是阿里巴巴的成长期。通过第二飞轮效应带动的复利增长,阿里巴巴从一个"小蝌蚪"创业,已经初步成长为一个"巨无霸"。

进入扩张期,由于企业产品的销量大幅增加,形成了较强的市场影响力,拳头产品逐渐转变为根基产品。根基产品可以看成为企业未来扩展企业产品的"母体",进入扩张期后以此来繁衍其他产品。例如:"淘宝+支付宝"产品组合就是阿里巴巴的根基产品组合。以此出发,在扩张期阿里巴巴执行履带战略,接续繁衍了天猫、菜鸟物流、阿里云、天猫国际、全球速卖通、飞猪、银泰百货、闲鱼等几十个企业产品及产品组合。

扩张期企业的产品愿景是将拳头产品转变为具有繁衍能力的根基产品,并最终打造为超级产品。超级产品是指在市场上具有巨大影响力、有一定垄断地位,且能够通过衍生产品长期引领企业扩张的产品。上例中阿里巴巴通过执行履带战略,在扩张期将"淘宝+支付宝"根基产品组合,最终打造为企业的超级产品。拳头产品能否成为根基产品,要看它衍生相关产品及引领企业扩张的能力;根基产品能否最终成为超级产品,要看它在市场上的影响力、垄断性强弱及引领企业长期扩张与发展的能力。例如:福特的T型车就是一款超级产品,累计销量超过1500万辆,在美国市场的市场占有率一度超过50%;苹果的iPhone、可口可乐、雀巢咖啡、腾讯微信、谷歌搜索等都属于超级产品。

结合上述阿里巴巴的案例及T型商业模式概要图,表示扩张期企业产品组合的繁衍路径,同时这也是核心竞争力的累积过程,见图4-3-1。以根基T型商业模式(简称"根基T型")表示出根基产品,其上叠加一个又一个的同构T型商业模式表示出衍生产品组合(简称"衍生产品"),它们分属不同但紧密关联的商业模式,以此获得的表示企业业务扩张的总体图示化模型,被称为T型同构进化模型。这里的同构是指衍生产品与根基产品各自的商业模式具有相似关系或密切关联的共享关系。

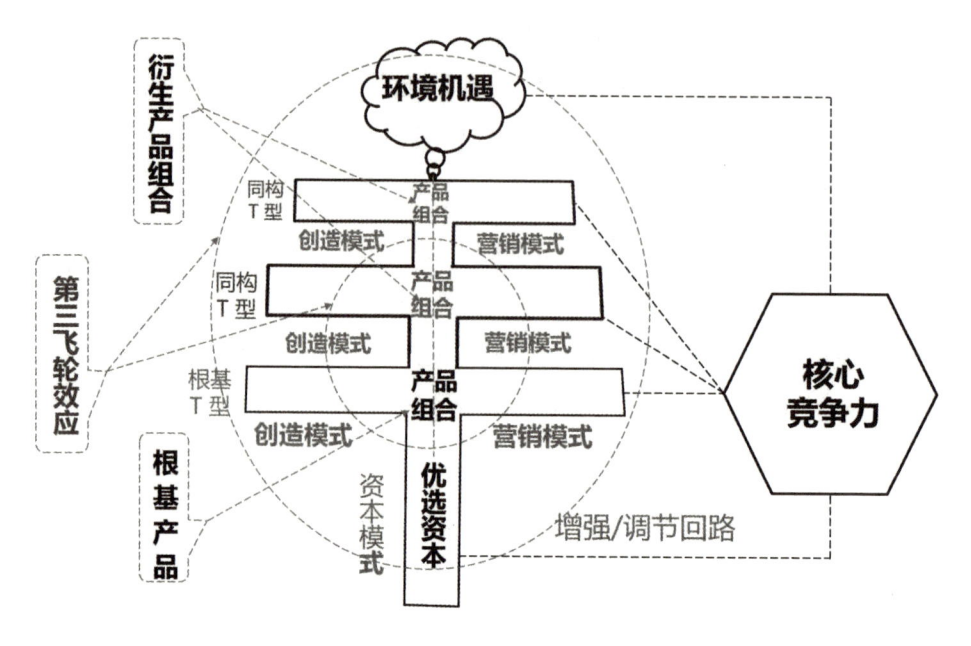

图 4-3-1 T型同构进化模型示意图
图表来源：李庆丰，《商业模式与战略共舞》

在T型同构进化模型中，存在着如下表述的第三飞轮效应：在相互关联的根基T型与同构T型商业模式中，它们更多地共享资本模式，部分共享创造模式和营销模式，而归根结底是共享智力资本、物质资本及货币资本。这种资本共享作用，尤其是智力资本具有的边际报酬递增趋势，有利于企业整体各商业模式之间发挥相互促进、协同进化发展的功能作用，有利于根基产品与衍生产品之间相互协同、互相增强，打造超级产品，最终使得企业扩张的总收益递增，提升企业的进化发展水平，并有助于培育核心竞争力。一个企业从优秀到卓越，起码要让第一、第二飞轮效应发挥作用；要实现基业长青，那么就需要第一、第二、第三飞轮效应相互协同起来。

T型同构进化模型及其第三飞轮效应，可以是扩张期企业选择经营战略、规划扩张路径的重要参考，也可以是一些企业有效进行适度或相关多元化经营的主要依据。

上述阿里巴巴的案例中，菜鸟物流、阿里云、天猫国际、全球速卖通、飞猪、银泰百货、闲鱼等衍生的产品，它们的商业模式与淘宝及支付宝业务组合可以共享资本模式中的流量资本（属于智力资本中的关系资本）、人力资本、组织资本等智力资本，也可共享货币资本、物质资本，并且在营销模式及创造模式方面，也有相互共享及借鉴的内容。由此"驱动"的第三飞轮效应，能够提升阿里巴巴的进化发展水平，也有助于培育企业的核心竞争力。

为了更简要明确地阐述核心竞争力的培育过程，从图4-3-1中提取优选资本（Strengths）、产品组合（Products）、环境机遇（Opportunities）三个要素，构建如图4-3-2（左图）所示的SPO核心竞争力模型（SPO是以上三个英文单词的首字母合在一起）。此处的产品组合分为根基产品和衍生产品。优选资本属于资本模式的内容，可以简单理解为企业的关键资源与能力。

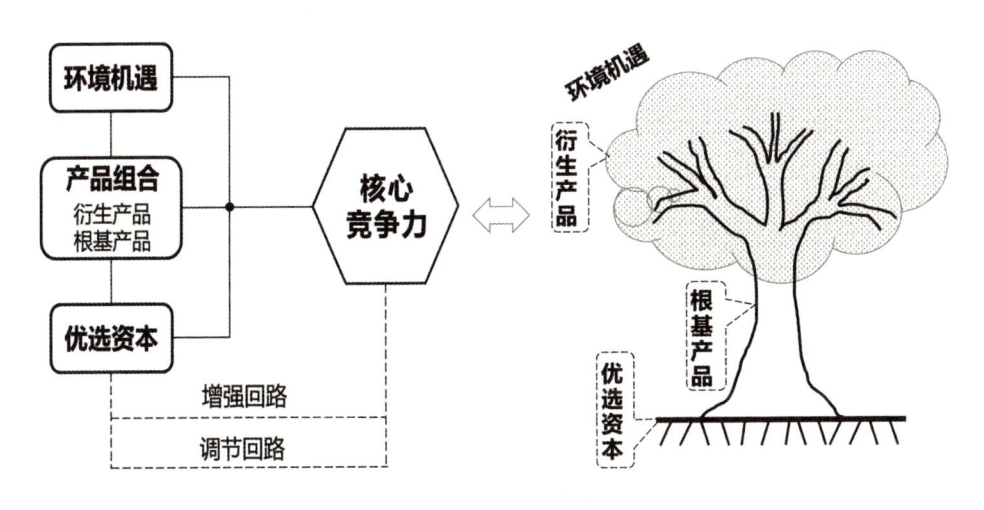

图 4-3-2 SPO 核心竞争力模型（左）庆丰大树模型（右）及示意图
图表来源：李庆丰，"新竞争战略"理论

不同行业的企业或商业模式差异较大的企业，培育核心竞争力所需的优选资本通常有较大差异。例如：台积电培育核心竞争力所需的优选资本是制程装备与工艺技术能力；联想农业所需的优选资本可能是全产业链运营及整合全球资源的能力；娃哈哈所需的优选资本应该是它独创的"联销体"销售渠道构建的关系资本。

SPO核心竞争力模型的三个组成要素——优选资本、产品组合、环境机遇，它们共同发挥系统性作用，为企业培育核心竞争力。其基本原理为：以根基产品为基础，产品组合的扩张与进化需要评估外部的环境机遇及内部的优选资本。当三者能够统一起来，产品组合就获得沿着战略路径扩张的能力，增加所拥有的衍生产品。如果产品组合的扩张与进化成功一次，核心竞争力就累积一次。在多次尝试中，如果产品组合的扩张与进化所取得的成功远大于失败，核心竞争力获得了更多次的累积，那么就可以说这个企业具有核心竞争力。也就是说，核心竞争力是在商业模式进化实践中形成的，依靠扩张与进化的成功次数和成功率来衡量的，有一个较长期的累积过程。

每一次累积的核心竞争力，又作为输入量进入优选资本，不仅提升优选资本的实力，也相应增加商业模式的竞争壁垒。由于累积的核心竞争力不断提升优选资本的实力，相应地，也不断增强判断和利用外部环境机遇的能力，提升产品组合沿着战略路径扩张与进化的能力。因此，核心竞争力作为企业的重要智力资本，通常也表现出较强的边际报酬递增趋势。

另外，在SPO核心竞争力模型中，优选资本、产品组合、环境机遇三者缺一不可，并且三者必须相互匹配、有效连接，形成"三点一线"，才能涌现出系统性协同效应，才能最大效能地参与培育企业核心竞争力。

以上核心竞争力的培育原理，揭示了一个组织或个体，通过实践及深度学习，让自身能力螺旋式上升、突破临界点而跃迁的过程。在SPO核心竞争力模型中，如何确认、评估或预测产品组合的扩张与进化是否成功？一来实践结果会告诉我们答案，二来可以用普哈核心竞争力三个检验标准进行判断。

参照普哈核心竞争力的大树模型,以大树来比喻SPO核心竞争力模型也很形象:以大树的树根代表优选资本,以大树的树干代表根基产品,以大树的果实代表衍生产品,见图4-3-2(右图),称之为庆丰大树模型——以笔者的名字进行命名,便于与普哈大树模型进行区分。

相较于普哈核心竞争力理论及其后续研究,T型同构进化模型及SPO核心竞争力模型有如下显著改善或优化:

(1)将资源能力学派(优选资本)、定位学派(产品组合)、环境学派(外部机遇)乃至动态能力理论等战略学派或理论统一起来,形成了一个系统性表述核心竞争力生成与培育的不可分割整体。

(2)从生命进化及能力培育的角度,强调有一个从创立期到成长期,再到扩张期,从潜优产品→拳头产品→超级产品,逐渐储备、培育及形成核心竞争力的过程。

(3)借鉴分形及同构思想,从要素、连接关系、功能系统三要件出发,以系统原理阐述核心竞争力的培育原理。

(4)以庆丰大树模型"优选资本→根基产品→衍生产品"的新型表达范式,突破了普哈大树模型"核心能力→核心产品→最终产品"的传统产品时代的表达范式。庆丰大树模型应用范围非常广泛,尤其适用于以网络、服务、数字、智能等为特点的新经济时代企业,能够指导这些企业如何开展适度或相关多元化经营,如何沿着扩张期路径进行业务拓展及培育核心竞争力。

(5)通过阐述优选资本及核心竞争力具有的边际报酬递增或第三飞轮效应等重点内容,为企业实施纵横一体化、生态圈建设、国际化、连锁加盟、对外合资合作、兼并收购等经营战略提供有效理论及方法论指导。

4.4　庆丰大树模型：重新定义公司层战略

> **重点提示**
>
> ※ 雀巢公司采用了哪些扩张经营战略？
>
> ※ 普哈大树模型有哪些应用上的局限性？
>
> ※ 相关多元化扩张经营战略有哪些主要内容？

1988年，椰树集团推出椰树牌椰汁后，很快就从亏损企业转变为中国500强企业。但是2014年之后，椰树集团年营收一直在40亿元左右徘徊，企业发展似乎撞到了"天花板"。

有点像穷则思变，2019年春节，椰树牌椰汁"出格"了。一贯大号汉字铺满的椰汁饮料包装上，居然出现了一个丰满美女的图片，旁边配有一句广告语：我从小喝到大。其他像"曲线动人，白白嫩嫩""又白又嫩"等椰树集团的广告语，与中外模特手持椰汁的画面一起出镜，频频在多种媒体上播出。

依靠出格的广告能够将企业销售业绩拉上去吗？走偏门歪道，不仅要受到工商部门处罚，也使产品形象变得低端，最终结果适得其反。

雀巢公司的起家业务是麦片粥和奶粉，为了突破增长的"天花板"，后来发明了速溶咖啡，从潜优产品→拳头产品→超级产品，促进雀巢逐渐成长为一家大型企业集团。以速溶咖啡为根基产品，雀巢公司通过新创或收购，不断拓展衍生产品。2019年雀巢营业收入折合人民币6614.4亿元，在全球拥有500多家工厂，生产300多种产品，为世界上最大的食品制造商。雀巢公司发明了速溶咖啡，曾是企业的潜优产品、拳头产品，也曾是企业的根基产品，推动雀巢公司的进化与发展，并通过扩张期的主要战略主题——坚持归核聚焦，培育核心竞争力，最终将其打造为企业的超级产品。

如果以图4-4-1（左图）所示的普哈大树模型来解释雀巢公司的进化与发展，那么雀巢的核心产品是什么？最终产品是什么？很显然，较难说得通。普哈大树模型产生于20世纪90年代，主要用来揭示汽车、电子电气设备等行业中个别企业（通常具有"核心零部件+整机"的产品构成特色）的核心竞争力形成规律及功能作用。

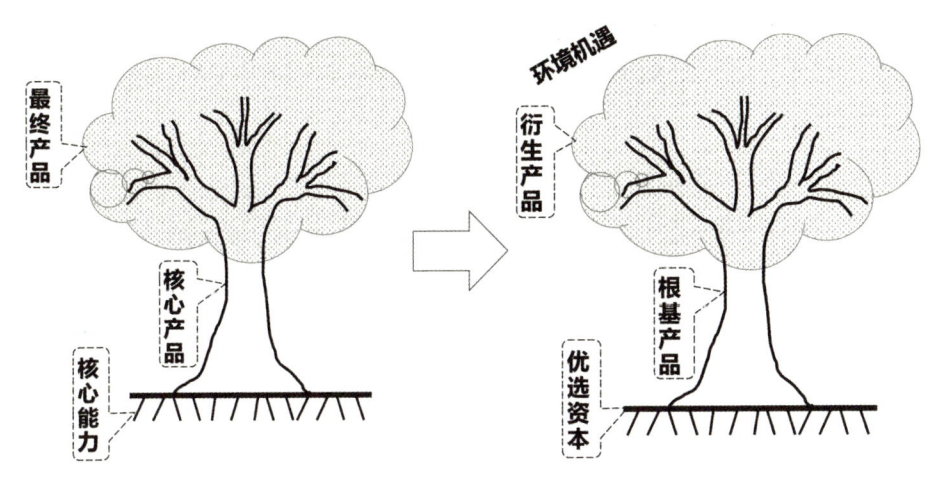

图 4-4-1 普哈大树模型（左）与庆丰大树模型（右）示意图
图表来源：李庆丰，"新竞争战略"理论

时代在快速变迁，科技在迅猛发展，管理学理论也要随之更新和进步。在实践应用方面，相较于普哈大树模型，见图4-4-1（右图），庆丰大树模型有如下改进或适用之处：

（1）以根基产品、衍生产品分别取代核心产品、最终产品，大幅度拓展了核心竞争力理论的应用范围。

按照本书章节4.3中的T型同构进化模型，根基产品与衍生产品之间，只是各自的商业模式有所关联，它们之间并不是像"核心产品与最终产品"那样的部分与整体的关系。因此，庆丰大树模型可以用于指导几乎所有行业的企业沿着战略发展路径进行业务拓展。

（2）以优选资本取代核心能力，解决了核心竞争力的源头或来源问题，更加适用于指导大多数企业实施扩张与发展战略。

在普哈大树模型中，核心能力就是指核心竞争力。如图4-4-1（左图）所示，这样一个从核心能力→核心产品→最终产品的依次衍生过程，试图表明如果企业具备核心竞争力，就可以具备有竞争力的核心产品，然后就可以向市场推出具有竞争力的一系列最终产品。但是，按照这样的逻辑，那么在企业具有核心产品及推出最终产品之前，核心竞争力是如何形成或从哪里来的？总不能说核心竞争力来自上天的恩赐吧！因此，普哈大树模型，更多适用于对NEC、本田、佳能、卡西欧等当时已经成功的企业进行回溯分析。

另外，章节4.3讲到的SPO核心竞争力模型已经阐明，核心竞争力永远是"过去时"，之前实践中形成的所谓核心竞争力，只能作为未来的优选资本。也就是说，由于未来总是不确定的，所以面对未来时企业始终应该战战兢兢、如履薄冰。企业培育核心竞争力"永远在路上"，没有所谓绝对的核心竞争力。

在庆丰大树模型中，优选资本并不是核心竞争力，它是企业某个阶段或时点具有的关键资源与能力，来自企业从创立期→成长期→扩张期的资本积累，包括智力资本、物质资本及货币资本的积累。优选资本更是指根据外部环境机遇，以根基产品为基础推出衍生产品时，应该优先选择的一些资本。因此，它更加适用于指导企业实施扩张与发展战略。

（3）增加环境机遇要素，让核心竞争力理论与外部环境对接起来。

企业沿着扩张路径进行业务拓展时，优选资本、产品组合（从根基产品拓展衍生产品）、环境机遇三者缺一不可，并且三者必须相互匹配、有效连接，形成"三点一线"。这样，才能有效提高扩张经营战略的成功率，才能最大效能地参与培育企业核心竞争力。

扩张期企业进行业务拓展时，有哪些适合的扩张经营战略？为了拓宽核心竞争力理论的应用范围,从T型同构进化模型出发,本书对扩张经营战略的涵盖内容比较宽泛。凡是衍生产品的商业模式与根基产品的商业模式之间,具有一定程度的优选资本共享,都可以归属为扩张经营战略,例如:

①横向一体化。横向一体化战略也叫水平一体化战略,是指企业与同行业企业进行联合的一种战略。这种联合可以采用兼并、收购、控股、合资等多种多样的形式。企业实施横向一体化的目的是扩大生产规模、降低成本、巩固企业的市场地位、提高企业竞争优势、增强企业实力等。例如:通过横向一体化战略,华润雪花啤酒在中国经营98家啤酒厂,旗下有雪花及30多个区域品牌,已经是国内外市场占有率第一的啤酒企业。

企业与被联合企业原来是两个各自独立的商业模式,联合后将形成更多的优选资本共享。

②纵向一体化。纵向一体化是指企业在现有业务的基础上,向上游或下游业务拓展,形成供产、产销或供产销一体化,以扩大现有业务范围的企业经营行为。纵向一体化可以分为前向一体化、后向一体化、全产业链运营等多种形式。例如:美国苹果公司自建苹果商店,掌控终端销售,属于前向一体化战略。蒙牛、伊利等乳制品企业收购上游的奶牛养殖基地等,属于后向一体化战略。

纵向一体化让企业具有多个不同的业务,多数情况下被认定为多个不同的商业模式。由于同一产业链业务的协同性,它们在优选资本上具有一定的共享性。

③直营或加盟连锁经营。连锁经营是指经营同类商品或服务的若干个企业(或企业分支机构),以一定的纽带及形式组成一个联合体,在整体规划下进行属地化专营和部分集中化管理,把独立的经营活动组合成一个类似整体的经营,从而实现规模效益。连锁经营分为直营和加盟两种主要形式。

从广义上说,商业服务方面的连锁店、工业制造领域的异地设厂、企业在外地设立独立经营的分支机构,都属于连锁经营。连锁经营与横向一体化有一些重合之处,都属于同一产品业务的多地布局和整体经营。

连锁经营可以认为是多商业模式的联合,它们在优选资本方面共享程度很高。但是,为了在成长期与扩张期建立明显的区分,通常将开拓较大规模及地理范围的连锁经营归属为扩张经营战略。例如:某连锁企业前三年在本区域开了20家店,这属于成长期的增长战略。如果该企业打算未来三年进行全国扩张,新开出800家店,这就属于扩张经营战略了。

④同心多元化。同心多元化战略也称同心多角化、集中多元化战略,是指企业以一种主要产品为圆心,充分利用该产品在技术、品牌、市场上的优势和特长,不断向外扩散,生产多种产品,充实产品系列结构的战略。例如:本田以摩托车起家,后来也制造汽车、轻型飞机、发电机等,它们在发动机、传动技术及品牌、渠道资源上可以共享。

同心多元化实质上也是让企业具有多个商业模式,实现在技术、资源、品牌、渠道等优选资本方面的共享。

⑤水平多元化。水平多元化是指企业利用原有的市场流量,采用不同的技术来跨行业增加产品种类,发展新产品,并将新产品销售给原市场的顾客,以满足他们新的需求。例如:小米的根基产品是小米手机。进入扩张期后,小米联合小米产业链企业,充分利用小米手机带来的私域流量,产品组合扩展到家电、家具、日化甚至新能源汽车等产品领域。

水平多元化的多个商业模式之间主要是在品牌、渠道、流量等优选资本方面的共享。通过水平多元化,不同行业领域的产品可以围绕近似的目标客户群体,从多角度满足他们的需求。

⑥国际化发展。企业国际化发展战略是企业产品与服务在本土之外的发展战略,可以分为本国中心战略、多国中心战略和全球中心战略三种。

国际化发展可以采用上述横向一体化、纵向一体化、直营或加盟连锁、同心多元化、水平多元化等多种形式。由于国与国之间、本土与海外的巨大差异，通常国际化发展将导致企业具有多个商业模式。但是，它们之间是否有一定程度的优选资本共享，要视具体情况而定。

上述横向一体化、纵向一体化、直营或加盟连锁、同心多元化、水平多元化、国际化发展等经营战略，都可以采用兼并收购的方式实现。

兼并收购的内涵非常广泛，例如：股权投融资、资本运作及合资经营等都与之相关。兼并又称吸收合并，通常由一家占优势的企业吸收另外的一家或者多家企业，最终组成一家更大的企业。收购是指一家企业购买另一家企业的股权或者资产，以获得对该企业的全部或部分所有权。

综上列举的诸多经营战略，在适当的条件下都可以是扩张期企业的经营战略。它们大多属于公司战略，也是战略教科书重点讲述的内容，这方面的网上资料比比皆是。本节简要介绍上述内容，是为了支持说明扩张期企业有哪些经营战略可以选择，同时也可以增加新竞争战略内容的完整性。

从法律意义或产品分类层面上说，通过实施扩张经营战略，企业将拥有多个商业模式。但是，通常我们还是将根基产品所在的商业模式称为企业的商业模式，或者说它代表了企业的商业模式。 例如：通过实施扩张经营战略，阿里巴巴如今是一个大型集团，从法律意义或产品分类层面上它可能拥有几百个商业模式。但是，我们仍然将"淘宝+支付宝"根基产品组合所在的商业模式，看作是代表着阿里巴巴的商业模式。

有如此多的扩张经营战略可供选择，并不代表着企业可以奉行"拿来主义"，随心所欲地实施这些扩张经营战略。俗言道，是不是你的菜，要看你的胃；没有金刚钻，别揽瓷器活。根据T型同构进化模型、SPO核心竞争力模型或庆丰大树模型，环境机遇只是外因，企业的根基产品及优选资本状况才是决定如何选择及实施扩张经营战略的重要内因。

4.5 扩张路径选择：
激进投机，还是保守主义？

> **重点提示**
>
> ※ 激进投机经营通常有哪些表现或特点？
>
> ※ 保守主义经营通常有哪些表现或特点？
>
> ※ 实现"归核聚焦，有机扩张"，可以参照哪些理论？

春兰股份的起家产品是家用空调。在20世纪80年代，春兰股份起步时是一家有战略的公司。例如：1986年春兰采取"让开大道，占领两厢"的产品组合战略，主攻大功率柜式空调和小功率家用空调，不到3年时间，产销量、利税均跃居全国空调业之首，逐渐成为家喻户晓的"中国空调大王"。1994年，春兰股份在A股成功上市，当年营业收入53亿元，净利润6亿元。而同一年，格力公司的销售额才6亿元，只配做春兰股份的"小弟"。

上市融资后，春兰股份开始涉猎摩托车、汽车、酒店、新能源等几十个不相关的领域。"60后""70后"可能会依稀记得春兰虎、春兰豹摩托车"闪耀"登场，春兰卡车昙花一现……激进投机经营，盲目多元化发展，世上没有后悔药，自酿的苦酒自己尝。2005年之后春兰股份连续亏损3年被"ST"（特别处理），于2008年5月被暂停上市。

1987年，任正非借款2万元创办华为，华为当时的经营状况比春兰股份艰难多了。但后来的保守主义经营，最终让华为走上了康庄大道。华为顾问田涛认为：机会主义是创新的敌人。自创立以来，华为拒绝资本化与多元化，即使在主营业务通信相关领域，也始终防止力量与资源的分散，警惕短期利益的诱惑与干扰。"小灵通"手机是一种日本早就淘汰了的落后技术，曾经在中国市场风生水起。华为在当年只需要为开展"小灵通"业务投入几十个人、2000万元人民币，就可以为公司带来百亿元人民币的年销售收入。任正非坚决放弃这一"难得的机遇"，坚持将"宝"押在面向未来的无线新制式WCDMA。

以上两个案例，一个是典型的激进投机经营，另一个是典型的保守主义经营，见图4-5-1。它们各自有什么具体表现或特点？

进入扩张期的企业沿着战略路径，进行适度多元化或相关多元化经营，就是逐渐拥有多个商业模式，要面对多个客户群体……犹如求解"多元多次方程"。企业选择激进投机式的多元化经营，就是在增加这个"多元多次方程"的难度，最终结果大概率是"无解"。

结合笔者的观察和研究，一些扩张期企业的激进投机经营通常有如下表现或特点：

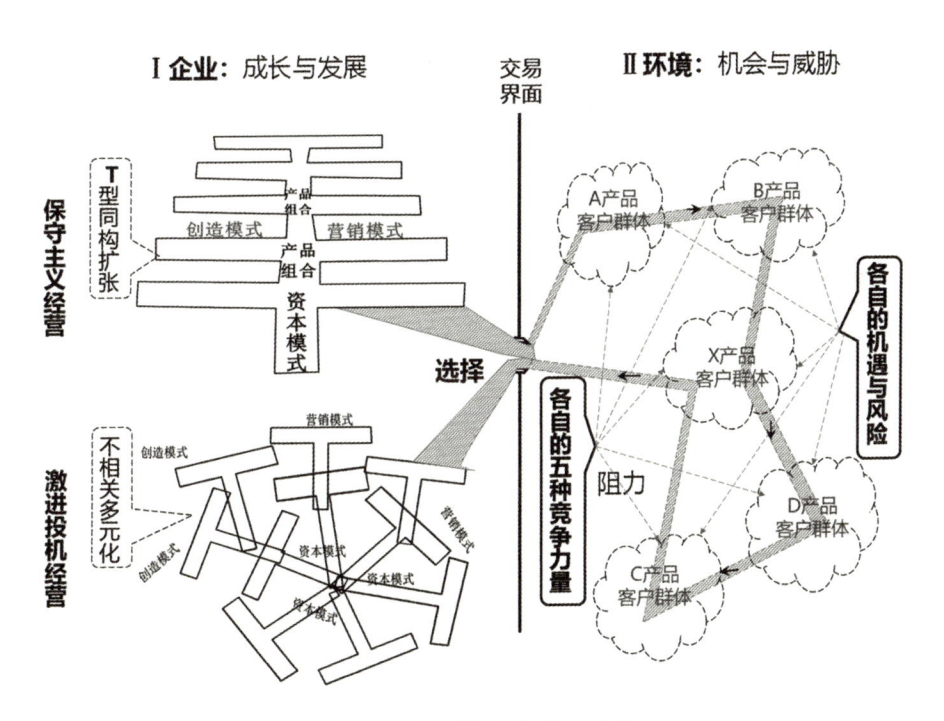

图 4-5-1 保守主义经营与激进投机经营示意图
图表来源：李庆丰，"新竞争战略"理论

（1）企业根基产品并不扎实，还没有做深做透，就将主要经营资源转移到其他多元化业务上。如春兰股份的案例，20世纪90年代只是中国空调产业的起步阶段，当时春兰股份并没有将家用空调这个根基产品做深做透。后来者像格力、美的、海尔、海信、志高、奥克斯等国产空调品牌及多个外资空调品牌都赚得盆满钵满。尤其是格力电器公司，以家用空调专一化经营著称，目前有1万多名科研人员，2019年全年营收2005亿元，净利润247亿元，市场占有率连续15年蝉联全球第一。

（2）企业不是围绕根基产品进行"同构T型"扩张，而是盲目追逐风口行业，以逐利为目的进行不相关多元化扩张。例如：海航集团的主营业务是航空服务，但在2008年全球金融危机爆发时，海航集团领导人却在此时看准国外并购的机会，迅速拉开了海航大规模国际化、产业多元化的帷幕。经过一系列超大规模的收购，海航已从单一的地方航空公司逐步扩张成为覆盖航空、酒店、旅游、科技、地产、零售、金融、物流等多行业的"巨无霸"，2016年海航集团总资产迅速飙升至10155亿元，产业遍布世界各地。好梦通常不长久，急速下坡的"过山车"行情很快就来了。2017年下半年，海航集团总负债规模已高达7500亿元，资产负债率高达70%，资金链岌岌可危。本书章节1.2及4.1列举的新光集团从珠宝扩张到房地产、庄吉服装进军造船业等，也都属于类似的情况。

（3）企业不是加大投入在根基产品的升级优化上"补课"，而是过分依赖营销和广告进行扩张。例如：香飘飘奶茶通过开创一个新品类、推出一条创意广告，就做成了一个A股上市公司，一度传为佳话。但是进入扩张期，香飘飘不在产品研发上加大投入，以补上根基产品缺乏创新的短板，而是继续依赖广告或定位战略。在广告投入方面，香飘飘以敢于下足血本著称。据统计，2014年至2018年上半年，香飘飘的广告费用共计投入12.89亿元，超过其历年的净利润之和。2019年之后，在喜茶、奈雪的茶等同业竞争影响下，香飘飘也开始逐步加大研发投入，希望能在奶茶市场重振雄风。

（4）企业没有根基产品，而是通过"造概念、纯营销、纯模式"进行多元化扩张。乐视集团就是典型案例之一，请参考本书章节1.5的相关内容。

（5）企业的根基产品不具有市场竞争力，而试图通过政府招商提供的优惠政策或银行借贷资金到处扩张，"强制性"做大做强。例如：2010年，华东最大纺织企业宝利嘉集团曾号称要打造一个"百亿"纺织生产基地，利用政府招商提供的优惠政策和银行贷款，几年内预算总投资近30亿元，在江苏及安徽的多个地市扩张建厂。其实，纺织行业不好做，需求波动性强，产品供大于求，企业之间经常恶性竞争。宝利嘉本身并不具备四处扩张大规模建厂的基本条件，企业的所谓根基产品也不具有市场竞争力。2015年企业经营状况严重恶化，欠供应商及员工工资等3.5亿元，老板私人借贷7300万元全力挽救也无力回天，宝利嘉集团最终于当年8月宣告破产。

激进投机经营，犹如迅速将企业催肥。"长得太胖会被杀的""自由只存在于束缚之中：没有堤岸，哪来江河？"Keep（自由运动场）的"警世名言"似乎同样适用于那些豪情万丈、喜欢盲目扩张的企业经营者。

狄更斯说："这是最好的时代，也是最坏的时代。"比较保守主义经营与激进投机经营，为什么说保守主义经营更值得推荐呢？

讲到保守主义，人们常常将它看成是"进步"的对立面，联想为守旧、迂腐、顽固、落后的代名词。实际上，这是对保守主义的误读。什么是保守主义？学者朱小黄研究认为："保守主义并不反对进步，并不排斥创新，而是强调传承，强调对事物内在规则的认知和遵守，反对'幻想式'的激进变革。"根据学者刘军宁的相关研究，保守主义者对待人类理性的基本观点是：理性的力量很大程度上在于它与人自身的历史、经验和传统的联系。离开了后者，抽象的理性几乎是空洞无物或荒诞不经的，至少在人类社会实践领域如此。人们必须尊重先辈的智慧，尊重传统、习俗和经验，只有这样才能弥补人类理性能力的不足，才能把理性的作用发挥到恰如其分的地步。

结合社会哲学层面对保守主义的解释，笔者认为：保守主义经营就是保住、守住一些经营管理的基本规律；不要在小概率或偏离航向的投机经营上冒大的风险、孤注一掷，而是努力通过新竞争战略打造拳头产品及超级产品以赢得大概率的经营成功；善于学习并吸收中外先进企业的成功经验，而对那些"因激进投机经营而导致失败"的企业案例要常常引以为戒。

因为激进投机太多了，所以我们倡导保守主义，这不会矫枉过正；或者必须矫枉过正，才能扭转企业经营的不利局面。保守主义也绝不是阻碍进步，畏缩不前。与之相反，在坚持保守主义的同时，我们更提倡与时俱进、开拓创新；或者合二为一，我们应该提倡与时俱进、开拓创新的保守主义。

如前文所述，进入扩张期的企业沿着战略路径，进行适度多元化或相关多元化经营，就是逐渐拥有多个商业模式，要面对多个客户群体……犹如求解"多元多次方程"。而企业选择保守主义经营，就是在逐级降低解这个"多元多次方程"的难度，将它转变成一个一个相互联系的"一元一次方程"。以新竞争战略理论为基础，结合笔者的观察与研究，选择保守主义经营的企业通常有如下四种表现或特点：

（1）像雀巢、华为、阿里巴巴、腾讯、微软、宝洁等诸多成功企业，从"小蝌蚪"创业成长为"巨无霸"，都会先经历一个从创立期→成长期→扩张期的成长过程；从潜优产品→拳头产品，然后才有根基产品及繁衍的同一根系的产品大家族，并且通过持续培育核心竞争力，才有卓尔不群的超级产品。换句话说，没有前期生命周期阶段形成的优异企业产品定位及持续竞争优势积累，很难说哪个企业能够忽然就拥有一个"滋润万物"的根基产品组合。

（2）进入扩张期的企业，尤其要参照T型同构进化模型、SPO核心竞争力模型、庆丰大树模型，规划企业的扩张进化路径，并进一步夯实根基产品，增加优选资本的存量和质量。所谓成也萧何、败也萧何，虽然前面提到的横向一体化、纵向一体化、直营或加盟连锁经营、同心多元化、水平多元化、国际化发展、兼并收购等公司发展经营战略，它们都可以被视作扩张期企业的经营战略可选择项，但是成败关键在于能否将它们置于新竞争战略理论框架下，依照T型同构进化模型、SPO核心竞争力模型或庆丰大树模型，对它们进行科学适度的理性选择。

（3）要从万物进化的观点看待企业的根基产品和优选资本。成功的企业之间具有相似性，不成功的企业往往各有各的不同。大部分企业并不像字节跳动、脸书、谷歌、罗辑思维等那样幸运或一帆风顺。只有个别在创立期就具有潜优产品，在成长期就能够成功塑造拳头产品，在扩张期就能够通过根基产品形成一个衍生产品大家族，最终打造出企业的超级产品。即使一些当下知名的企业，它们在创立期也并没有可行的潜优产品，而是在成长期逐步探索而成的。例如：华为公司创立后的很长一段时间，主营业务是通信设备代理，这是大部分贸易公司都可以干的事。雀巢公司1867年创立时，起家业务是生产婴儿麦片粥，根基产品速溶咖啡是雀巢创立80年后才第一次推向市场。之于优选资本，不同的企业或不同的扩张路径，其构成内容往往大相径庭，例如：轻资产公司扩张时，优选资本的构成中更多是智力资本；重资产公司扩张时，货币资本往往是"重头戏"；对于煤炭、有色金属、石油开采等矿产公司来说，资源类的物质资本才是首要考虑因素。

（4）在扩张期，超级产品产生于根基产品/衍生产品、核心竞争力及相关构成要素（优选资本、产品组合、外部机遇）之间的增强回路及相互协同。打造超级产品通常以内部培育为主，也可以通过外部购买获得，但是要付出巨大代价。例如：2005年宝洁以570亿美元收购吉列时，吉列公司的利润约20亿美元，全球市场占有率接近70%，美国市场占有率高达90%。当时吉列是一个绝对的超级产品，但是宝洁收购它也付出了巨额资金。2014年联想以29亿美元收购摩托罗拉后，智能手机业务至今发展也不理想，当初还不如将这笔钱投资给小米、vivo或OPPO。在智能手机领域，摩托罗拉及联想集团都不具有超级产品，两者联姻就可以繁殖一个吗？因此，此并购属于小概率可以成功但大概率会失败的激进投机经营战略。

　　无独有偶或者说不谋而合，克里斯·祖克在《回归核心》和《从核心扩张》中指出：什么是企业的最佳成长路径？专注于一个强大的核心业务，从各个方向和各个层面创新开发其最大潜力；以核心业务为基础，创造一套可重复运用的扩张模式，向周边的相关领域进行一步一步的扩张，实现企业的有机增长，并选择适当的时机通过创新来重新界定自己的核心业务。

4.6 归核聚焦：行业领导者是怎样炼成的？

> **重点提示**
>
> ※ 战略教科书偏离实践应用的主要原因是什么？
>
> ※ 为什么有些企业会丢失经营核心或将原有的核心消融？
>
> ※ 职业生涯如同企业经营，如何才能持续保持聚焦？

国内各类商学院开设的"公司战略"或"战略管理"课程，最早从哪里来的？20世纪90年代从西方商学院引进的。笔者读工商管理硕士时，一本英文版《战略管理》教材有600多页，大16开，像万里长城的城墙砖！

西方商学院开设的"公司战略"或"战略管理"课程，主要理论源头来自哪里？来自一个叫作安索夫（1918—2002）的人。

安索夫出生在苏联时代的海参崴，父亲是美国驻苏联的外交官，母亲是俄罗斯人。他16岁回到美国，先进入大学读工程学，后来获得应用数学博士学位，再后来到美国海军服役。1956年，38岁的安索夫进入洛克希德航天公司，起先是一名业务策划师，后来成为该公司的副总裁。在对公司业务分析中，安索夫认为公司应该实行多元化扩张经营战略，并开始积极推广。

安索夫对多元化的推崇，正好迎合了当时美国很多大公司的经营实践需要。第二次世界大战后，美国将大量军用技术转为民用，为企业多元化经营提供了丰富的技术来源。20世纪60年代至70年代，美国企业纷纷大搞多元化经营，而后达到一个小高峰。到1970年，超过94%的美国500强企业都在积极投入多元化经营。

自1965年开始，安索夫先后出版的三本书《公司战略》《战略管理论》

《从战略计划到战略管理》，被公认为是战略管理的开山之作。由于安索夫的开创性研究，后人把安索夫尊称为战略管理的鼻祖或一代宗师。

追根溯源我们就有点明白了，为什么现在的教科书中绝大部分篇幅都是一体化、多元化、兼并收购、国际化、合资合作等公司层战略内容。因为包括安索夫在内的战略管理开创者都具有国际大公司工作或顾问背景，那个年代的大公司也正好具有这些公司层战略大行其道的实践土壤。

从此之后，战略管理出现了设计、定位、计划、企业家、学习、环境、认识、权力、文化、结构十大流派。有人说，如果用"乱哄哄，你方唱罢我登场"来形容战略管理流派众多、各种观点此起彼伏的状况，恐怕一点儿也不过分。知名战略学者明茨伯格把这种状况辛辣地喻为"盲人摸象"。

企业多元化程度与市场发展程度呈反比关系。随着市场不断发展，各领域都存在激烈竞争，盲目性的多元化战略很难再让企业取得成功。无论中外，越来越多的企业开始关注核心业务，逐步进行归核化经营。

什么叫作归核化经营战略？归核化战略的基本思想是剥离非核心业务、分化亏损资产、回归主业，企业将业务集中到资源和能力具有竞争优势的领域。这听起来有点像"浪子回头金不换"！为什么企业当初会乱搞多元化，以至于丢失核心或将原有的核心消融？这其中，有企业经营者的原因，有战略教科书的原因，还有国际知名咨询公司的原因。

企业一直坚守核心、建设核心，围绕核心扩张不就行了！笔者写这本《新竞争战略》正是这个目的。这也算抛砖引玉，为了拨乱反正，促进战略理论自身的归核化，指导更多企业培育出自身的核心竞争力及打造属于自己的超级产品。

如果企业经营没有核心，就连归核化都谈不上。诸多的企业经营者是盲目逐利性的，恨不得一夜暴富；以眼前利益为重，到最后获得的是"烟花式增长"。

有人打趣说：乘上中国经济快速发展的"电梯"，很多企业成功了。

其实，有的人在电梯里作揖鞠躬，有的人在电梯里拳打脚踢，还有的人在里面手舞足蹈。最后，大家都登上了那个堆满财富的"高楼"，都成了企业家。认为自己是企业家，追求连续成功，就四处捕捉机会、整合资源，大量借贷融资，大搞盲目扩张。行业发展周期进入下行阶段或宏观经济稍有风吹草动，一连串"多米诺骨牌"倒下，很多企业就撑不住了，屡次出现关门潮、倒闭潮、跑路潮……企业家豪情曲线经常大幅偏离保守主义经营边界，见图4-6-1(上图)。有人说，企业家的肾上腺素分泌比较旺盛，经常有豪情万丈的决策。如果这些决策比较靠谱，企业家豪情曲线落在保守主义经营边界之内，就会为企业带来赢利积累；如果这些决策非常不靠谱，企业家豪情曲线跑出保守主义经营边界，那么就会给企业带来风险。

1995年，秦池公司的经营者大冒风险、孤注一掷，以6666万元竞拍央视广告，但是赌准了！当年秦池公司就实现销售额9.5亿元。尝到了甜头，秦池公开感谢央视广告带来的效益："我们每天开进央视一辆桑塔纳，开出一辆豪华奥迪！"第二年，秦池公司竞拍央视广告的胆子更大了，直接喊出3.2亿元，又一举夺魁。秦池公司的疯狂举动，一是迎来秦池酒更加畅销，二是引起了记者的调查兴趣。结果，秦池公司被查出从四川的"三无"小作坊收购散酒勾兑秦池酒。这些酒被有关部门认定为劣质产品。这一消息曝出，秦池酒销量一落千丈，公司财务直接崩溃。

行业领导者不是依赖竞拍广告、繁忙逐利、大胆扩张、兼并收购而取得成功的，也不是依靠像"母合优势"、打造生态圈、共生共创、数字智能等独门或片面的战略就能炼成的。行业领导者之路是企业家引导企业生命体（企业产品、T型商业模式、企业赢利系统）沿着创立期、成长期、扩张期、转型期组成的企业生命周期战略路径，将一个又一个主要战略主题转变成自身成长及现实经营成果的过程。

并且，行业领导者之路是一条聚焦专注的道路。一年365天，一天24小时，时间是均匀的，对每个企业、每个人都是平等的。当企业能够保持专注、聚焦时，时间就像激光一样，拥有强大的切割力。

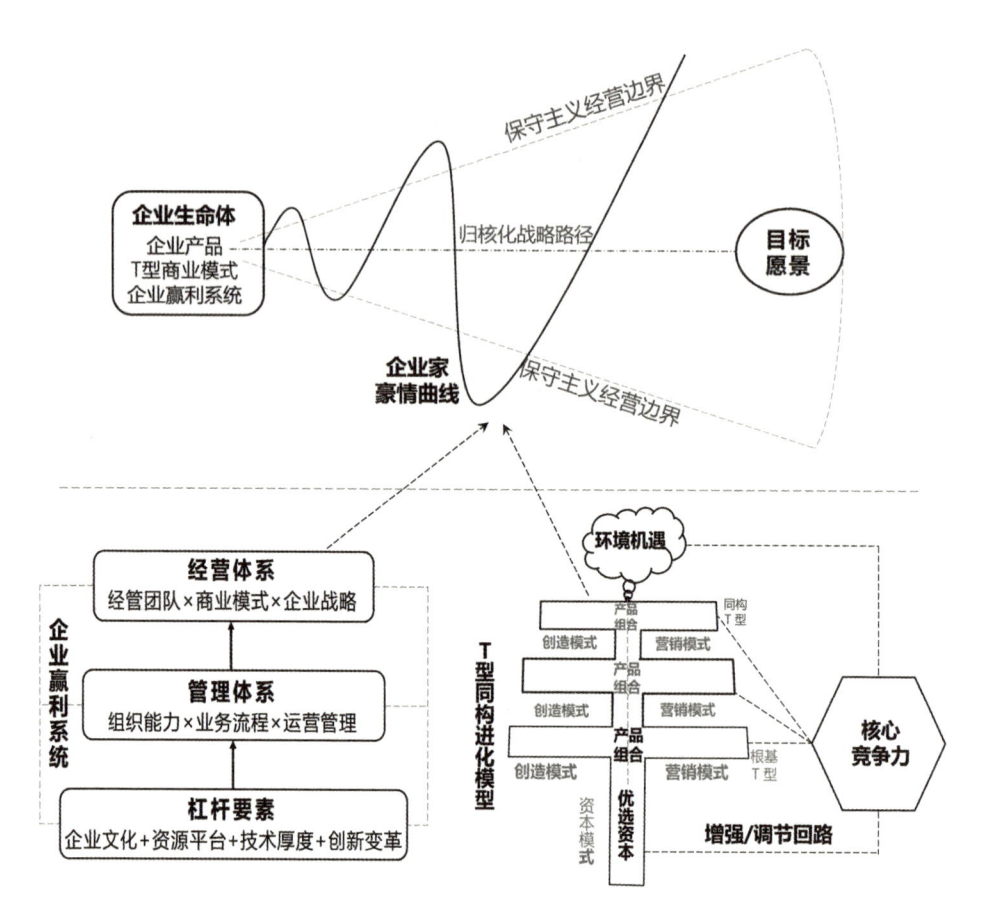

图 4-6-1 企业家豪情突破保守主义经营边界等示意图
图表来源：李庆丰，"新竞争战略"理论

有一次，主持人让比尔·盖茨与巴菲特各自在纸上写一个词，且只能写一个词！说说什么对他们的成功影响最大。这两位各自带领自己的企业，从"小蝌蚪"创业逐渐成长为全球行业翘楚；这两位轮流"坐庄"，多次登顶世界首富排行榜。这两位各自写完，翻开一看，上面居然都写着同一个单词——Focus（聚焦，专注）。

在企业扩张期，加快实施一体化、连锁经营、相关多元化、收购兼并、国际化等经营战略，必然会导致企业产品扩张、商业模式扩张、企业赢利系统扩张，由此引发经管团队的扩张、组织规模的扩张、业务流程的扩张、运营管理的扩张、企业文化的扩张等（见图4-6-1左下图）。随着企业规模迅速扩张变大，触角不断向外延伸，外部环境带来的诱惑增多，企业生命体时常有"肥胖臃肿"甚至"重病休克"的风险。

战略千万条，聚焦第一条。制定或复盘扩张期战略规划时，都要对照T型同构进化模型、SPO核心竞争力模型或庆丰大树模型，认真回答以下三个问题：**优选资本、产品组合、环境机遇三者是否相互匹配、有效连接？根基产品与衍生产品之间是否有相互协同、互相增强的第三飞轮效应及有利于企业打造超级产品？是否有利于发挥优选资本（或智力资本）的边际报酬递增趋势？** 自古知易行难，所以真正有持续竞争力的行业领导者企业常常是凤毛麟角。

从图4-6-1（右下图）还可以看到增强/调节回路的示意图。什么是增强回路、调节回路？增强回路有时候像脱缰的野马，越跑越快，而调节回路犹如牵马的缰绳，将它拉回到正常状态。前面讲到的第一、第二、第三飞轮效应，遵循的第一性原理就是增强回路。对于企业扩张经营，增强回路并不都是积极的意义，典型表现为盲目放大战略目标，而忽视竞争优势及核心竞争力。例如：2020年，爱玛公司努力实现销售800万辆电动车，计划2021年实现销售1600万辆的奋斗目标，要再次夺回行业老大的位置。如果爱玛公司真要这样做，强力驱动增强回路，就可能欲速则不达，甚至会出现局部"翻车"。增强回路也常常导致路径依赖。例如：2005年联想公司以12.5亿美元收购IBM个人计算机事业部，而后成为全球最大的个人计算机生产厂商。如法炮制，2014年联想公司花费29亿美元完成对摩托罗拉移动的收购，最后两个手机品牌皆一蹶不振。增强回路也会导致企业马失前蹄，跌下悬崖。许许多多由于现金流枯竭而关门、倒闭或老板跑路的公司，大部分是因为快速地、盲目地扩张，最后导致增强回路失控了！

增强回路有时候像脱缰的野马，而调节回路犹如牵马的缰绳。企业经营者都是人，而人只能具备有限的理性。面对未来的不确定性，谁也不能料事如神。所以，有时候企业偏离主业，或投入到脱离核心的经营项目上，也不可避免。关键是要及时启动"牵马的缰绳"，实施归核化经营，重回"T型同构进化"的轨道。

戴森的吸尘器和吹风机等产品广为人知，且被人们视为踏入品质生活的门槛。戴森曾经一度偏离主业，巨资投入新能源汽车项目。在这个项目上，戴森投入了数百位优秀工程师、科学家和设计师，历经三年研发，耗资5亿英镑（约合43亿人民币）。最终，戴森的造车项目于2019年10月正式被放弃。戴森创始人给出的放弃理由是，一辆戴森汽车的成本大约为15万英镑（约合129万元人民币），目前无法找到这款车型在商业上的可行性，所以最终只能忍痛放弃。

创立于1932年的乐高积木是全球著名的玩具品牌。2000年左右，乐高公司整套积木系统的专利过期，很多仿制品冒出来了，乐高遇到了生存危机。随后，乐高开始一系列多元业务创新——大幅扩充产品线，做了很多新玩具，比如婴儿玩具系列、模仿芭比娃娃系列、玩偶玩具系列等。除此之外，乐高公司开办了乐高培训教育中心；模仿迪士尼，建设起了乐高主题乐园等。几年之后，乐高公司的这些创新业务不但没有任何进步，而且给公司带来了严重的现金流问题。新任CEO上任后，下决心砍掉那些偏离核心的所谓创新业务，坚持回归核心——从核心业务出发，沿着核心轴线创新。路对了就不怕远，很快乐高公司就起死回生了。

见图4-6-1（左下图）的企业赢利系统示意图，扩张期企业的经管团队应该具备什么品质？柯林斯在《从优秀到卓越》给出了"第五级经理人"的三个主要特征：①公司利益至上；②坚定的意志；③谦逊的个性。

第 5 章

第二曲线业务创新：
突破困境、革新再生让基业长青

本章导读

　　李书福原来是一个放牛娃，没有念完高中，19岁就去创业，此后历经多次转型创立吉利汽车，12年后收购沃尔沃乘用车……新冠疫情期间生意火爆的叮咚买菜，是从叮咚小区转型而来，叮咚小区创业不成，叮咚买菜能成功吗？拼多多的前身是一家游戏公司，赚钱的速度犹如印钞机，为什么后来转型做电商？

　　因出品"爆款"电视剧《纸牌屋》而路人皆知的奈飞公司，历经三次艰难转型，股票价格八年涨了50倍。蓝色巨人IBM历经四次转型，续写百年辉煌，"谁说大象不能跳舞"！柯达早在1975年就发明了世界上第一台数码相机，为什么转型失败、最终破产呢？在智能手机时代即将来临之际，为什么诺基亚"起了个大早赶了个晚集"，最后被迫出售手机业务？

　　关于企业转型，都有哪些行之有效的方法论呢？

5.1 后浪推前浪，清风拂山岗

> **重点提示**
>
> ※ 从李书福的多次转型，我们能获得什么启发？
>
> ※ 从企业生命周期曲线看，企业转型更多发生在哪个阶段？
>
> ※ 拼多多有哪些与游戏有关的创新？

吉利集团2020年汽车总销量超210万辆，已连续四年夺得中国品牌乘用车销量第一；吉利集团2012年以营业收入234亿美元进入《财富》世界500强，2020年的排名是第243位；吉利集团2009年收购全球第二大自动变速器公司——澳大利亚DSI，2010年全资收购沃尔沃乘用车公司，2018年收购戴姆勒-奔驰9.69%具有表决权的股份。

吉利集团创始人李书福原来是一个放牛娃——上小学时利用暑假为生产队放牛，每天能挣0.15元。他没有念完高中，19岁就去创业了。

李书福的第一个创业项目是"流动照相馆"。1982年，李书福骑一辆破旧的自行车，脖子上挎一个老式胶卷相机，走街串巷，见人就问要不要照相。

李书福的第二个创业项目是从废旧电器零件中分离贵金属。后来，他独创的技术被其他人学会了，出现了激烈的市场竞争，企业赢利越来越微薄，李书福不得不开启新一轮的艰难转型。

李书福的第三段创业经历是生产电冰箱配件及为品牌电冰箱厂做OEM。这次创业异常艰辛，历经坎坷，但最后获得了巨大成功，他的工厂成为当时台州最大的民营企业。1989年由于股东纠纷等原因，李书福把电冰箱厂及配件厂的全部资产送给乡政府，一夜回归"无产阶级"，去外地上大学了。

1992年，在邓小平视察南方谈话的鼓舞下，李书福开启了第四次创业。这次，他研发新一代装潢材料，替代进口。这次创业李书福赚了大钱，产品供不应求，出口几十个国家和地区。后来，模仿的厂家太多，装潢材料行业由蓝海转变为红海，李书福遂将装潢材料厂留给家族人员管理，自己改行去造摩托车了。

生产摩托车是李书福的第五次创业，据说吉利公司是中国第一个制造摩托车的民营企业。投产一年后，吉利摩托车的销量不仅位于国内踏板车第一，还出口美国、意大利等32个国家或地区。

摩托车生意正红火时，李书福已经在谋划第六次创业，转型造汽车。1997年面对记者采访时，李书福的一句"名言"迅速传遍大江南北："汽车有啥了不起，不就是两个沙发加四个轮子吗？"从此李书福被大家冠以"汽车疯子"这个专属外号。当时，李书福造汽车确实有三个明显的"先天不足"：只有1亿元的自有资金；没有任何汽车制造的经验；没有"准生证"及政府支持。

1998年8月8日，吉利第一款汽车——豪情二厢轿车，在浙江临海下线，它开创了民营企业制造轿车的先河。从此，中国汽车市场开始显现更充分的竞争。

（参考资料，李书福自述：放牛的我能有今天，已经感激不尽《台州日报》）

企业为什么要转型？结合T型商业模式定位图，可以总结以下三大原因：①从市场竞争要素看，行业企业之间相互模仿、竞争异常激烈，企业

第 5 章　第二曲线业务创新：突破困境、革新再生让基业长青

赢利微薄或开始亏损，所以不得不转型。上例中李书福放弃第二个创业项目去搞电冰箱配件，就属于这个原因。②从目标客户要素看，由于替代技术及产品出现，企业的目标客户开始流失，逐渐都转移到了新产品厂商那里，所以企业不得不转型。例如：MP3播放器出现后，磁带录音机厂家不得不寻求转型。③从企业所有者要素看，行业增长遇到了天花板，企业难再有大作为，而企业经营者希望谋求更进一步的发展；或者所在行业还行，企业发展也不错，但是企业经营者兴趣转移或具有更大的事业理想。这两种情况，都属于企业主动要转型。李书福不再搞"流动照相馆"，就属于行业增长遇到了天花板。每天风里来雨里去，走街串巷拦着别人推销"照相"，这个生意确实很难再有增长。而当摩托车生意红火时，李书福开始转型造汽车就属于未雨绸缪，追求更宏伟的事业理想。

转型期企业的主要战略主题是：第二曲线业务创新及革新再生、突破困境，见图5-1-1。通过实现这两个战略主题，企业能够再次发现潜优产品，可以称之为潜优产品Ⅱ，以便与创立期的潜优产品进行区分。从创立期→成长期→扩张期→转型期/衰退期，可以把企业生命周期各阶段连接成的战略路径，看成是一条类似抛物线的曲线。因此，第二曲线业务创新的意思是，在扩张期将要进入衰退期时，企业通过创新业务、积极转型，再开启一条新的生命周期曲线。革新再生及突破困境的意思是，企业要未雨绸缪、及早谋划，要勇于从第一曲线业务跨越到第二曲线业务，焕发出充满希望的新生机；即使这个过程面临困境重重，遭遇千难万险，企业也要扬帆起航、砥砺前行，开创出一条充满希望的崭新的成长路径。

在图5-1-1中，左边Ⅰ企业侧的企业生命体遭遇到Ⅱ环境侧的五种竞争力量的极大阻力或叠加外部较大的环境风险，企业产品渐渐失去了竞争力，目标客户不断流失，企业赢利越来越少甚至出现严重亏损。当然，也可能因为企业创始人（企业所有者）经营兴趣转移或去追求更大的事业理想，投身到第二曲线业务而对第一曲线业务无暇顾及。为了更加形象地说明，图中用带箭头的环形虚线表示企业的产品渐渐失去了竞争力

或目标客户不断流失，用带箭头的环形实线表示五种竞争力量具有的极大阻力。

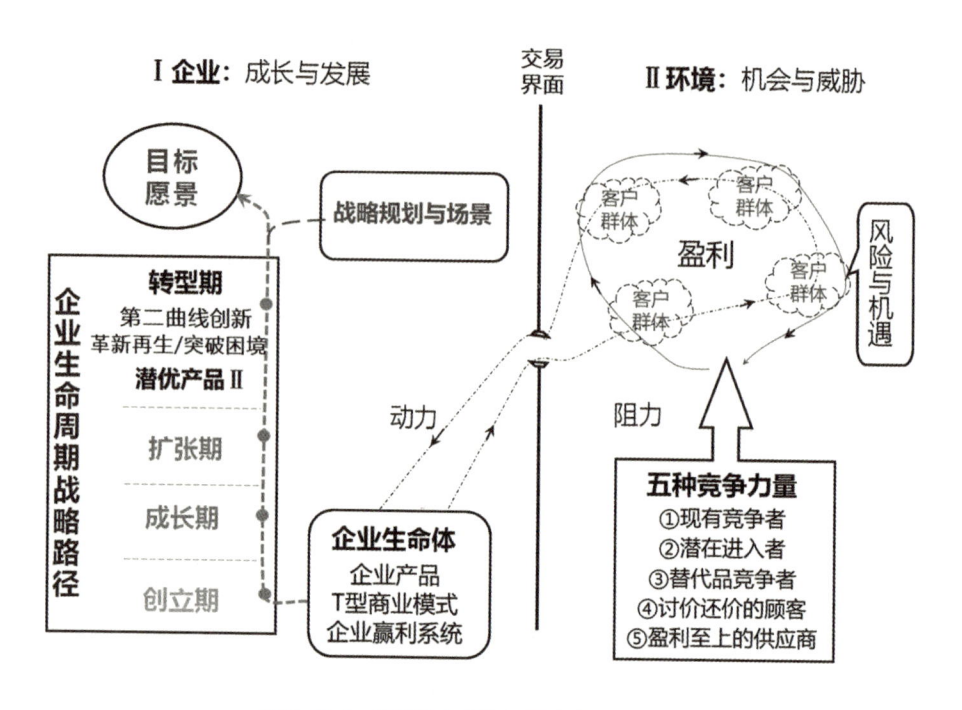

图 5-1-1 转型期企业的主要战略主题示意图
图表来源：李庆丰，"新竞争战略"理论

例如：2020年疫情期间生意红火的叮咚买菜APP，来自创始人梁昌霖对前一个"死项目"叮咚小区APP的转型。叮咚小区APP的主营业务是通过营造一个虚拟的互联网社区，为街坊邻里提供社交平台，实现二手物品交易、拼车、家政推荐、代缴水电煤气费及物业费、代收快递、提供邻里对话、小区论坛等。这个项目烧了不少钱，已经在北京、上海投入了很多人力、物力，但还没有进入成长期，就被创始人认定是一种"伪需求"，所以最终将叮咚小区转型为叮咚买菜。叮咚买菜是一个潜优产品Ⅱ吗？各路投资商用"钱"投票，试图给出肯定的回答。

拼多多成立于2015年9月，很快就在阿里巴巴、京东等电商巨头的眼皮子底下，迅速发展起来。创立仅有5年多时间的拼多多市值如今是2152亿美元（2021年3月2日），远超做了23年、市值1498亿美元（2021年3月2日）的京东商城。拼多多做对了什么？可能与创始人黄峥对上一个创业项目的成功转型有关。

拼多多的前身是一家游戏公司。黄峥2007年从谷歌离职后，曾尝试不同的创业项目，最后在游戏业务上赚到了创办拼多多的第一桶金。据说，那个游戏公司比较赚钱，开发的《女神之剑》《夜夜三国》《风流三国》等游戏在国外很受欢迎，其中有色情、暴力元素，也有"山寨"的成分。这类游戏公司做大了，无法在国内发行，只能去海外"飘香"，所以运营风险越来越大。2015年，黄峥当机立断，将正处于成长期的游戏公司迅速转型为现在的拼多多。目前来看，拼多多是一个潜优产品Ⅱ，并正在从拳头产品升级为超级产品。

早些年英特尔从存储器转型到微处理器芯片，堪称企业转型的全球经典案例。1985年由于存储器的市场机会被日本厂商的低成本战略摧毁了，英特尔的市场占有率从90%猛跌至20%以下，陷入前所未有的经营困境。寻找突围方案，先从提出问题开始。英特尔CEO摩尔问了总裁格鲁夫一个问题："如果咱俩被扫地出门，董事会选新的CEO过来，你觉得他会做什么决定？"格鲁夫沉思良久，最后回答说，新来的这家伙肯定会让英特尔远离存储器市场。沉默一会儿后，格鲁夫再问摩尔："既然如此，我们为什么不自己来做这件事呢？"

当时，在所有人心目当中，英特尔就等于存储器。要大家立即放弃已经赢得的江湖地位，一切从零开始，这何其难。所以这可能是商业史上最经典的第二曲线业务转型决策。"欲练此功，必先自宫"，这句话出自《笑傲江湖》，但是"就算自宫，未必成功"。果敢的格鲁夫和摩尔立即关闭英特尔存储器生产线，开始孤注一掷投入微处理器研制；幸运的是，两年后英特尔全面重生。到1992年，英特尔已经是全世界最大的半导体公司。

有人说，长江后浪推前浪，前浪被拍在沙滩上！还有人说，不转型等死,贸然转型找死!其实,企业转型没那么可怕,参见上文几个案例,已经成功转型的企业有很多!

本节的主题是"后浪推前浪,清风拂山岗"。"清风拂山岗"这句来自金庸《倚天屠龙记》里九阳真经的口诀,笔者对它应景地解释为:面对转型艰难和困境,经管团队要修炼浩然之气,具有永不服输的精神,并将这些"精气神"贯彻给全体组织成员,生成为心智模式,应用到具体转型行动中。

至于企业如何转型,本章后面几节将给出具体的方法论。

5.2 又双叒叕：
从双S曲线模型到双T连接模型

重点提示

※ 奈飞的股票为什么能触底反弹？

※ 企业面临转型时，应当在什么时间开启第二曲线业务创新？

※ 为什么说新竞争战略理论是对传统战略教科书理论的一次颠覆性创新？

在2020年美国第72届艾美奖（美国电视界的最高奖项）的提名名单上，流媒体巨头奈飞（美国Netflix公司，又译作"网飞"）凭借诸多优秀影视剧一共获得160项提名奖而夺冠。早在2018年，奈飞就已经超过老对手HBO（家庭影院频道）的提名奖数量，终结了后者连续17年称霸艾美奖的历史。

有人说，像奈飞这样的公司正在杀死电影和电影院！还有人说，奈飞杀死的不只是电视，还有影评和院线！因出品爆款电视剧《纸牌屋》而路人皆知的奈飞公司，1997年创立时的主营业务是通过网络租赁DVD。

当时租录像带及碟片是美国非常传统的一个生意，其模式通常是大小城市四处设立录像带租赁连锁店，用户按天付费，还必须到店办理租还业务。如果用户租了录像带，没有及时还，就要付逾期费用。那个时候美国最大的录像带租赁公司百视通，其20%的收入居然是来自这种用户逾期罚款。

奈飞创始人哈斯廷斯觉察到这个行业的痛点后，把它变成了一个创业机会。奈飞的新模式，做了以下四点变革：①不开设实体店，只在网上运营；②直接邮寄DVD给客户，并且隔夜送达；③推出了没有到期日、没有滞纳金、免邮费的"三无"会员制；④任何人每个月交19.95美元，每次可以租四张碟，想看多久就看多久。

5年之后，奈飞成功上市。依靠优秀的仓储物流能力及精准的大数据算法，奈飞已经逐渐拥有2000多万用户。高增长之后，转折点来了！租DVD的人越来越少，呈现下降趋势，奈飞的增长将要遇到瓶颈。

2007年奈飞启动第二曲线业务创新转型——在线视频会员制。它类似中国的优酷、爱奇艺会员。所谓开市客磨，源于因果链条的滞后效应。传统业务的用户惯性太强大，直到3年之后的2010年，奈飞的碟片租赁仍然是"现金牛"业务，而在线视频业务持续亏损。幸好奈飞创始人没有被"现金牛"带来的中短期利益绑架，而是坚持长期主义，果断启动了奈飞分拆——上市公司保留了在线视频业务，而把DVD租赁这个"现金牛"业务分拆出去，成立了一家新公司。这个大胆举动，直接导致奈飞股票大跌，半年跌幅超过70%。奈飞成了群嘲的对象，创始人哈斯廷斯被《福布斯》杂志评为2011年最糟糕CEO。

2012年奈飞再次开启第二曲线业务创新转型——自制电视剧内容。自制内容投入大、风险高，而且奈飞从来没干过。为什么冒这个"走钢丝"的风险？因为奈飞被一家提供片源的影视公司Starz"卡脖子"了。要续签授权使用协议？可以，从3000万美元涨价到3亿美元，对奈飞涨价10倍！

最大的合作伙伴Starz就选这个时刻捅它刀子，这就是奈飞的至暗时刻，腹背受敌。核心资产命悬于他人之手，就是这种感觉。什么叫作触底反弹？2013年后，奈飞的"在线视频会员制+自制影视内容"新商业模式大显奇效，股票一飞冲天！如果谁在2012年奈飞股价最低的时候买入奈飞股票拿到今天，收益接近50倍。

2021年初，奈飞拥有1.5亿全球用户，股票市值已达到2426亿美元（2021年3月2日），它仍然在对自己的商业模式继续转型——向影视内容生产商和发行商全面转型。

（参考资料：梁宁《增长思维30讲》）

从以上案例可知，奈飞创立时以颠覆性创新对传统模式展开革命，而后通过三次第二曲线业务创新（简称"第二曲线创新"），实现持续转型，一直在对自己进行革命！

为了说明第二曲线创新，我们先要找到它的"兄长"——第一曲线业务（这里的"业务"是商业模式的一种传统说法）。这最早可以追溯到罗杰斯1962年出版的《创新的扩散》一书。罗杰斯把创新的采用者分为创新者、领导者、早期跟随者、后期跟随者和保守者等几个类型，它们可以拟合成一个钟形曲线或抛物线。

欧洲学者查尔斯·汉迪（Charles Handy）早在20世纪80年代就提出第二曲线业务转型理论，见图5-2-1。借以说明企业要在第一项业务（第一曲线业务）还在高峰时，找到另外一条出路（第二曲线业务）。通常企业的生命周期为创立期、成长期、扩张期、转型期/衰退期，如同一条横躺着的S曲线。如果企业能在第一曲线业务到达巅峰前，找到让企业再次腾飞的第二曲线业务，并且必须在第一曲线业务达到顶点前实现增长，让后一个S曲线承接前一个S曲线，那么企业永续经营的愿望就能实现。

当第一曲线业务到达最高点即增长的极限点，其实也是失速点。从这里开始，曲线开始往下反转进入下降趋势，反映在具体企业就是促销逐渐失灵，销售收入持续下降。例如：京东、当当等网上书店开始成为新兴购书场景后，线下实体书店的增长达到失速点——促销逐渐失灵，销售收入持续下降。销售增长这个"结果"，是由背后的"原因"驱动。由于因果链条的滞后效应，当企业感受到失速点已经到来时，再投入人力、物力等资本资源开启第二曲线创新，推动企业转型恐怕为时已晚！第二曲线业务对应的行业五种竞争力量已经增大！

汉迪是在一次旅行途中悟出这个道理的。他向一个当地人问路，当地人告诉他，沿着这条街一直往前走，就会看到一家戴维酒吧。在离酒吧还有500米的地方往右转，就能到他要去的地方。在指路人离开之后他才明白过来，指路人说的话是有问题的。因为当他看到戴维酒吧知道该右转的时候，他已经错过该右转的路口了。

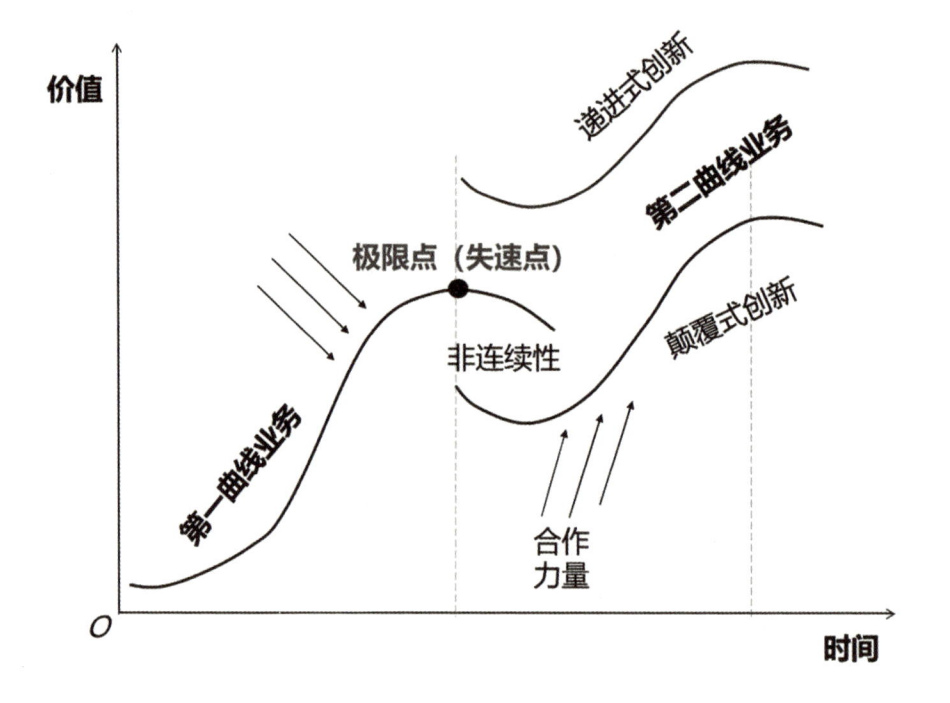

图 5-2-1 第二曲线创新及双 S 曲线模型示意图
图表来源：李庆丰，"新竞争战略"理论

因此，如果一家公司忽视创新、错失颠覆性技术，那么不管现在它有多么强大，但可以肯定的是，它一定会遭遇失速点，然后进入衰落阶段。

三十年河东，三十年河西。企业盛衰兴替，世事变化无常。随着科技进步的速度越来越快，企业失速点到来的时间越来越提前了。例如：第一次工业革命的到来，即蒸汽机的广泛采用，从18世纪60年代开始，到19世纪中期被电动机逐步取代，持续时间约80年。而如今，从燃油动力→锂电动力→氢能动力……新兴技术差不多5~10年更新一次，技术迭代的速度越来越快！

除此之外，纽恩斯所著的《跨越S曲线》、福斯特所著的《创新：进攻者的优势》、克里斯坦森所著的《创新者的窘境》、李善友所著的《第二曲线创新》等书籍及其理论，各自从不同角度阐释了第二曲线创新。这些理论学说主要强调了第一曲线业务与第二曲线业务之间的非连续性。

如何理解非连续性？哲学家罗素讲过类似这样一个故事：农场里面有一只火鸡，每天看到农夫准时来给自己喂食，连续48天都好吃好喝的，感觉农夫简直就像天使一样。但是到了第49天，感恩节马上就来到，为准备丰盛的节日菜肴，这次农夫带来的可不是好吃的，带来的是一把屠刀。罗素讲这个故事，是为了批判以归纳法为主的经验主义心智模式。人类的经验主义心智模式就是一种连续性思维。太阳每天从东方升起，金钱可以购买需要的东西，水总是从高处流向低处等，这些现象导致人类思维中隐含着连续性假设，形成一种形而上学式的禁闭，常常将企业经营者困在第一曲线业务之中。

诺基亚从功能手机向智能手机转型时，折戟沉沙的原因在哪里？网上流传的一个段子说，2007年1月乔布斯发布首款苹果智能手机iPhone时，诺基亚等传统厂商给出了嘲讽式的评价：一款没有键盘的手机能怎么样？拍照这么鸡肋，还敢叫作智能手机？大西洋对岸那些传统个人计算机厂商怎么会懂手机！

通常情况下，产业周期是连续性的，产品创新也只是改良式迭代。当技术出现跳跃式发展即颠覆性技术出现时，产业将遭遇不连续性。长期来看，产业并不是沿着直线进步的，而是沿着双S曲线跳跃式发展。如图5-2-1两个S曲线之间的断层，就代表着颠覆式技术的出现。能否跨越这个断层，关乎企业的生死存亡。

如图5-2-1双S曲线模型所示，企业实现第二曲线业务转型有两种方式，一种是在第一曲线业务上方出现的递进式非连续性创新（简称为"递进式创新"）。例如：从2G、3G通信技术升级到4G、5G；从"绿皮火车"升级到城际特快，再升级到高铁动车组。这种创新说明出现了比原来更好的突破性技术，产品性能或体验有了较大的提升。

另一种是在第一曲线业务下方出现的颠覆性创新。相比原技术来说，这种新技术刚开始都比较"低端"，但是发展到后期会对原技术造成破坏性的打击，所以它也被称为"破坏性创新"。例如：数码相机刚出现时，摄影效果比不上传统的胶卷相机。但是，数码摄像技术发展到今天，只是附设配置的手机摄影功能都比传统胶卷相机要强很多。笔者提出的新竞争战略，可以说是波特的竞争战略40年来最重要的一次迭代升级，属于递进式创新；解决了传统战略管理"空心化"问题，所以属于一次颠覆性创新。不言而喻，新竞争战略对比于波特的竞争战略及传统战略管理理论，都属于跨越非连续性的第二曲线创新。

综上，市面上的第二曲线业务理论都是在强调非连续性，一定程度上就会更多论述第一曲线业务与第二曲线业务之间的差异性。笔者认为，为了提高企业转型的成功率，第二曲线业务与第一曲线业务之间最好有一定的相似性。从T型商业模式角度说，两个商业模式在创造模式、营销模式、资本模式方面要有一定的相似性，两者的资本要能够最大限度地共享。下一节介绍的双T连接模型将具体阐述这方面的内容。

5.3 企业转型："不熟不做"是一条金规铁律吗？

> **重点提示**
>
> ※ 柯达公司转型失败的原因是什么？
>
> ※ 吉利收购沃尔沃后，在智力资本的哪些方面实现了共享协同？
>
> ※ 企业的价值网与利益相关者交易结构有什么关系？

双T连接模型试图表达的意思是：企业转型前后，从第一曲线业务跳跃到第二曲线业务，就是变更了商业模式，见图5-3-1。尽管前后两个不同的商业模式是非连续性的，但是它们之间的资本是可以共享的。第二曲线创新的商业模式，在各类资本尤其是智力资本方面，要尽量与第一曲线业务实现共享协同及互联互通。

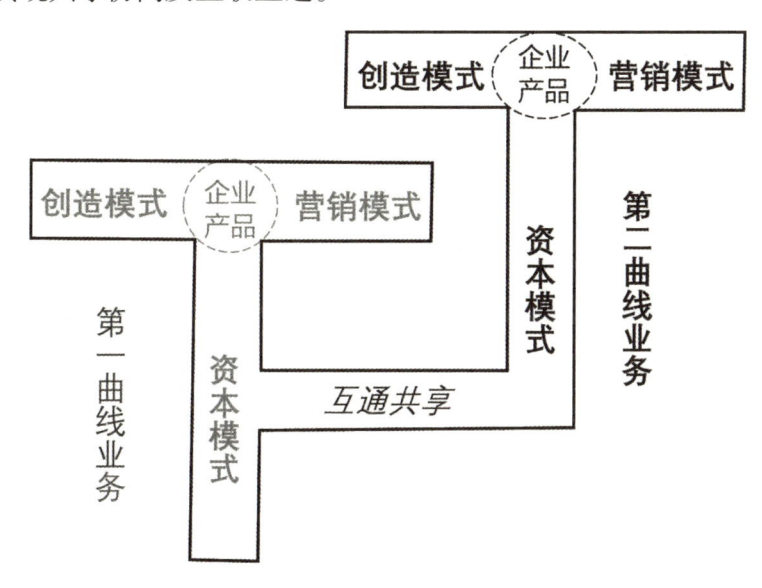

图 5-3-1 双 T 连接模型示意图
图表来源：李庆丰，《商业模式与战略共舞》

在T型商业模式中，一个企业的资本包括物质资本、货币资本、智力资本三大部分。其中，货币资本流动性最好，放哪里都可以用，但易逝难返，搞不好企业转型就变成了"绝对烧钱"。机器设备及厂房、土地等物质资本流动性较差，第一曲线业务与第二曲线业务之间可以共享其中的一部分。但是，由于转型前后商业模式的非连续性，通常来说大部分物质资本需要重新购置。智力资本具有边际报酬递增效应，有利于转型前后的商业模式之间发挥互通共享的功能作用。

1. 人力资本

本书章节3.2中讲到，智力资本主要包括人力资本、组织资本和关系资本三方面内容。

人力资本由企业家资本、经理人资本、职员资本、团队资本构成。同一个企业还是那些人，转型前后判若云泥，企业经营可能出现质的飞跃，所以人是最重要的资本，决定着转型成败。

《我的团长我的团》是兰晓龙写的一部长篇小说，主要讲述这样一个故事：抗日战争末期，溃败下来的中国士兵孟烦、迷龙、郝兽医、阿译等聚集在西南小镇禅达的收容所里。他们被几年来国土渐次沦丧弄得毫无斗志，只想苟且偷生，"混不吝"地活着；他们对未来已经不抱有任何希望了，个个活得像"人渣"，活着跟死了差不多；他们不愿面对自己内心存有的梦，那就是再跟日本人打一仗，彻底击败日本人。师长虞啸卿要重整部队，但真正燃起这群人斗志的是嬉笑怒骂、不惜使用下三烂手段的龙文章。龙文章成了他们的团长后，让这群"人渣"找回了自己的灵魂，重塑信仰，为了驱逐日寇宁可付出自己的生命。最后，他们个个变成勇于赴死之人。

就像《我的团长我的团》所描述的那样，一群溃败的士兵，原来是坐吃等死、苟且偷生；转型后个个英勇无比，都是好汉。基辛格在《论中国》中说："中国人总是被他们之中最勇敢的人保护得很好。"境随心转是圣贤，心随境转是凡夫。毕竟，茫茫人海中普通人、凡夫俗子占多数。所以，更需要卓越的经营者、企业家带领大家，进行第二曲线创新，最终成功实现企业转型。例如：1985年英特尔从存储器转型到微处理器芯片，发挥核心作用的是格鲁夫、摩尔等经管团队的带头人。

2012年柯达转型失败，正式宣布破产。曾经市值310亿美元的胶卷"霸主"、世界500强企业，怎么就走向穷途末路了？柯达并不是因为技术落后遭淘汰的，早在1975年柯达公司就发明了世界上第一台数码相机。柯达转型失败的原因是，经营管理团队的能力结构出现了问题，以至于不能促进实现转型前后两个商业模式中智力资本的共享协同及互联互通。柯达的管理层几乎都是传统行业出身，49名高层管理人员中很多人有化学专业背景，而只有3位的专业为电子工程。团队没有及时更新，决策层迷恋既有优势，对传统胶片技术和产品太过眷恋，忽视了对数字影像和数码设备等相关替代技术的产业化应用及持续开发。这是柯达从辉煌走向破产的最主要原因。

2.组织资本

组织资本是指当雇员离开公司以后仍留在公司里的知识资产，它为企业安全、有序、高效运转和职工充分发挥才能提供了一个共享支持平台。所谓"铁打的营盘流水的兵"，就是讲组织资本传承共享的重要性。组织资本主要由组织结构、企业制度和文化、知识产权、基础知识资产构成。

都说摩尔定律失效了，移动互联网抢占了"个人计算机时代"的地盘，那又怎样？2019年，英特尔新任CEO在致全体员工的一封信中表示："我们已经开始转型，并相信这将是公司历史上最成功的转型。我们正在从以个人计算机为中心转型成为以数据为中心的公司。" 2020年英特尔全年营收超过779亿美元，净利润则是209亿美元，折合人民币1531亿元，再创历史新高，在本领域持续保持全球第一的位置。英特尔这次成功转型，更受益于优异的组织资本的传承性，促进转型前后的商业模式之间发挥协同共享、互联互通的功能作用。

3.关系资本

关系资本表现为两大类：一是指企业与外部利益相关者之间建立的

有价值的关系网络；二是在关系网络基础上衍生出来的外部利益相关者对企业的形象、商誉和品牌的认知评价。组织间的关系网络一般由企业与股东（企业所有者）、目标客户、供应商（合作伙伴）、竞争对手、替代商、市场中介、政府部门、高校和科研机构等组成。

布兰德伯格和纳尔波夫提出的价值网模型，有助于解释企业与外部利益相关者之间建立的有价值的关系网络。价值网模型与五力竞争模型有些类似，它主要包括企业、目标客户、供应商（合作伙伴）、互补者、竞争者五种主要角色。价值网强调竞争和合作两个方面。企业要与目标客户、供应商及互补者等合作创造出价值，同时它又要同竞争者、目标客户、供应商等竞争以便获得价值（即赢输的较量）。这种竞争和合作的结合被称为合作竞争。

从价值网概念延伸来说，新竞争战略的价值网包括竞争网与合作网两大部分：其一，五力竞争模型所阐述的五种竞争力量，构成了价值网中的竞争网；其二，三端定位模型所阐述的目标客户、合作伙伴、企业所有者三方利益统一，构成了价值网中的合作网。

相关学者谈到企业转型或第二曲线创新时经常会说到新旧业务的价值网变更，旧业务的价值网已经不能为客户创造独特价值，需要进行价值网转换。这主要是强调新旧价值网之间的差异性。结合图5-3-1双T连接模型，企业转型或进行第二曲线创新时，我们更应该思考如何共享过去的合作网，让第一曲线业务中的关系资本延伸到第二曲线业务中。同时，在第二曲线业务中降低原有竞争网的阻力作用。合作网加强，竞争网减弱，必然有利于企业成功转型，正如小米创始人雷军所说："把朋友搞得多多的，把敌人搞得少少的。"本书章节6.7还会讲到五力合作模型，它是三端定位模型含有的合作网的进一步模型化及理论化。

2010年，吉利汽车以18亿美元从福特汽车手中拿下了沃尔沃乘用车（简称"沃尔沃"）100%股权。这次收购对于吉利汽车，与其说是一次"蛇吞象"式的海外扩张，不如说是一次"泥腿子变王子"式的企业转型。通过这次收购,吉利与沃尔沃更多实现了智力资本共享。尤其在合作前期,吉利借助沃尔沃,提升了利益相关者对吉利企业形象、商誉和品牌的认知,提升了供应链等关系网络的层次,大幅增加了企业的关系资本。

吉利与沃尔沃成为一家后,在关系资本等智力资本共享方面,动作不断,持续拓宽广度及增加深度。有人形象地说,沃尔沃就像一条用之不竭的溪流,让吉利无限畅饮。例如:①吉利与沃尔沃合资创立了领克品牌。沃尔沃不仅为领克带来了足够强大的技术支持,在生产设备和管理制度方面,也都有沃尔沃方面的深度参与。吉利也在利用沃尔沃的海外营销渠道,加速领克的海外布局,期望以优异的性价比在全球市场上取得销售佳绩。②吉利与沃尔沃逐渐扩大联合采购的范围和规模。联合采购的核心是降低成本,同时也意味着它们之间将有更多的通用件,这有利于提升吉利汽车的产品品质。③吉利充分吸收了沃尔沃的品牌理念、运营管理方式,带动自身产品快速改进。④吉利与沃尔沃在电气化、智能化、网联化、共享化汽车"新四化"方面进行深化合作。有沃尔沃品牌加持,有利于提升吉利汽车的企业形象,增加旗下产品的销售量。吉利集团2020年汽车总销量超210万辆,已连续四年位居中国品牌乘用车销量第一。

与物质资本、货币资本相比,智力资本具有边际报酬递增效应。萧伯纳说:"如果你有一个苹果,我有一个苹果,彼此交换,我们每个人仍然只有一个苹果;如果你有一种思想,我有一种思想,彼此交换,我们每个人就有了两种思想,甚至多于两种思想。"智力资本应该属于人类思想的一部分,是优秀经营管理思想的具体化结晶。沃尔沃利用吉利的资源在中国继续扩大其知名度,与10年前并购时相比,沃尔沃在中国的销售额增长了五倍。目前,沃尔沃的估值已超过300亿美元,与2010年时吉利的收购价格相比已经增加了接近16倍。

众所周知,富士康作为全球最大的代工厂,一直给苹果、小米、华为等企业做OEM,而富士康内部对于代工厂形象一直很排斥,多次试图通过内部孵化新商业模式实现转型升级。

例如：早在2010年，富士康就成立"万马奔腾"创业项目，希望用五年时间，在三线以下城镇开1万多家万马奔腾数码专营店。第二年，项目团队搞了整整一年，仅开出280多家，且大部分专营店处于严重亏损状态。这违背了"不熟不做"的原则，成功概率就很低。接下来几年线下渠道开始萎缩，众多数码品牌开始转战线上的电商平台。幸好郭台铭及时喊停，"万马奔腾"没有再继续下去。只有偏执狂才会成功，所以富士康不会服输，转型升级是必选战略。

巴菲特曾经说过："不熟不做，不懂不买。"创业投资界也有一条金规铁律"不熟不做，不懂不投"。信奉"乱拳打死老师傅"，盲目投机追热点，犹如买彩票中大奖，成功属于小概率事件。如前文吉利汽车、英特尔、拼多多、奈飞等案例说明，对于企业转型，"不熟不做"也应该是一个重点遵守的金规铁律。

所谓"不熟不做"，并不是惧怕创新、排斥新事物，而是强调尽量选择自己熟悉及擅长的领域，尽量选择与第一曲线业务有关联或相似的领域，尽量选择那些通过团队学习、专一经营能够累积长期竞争优势的领域。

以"不熟不做"指导企业转型，可以继承以前的经验，减少学习及探索的时间，降低盲目跨界带来的风险；以双T连接模型来阐述，"不熟不做"就是第二曲线创新的商业模式，在各类资本尤其是智力资本方面，要尽量与第一曲线业务实现互通共享。

5.4 转型解困：如何找到革新再生的抓手？

> **重点提示**
>
> ※ 什么是超级核心竞争力？
>
> ※ 以PEST等宏观环境分析模型指导企业转型时，如何落实到具体的企业经营要素？
>
> ※ 为企业转型制订战略规划时，应该重点依据什么逻辑？

IBM公司成立于1911年，至今已有超过110年的历史。IBM是全球数一数二的信息技术产业公司，2020年全球专利排行榜上，IBM继续稳居第一。自从IBM将ThinkPad个人计算机业务卖给联想集团后，IBM与消费者的距离渐行渐远。IBM现在的主营业务是什么？熟悉华为的人都知道，为了提升经营管理水平及引进集成产品开发系统，华为曾支付给IBM多达几十亿元咨询服务费。

更令人感兴趣的是，作为一家科技公司，IBM如何能在一百多年的时间里，适时推动企业转型，不断适应变化，始终保持着领先地位。从创立到现在，IBM共经历了四次企业转型。

第一次转型：从打卡机到大型计算机

在老沃森时代，打卡机是IBM公司业务的重要标签。1952年，老沃森的儿子小沃森出任IBM公司总裁。他带领IBM投入50亿美元，历经数年研发出IBM第一代大型计算机，开始引领电子时代。要知道，这笔巨额投入是当年美国政府为启动"曼哈顿计划"研发原子弹所投入资金的25倍。正是因为这样的投入，IBM后来才涌现出6个诺贝尔奖得主、6个图灵奖得主、19位美国科学院院士、69位美国工程院院士，拿到10个美国国家技术奖和5个美国国家科学奖。IBM大型计算机价格昂贵，一台售价上百万美元，最顶峰时期占领了70%的市场份额。它的主要客户是政府机关、大银行、大企业等。

第二次转型：从大型计算机到个人计算机及企业信息技术整体解决方案

1985年，埃克斯接任IBM总裁。此时，被IBM扶植起来的兼容计算机厂商已经占领了55%的全球市场，逐渐超过了IBM公司。从20世纪90年代开始，个人计算机功能越来越强大，大型计算机需求量剧减。IBM因此遭受重创，连续亏损额达到168亿美元，创下美国企业史上第二高的亏损纪录。当时，比尔·盖茨甚至说："IBM将在几年内倒闭。"

1993年郭士纳临危受命，被任命为IBM的CEO。上任后，郭士纳坚持大幅削减成本，带领IBM从大型计算机业务转向个人计算机及企业信息技术整体解决方案。这次企业转型大见成效，ThinkPad个人计算机成为商务人士的第一选择，企业信息技术整体解决方案新业务也为IBM带来了滚滚财源。两年之后，IBM重新焕发昔日风采，年营业收入首次突破700亿美元。

第三次转型：从硬件科技到企业一体化服务

2002年彭明盛接替郭士纳，成为IBM公司的CEO。上任后，彭明盛提出IBM要全面进入知识、软件和管理顾问等服务市场，向目标客户提供更全面的解决方案。2002年，IBM收购普华永道及Rational软件公司。2004年，IBM将ThinkPad个人计算机业务卖给中国的联想集团。此举标志着IBM从硬件科技彻底转型到从提供战略咨询到解决方案的一体化服务领域。沃顿商学院兹巴拉基就此评论说："IBM的长处一直就是善于彻底改造自己。"

第四次转型：剥离信息技术基础设施业务，进军开放式混合

云及人工智能

自从2012年罗睿兰就任CEO，她一直在推动IBM向云计算、大数据、人工智能、区块链、量子计算等新兴技术的演进转型。2020年4月，克里希纳接替罗睿兰成为IBM的CEO，积极推动IBM的第四次转型。IBM这次转型的重点是拆分为两家上市公司：其一，把信息技术基础设施业务剥离，成立一家独立新公司。其二，原有上市公司专注于开放式混合云和人工智能。正在进行的第四次转型，标志着IBM将未来押注在开放式混合云和人工智能这两个有上万亿美元市场潜力的领域。

（参考资料：刘国华，百年IBM：值得全球商界研究的转型变革典范，《砺石商业评论》）

转型与扩张有什么区别？结合第4章列举的阿里巴巴等案例，企业扩张是从根基产品出发，增加一系列衍生产品。参考上述IBM四次转型实例，企业转型是以新的潜优产品（或称为潜优产品Ⅱ）替换原有的根基产品。像阿里巴巴、雀巢等案例，企业扩张的战略路径是以核心竞争力为纽带。像IBM、英特尔等案例，企业转型的战略路径应该是以超级核心竞争力为纽带。什么是超级核心竞争力？这是一个值得研究的新课题。在普哈核心竞争力理论所列举的本田案例中，该公司制造的摩托车、汽车、轻型飞机等并不是同一个根基产品，而是多个根基产品同时并存，各自也都有自己的衍生产品。因此，本田公司是一个扩张与转型同时并存的经典案例。它与IBM、英特尔等连续转型成功的公司一样，都具有超级核心竞争力。

简单表述，企业转型就是根基产品变了，也意味着企业的商业模式完全变了，即从第一曲线业务转变到第二曲线业务。因为企业赢利系统以商业模式为中心，企业产品是商业模式的核心内容，所以企业生命体从第一曲线业务转变到第二曲线业务。企业产品要改变，商业模式要改变，企业赢利系统也要改变，见图5-4-1。

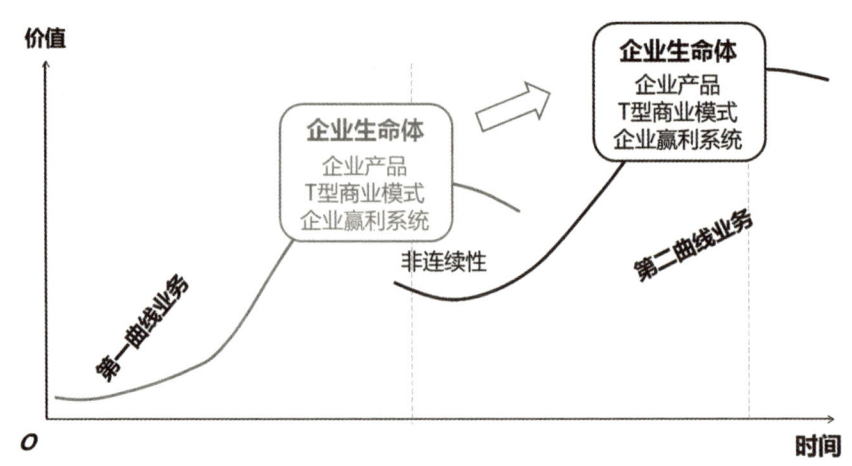

图 5-4-1 企业生命体从第一曲线业务转变到第二曲线业务示意图
图表来源：李庆丰，"新竞争战略"理论

1.企业转型，先要改变企业产品

企业产品是T型商业模式的核心内容，它是指价值主张、产品组合、赢利机制三者合一，以实现目标客户、合作伙伴、企业所有者三方利益统一。

如果目标客户的需求变了，以此需求重构企业产品中含有的价值主张，将会引发企业转型。例如：20世纪90年代开始，个人计算机功能越来越强大，目标客户对大型计算机需求量剧减。这引发了IBM的第二次转型——从大型计算机转型到个人计算机及企业信息技术整体解决方案。

如果合作伙伴给予鼎力支持，促进企业产品的创新升级，必将加快企业转型的进程。这里的合作伙伴，主要是指供应商、股权关联企业、战略合作者、卓越人才等。例如：吉利收购沃尔沃，促进吉利汽车向高端产品及国际化方向转型。由于锂电池技术的突破，出现了合格供应商，促进传统汽车厂商向新能源方向转型。

源于企业领导人的远见卓识，通过重构企业产品促进企业转型。再如上述IBM案例中，尽管在老沃森时代，IBM的打卡机市场占有率高，盈利情况也还不错，但是小沃森带领IBM投入50亿美元，坚定地向大型计算机转型。

从宏观环境分析常用的PEST模型看,社会变革、政治和经济体制改革、人口结构改变、重大技术创新出现等,都会引发大量企业转型。但是,经营战略要落地,企业转型要有效执行,PEST模型宏观环境因素的改变或创新,都应该落实到目标客户、合作伙伴、企业所有者等T型商业模式相关要素。

2.T型商业模式的其他要素围绕企业产品进行改变

企业产品是T型商业模式的核心内容,是驱动商业模式创新的第一要素。如果企业产品有重大改变,必然引起创造模式、营销模式、资本模式等其他因素的相应改变。

例如:IBM的第三次转型,从硬件科技转向企业一体化服务,必然引起创造模式、营销模式、资本模式做出相应改变。从创造模式来说,硬件科技的增值流程和支持体系更偏向科技制造,资产较"重",需要诸多自动化装备线,而企业一体化服务资产较"轻",增值流程和支持体系方面主要是到目标客户现场开展工作。从营销模式来说,像个人计算机等硬件科技产品,常常将4P/4R/4C等营销工具或方法组合在一起,通过渠道经销、广告传播等,克服市场竞争;而企业一体化服务更多采用方案类营销组合,通过优质的服务提升客户满意度、促进长期合作来克服市场竞争。从资本模式来说,硬件科技主要需要企业走自主研发的进化路径及资本机制,以提高自身关键资源与能力的水平,而企业一体化服务主要需要通过兼并收购、合资合作等进化路径或资本机制,以持续提高自身关键资源与能力的水平。

3.企业赢利系统的其他要素围绕商业模式进行改变

商业模式是企业赢利系统的中心内容。在企业转型时,经管团队、企业战略、组织能力、业务流程、运营管理、企业文化、资源平台、技术厚度、创新变革等要素也随着商业模式的改变而做出相应改变。

由于这些方面内容较多,请有兴趣的读者参考《企业赢利系统》一书，或者参考郭士纳撰写的关于IBM转型的书籍《谁说大象不能跳舞》等相关资料。

企业转型往往意味着突破经营困境，更是一次革新再生。以上从企业产品→T型商业模式→企业赢利系统逐步改变企业生命体的过程，就是企业转型的参考过程，更可以作为企业转型制订战略规划时的重要逻辑依据。企业生命体各构成部分及相关要素也是突破经营困境、实现革新再生的一个个抓手。

除此之外，我们还常常听说数字化转型、管理转型、文化转型、互联网转型等。如果这些转型不涉及因企业产品的重大改变而引发第二曲线创新——商业模式的重大变革或重塑，那么这些所谓转型本质上只是企业的一些局部化改革或变革。

由于企业产品重大改变，牵一发而动全身，引发的T型商业模式、企业赢利系统的连贯性改变，即企业生命体从第一曲线业务转变到第二曲线业务，才是企业转型要重点研究和探讨的内容。

5.5 先从"愚昧之巅"上下来，再登上"开悟之坡"

> **重点提示**
>
> ※ 为什么说诺基亚转型时目标客户、合作伙伴、企业所有者三方利益未能统一？
>
> ※ 邓宁-克鲁格效应对企业转型有哪些警示作用？
>
> ※ 为什么企业掌门人或CEO应该承担企业转型的重任？

诺基亚成立于1865年，初期以伐木、造纸为主业，后来发展成为一家手机制造商。在2007年最辉煌的时候，诺基亚市值达到了1500亿美元，手机出货量达4亿部，全球市场占有率超过40%。那时候，几乎每个使用手机的人都曾经拥有过至少一部诺基亚手机。

得益于智能手机的崛起，2012年三星手机出货量超越诺基亚，结束了诺基亚长达14年的市场霸主地位。2016年全球智能手机市场的总利润为537亿美元，而后起之秀苹果公司的iPhone就占有其中的79%，苹果公司市值达到6170亿美元（2016年12月30日）。这一年，诺基亚手机业务以72亿美元的价格卖给微软，从此在市场上越来越少看到诺基亚手机的身影。

在智能手机时代到来之际，诺基亚一直在谋求企业转型，为什么最终失败了呢？我们从T型商业模式的价值主张、产品组合、赢利机制及其所对应的目标客户、合作伙伴、企业所有者等利益相关者展开分析。

从价值主张方面，早在1996年诺基亚就已经发布了开创性的沟通者（Communicator）智能手机，而且在诺基亚内部，从2004年开始很多高管就坦言智能手机一定代表移动互联网的未来，即目标客户将从功能手机转向智能手机。那时诺基亚拥有最庞大的研发资源，内部已经开发出触控技术，且研发费用投入高达50多亿欧元。

从产品组合方面，我们知道智能手机包括"智能硬件+操作系统+应用软件"三大部分。诺基亚的传统强项在手机硬件，而操作系统、应用软件部分一定程度上需要依赖得力的合作伙伴。

2007年，诺基亚率先在全球推出Ovi store（诺基亚软件商店），这比苹果的APP Store早了一年。但是诺基亚抛弃开放合作，大搞收购兼并、垂直整合，希望通吃整个产业链。在投入了150亿美元的巨资后，诺基亚的Ovi store最终归于失败。

2008年6月，诺基亚斥资4.1亿美元收购当时全球最大的手机操作系统开发商塞班（Symbian）公司，并联合索爱、三星、摩托罗拉等厂商成立非营利性组织"塞班基金会"，计划将塞班打造成一个开源平台，开启了诺基亚在智能手机时代的第一场革命。彼时，苹果iPhone刚面世不久，iOS系统平台尚无"势力"；谷歌的安卓（Android）平台虽然得到众多厂商的支持，但手机成品尚未批量生产。诺基亚的塞班平台占据着智能手机的先机。不过，由于诺基亚在塞班生态链中既当裁判，又当运动员，塞班基金会未得到其他手机厂商的全力支持，错失发展良机。在不得已的情况下，2010年诺基亚关闭了塞班基金会，诺基亚在智能机时代的第一场自我革命以失败告终。同一年，诺基亚又与英特尔携手从零开始开发MeeGo（米狗）操作系统，掀起第二场自我革命，但是这次合作很快不欢而散。

从赢利机制方面，诺基亚在功能机时代依靠大规模、批量化的硬件制造赢利。第一代iPhone售价相当昂贵，使得它在开始时只是设备发烧友的奢侈设备。因此，诺基亚忽视苹果手机商业模式所带来的革命性影响，忽视后续众多智能手机厂商的崛起所带来的成本降低效应及移动互联网时代的全面到来。诺基亚前CEO奥利拉说："我们知道这个问题，但在一些深层次的问题上，我们无法接受即将发生的一切，许多重大项目还在继续。当我们认为应该专注于更长远的方向时，又不得不评估接下来一个季度的销售情况。"

综上讨论并见图5-5-1（左），从T型商业模式的企业产品角度综合分析，诺基亚转型失败的根本原因：价值主张、产品组合、赢利机制三者不能合一；目标客户、合作伙伴、企业所有者三方利益不能统一。换句话说，诺基亚开启第二曲线创新后，新的商业模式一直未能形成。企业转型等同于二次创业，在企业产品判定上，五力竞争模型主外，而三端定位模型主内。对于当时的诺基亚来说，外部的五种竞争力量越来越强大，而新商业模式具有的企业产品一直未能成功构建。

创业难，守业更难，而企业转型难上加难！笔者从事创业投资工作，经常与海内外的博士专家创业团队有接触。出身理工科的博士专家们的科研能力及理论水平比较高，学习能力也很强。但是创业需要另外一种学问，从企业产品→T型商业模式→企业赢利系统促进企业进化与成长，并且创业者要与各色人物打交道，随机应变的内容太多。中国古语说，"秀才造反，十年不成"。因此，博士专家创业时，自身要先完成转型——先从原有的技术研发山峰上下来，再攀登另一个经营管理山峰！

邓宁-克鲁格效应源自1995年发生的一个真实故事：惠勒是一个大块头的中年男人，在光天化日之下抢劫了匹兹堡的两家银行。他没有戴面具，也没有做任何伪装，在走出银行之前，甚至还对着监控摄像机微笑。警方通过监控录像提供的线索，很快就抓捕了他。惠勒难以置信地问："我脸上涂了柠檬汁，你们怎么这么快就找到我？"

原来，惠勒认为把柠檬汁涂在皮肤上会使他隐形，这样摄像机就拍不到他。柠檬汁可以被用作隐形墨水，写下的字迹只有在接触热源时才会显形。所以，惠勒认为只要不靠近热源，他就应该是完全隐形的。警方调查认为，惠勒既没有疯，也没有嗑药，他只是很戏剧性地"搞错了"柠檬汁的用法。

邓宁-克鲁格效应是指：能力欠缺的人沉浸在自我营造的虚幻优势之中，常常高估自己的能力水平，无法正确认识到自身的不足，不能辨别相关错误行为，在欠考虑认知的基础上得出错误结论，见图5-5-1（右）。如何化解邓宁-克鲁格效应？美团联合创始人王慧文有句话：有担当的管理者就是要把下属从愚昧之巅推到绝望之谷，至于能否爬上开悟之坡，就看各人造化了。

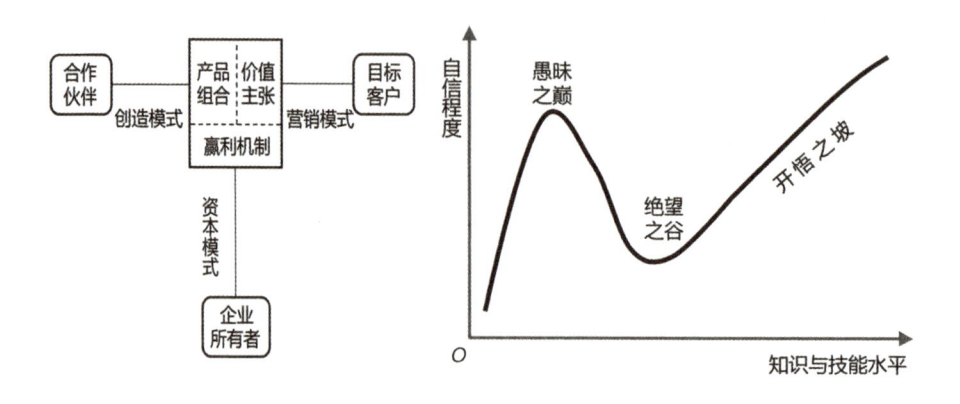

图 5-5-1 三端定位模型（左）与邓宁－克鲁格效应化解方法（右）示意图

邓宁-克鲁格效应是一种认知偏差现象。就像诺基亚的高管层，过去的辉煌为自己的认知涂上了一层"柠檬汁"，对智能手机带来的颠覆性创新认识不足，做出了很多错误决策。所谓"知彼知己，百战不殆"，企业转型时主要经营者首先要认清企业现状和所处的行业环境，尽快从愚昧之巅上下来，进入绝望之谷，然后激发出紧迫感及二次创业精神，最终才能爬上开悟之坡。

企业转型意味着以新的商业模式替换原来的商业模式，这将不是一个短期的过程。凡事预则立，不预则废。企业转型需要制订一个战略规划，给出一个供大家参考的执行路径。一方面，企业转型是一项基于企业现有资本、在限定时间内完成的独特任务，所以适合当成一个工程项目进行规范管理。另一方面，企业转型的成败与外部环境密切相关，在人财物耗费及时间节点上具有较大的不确定性，所以企业转型过程具有反复性和高风险的特征。这样综合下来，企业转型最终要形成一个可容忍不确定性和具有强风险管控特点的项目管理规划方案。

以项目管理来看，企业转型首先要有一个主流程，然后从工期、质量、成本、安全、士气五个方面进行管控与推进。每个具体公司的情况千差万别，所以对于企业转型很难给出一套万能通用的主流程。在《商业模式与战略共舞》一书中，给出了企业转型的五个步骤，见图5-5-2。这里对它进一步优化后可供相关企业参考。

1. 盘点第一曲线业务

首先，讨论企业第一曲线业务面临的主要经营困境，通过五力竞争模型及三端定位模型重点分析企业产品存在的问题、有哪些可以延长业务寿命的改进措施、出售或被并购的可能性及收益大小。

其次，从T型商业模式、企业赢利系统角度分析第一曲线业务，提出改进措施。

最后，盘点第一曲线业务的可用资本，包括物质资本、货币资本及智力资本三个方面，并重点关注智力资本的相关内容。

2. 寻找第二曲线业务

寻找第二曲线业务时，重点关注那些与第一曲线业务相关的行业、代表未来的新兴产业等，可参照风险投资机构寻找和评估优质创业项目的方法、流程及关注点等。

通过五力竞争模型及三端定位模型重点分析第二曲线业务的可行性及发展前途，也要关注新业务领域与第一曲线业务的商业模式相似性、资本共享程度等。

3. 构建商业模式

如果企业确定了第二曲线业务的方向领域，接着就要为此构建商业模式，包括企业产品定位、创造模式、营销模式及资本模式等。

4. 创业与孵化

这包括配备初始创业团队，制订战略发展规划、各项业务计划及其落地实施等。在创业与孵化阶段,谁来承担企业转型重任?

在IBM历次转型中,都是像小沃森、郭士纳那样的企业掌门人或CEO来承担企业转型重任。与之相反,当智能手机时代即将来临时,诺基亚却将第二曲线创新业务当成了一个新产品备选项目,归属于一个较低级别的管理部门负责;"The Five"(诺基亚管理层五人决策小组)中没有一人专门负责智能手机新事业,所以就谈不上第一曲线业务全力为第二曲线业务赋能或最大限度地共享资本。

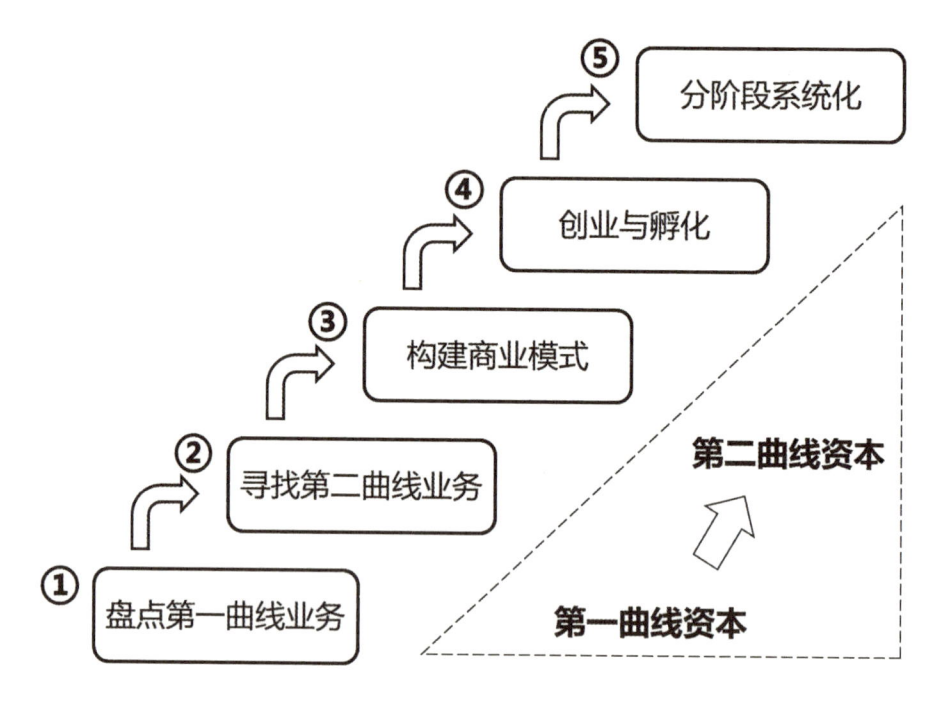

图 5-5-2 企业转型的五个参考步骤
图表来源:李庆丰,《商业模式与战略共舞》

Google X是谷歌公司最神秘的一个部门,主要负责与第二曲线业务相关的创新业务,包括自动驾驶、谷歌眼镜、未来实验室等。谷歌创始人佩奇之所以让职业经理人皮猜接棒谷歌CEO,而自己去负责Google X的创新业务,是因为他深刻认识到如果不是老板从最高层打破原有利益格局,就根本不可能推动颠覆性创新!因此,佩奇选择了那条最艰难的路,他要亲自负责Google X创业小组，继续带领谷歌跨越非连续性，这是真正的企业家精神。

在创业项目的选址方面，不要为了便于沟通管理或降低费用而长期驻在母体公司，而是应该尽快在相关产业聚集区建立据点。"在美国西海岸，计算机行业的底蕴和操作系统专业技术非常丰富。"诺基亚前CEO奥利拉说。如果诺基亚的智能手机项目当初选在美国硅谷创立，也许今天手机行业的竞争格局就会有很大不同。

5. 分阶段系统化

遵循企业产品→T型商业模式→企业赢利系统的顺序，将处于创业孵化期的项目逐渐完善起来，顺利度过创立期。首先，分阶段构建与完善企业赢利系统的三个基本要素：经管团队、商业模式及企业战略；其次，分阶段构建与完善组织能力、业务流程、运营管理、企业文化等若干转型需要的要素。

分阶段系统化也是第一曲线业务的可用资本逐步转移到第二曲线业务的过程。第一曲线业务代表过去，而第二曲线业务代表未来。因此，从战略重要性上规定，第二曲线业务应该比第一曲线业务更重要。一旦启动第二曲线创新，第一曲线业务的主要任务就是为第二曲线业务赋能。

5.6 持续打造超级产品，追求实现基业长青

> **重点提示**
>
> ※《基业长青》中讨论的"基业长青"是一个伪命题吗？
>
> ※ 为什么说巨无霸企业的成功都离不开一个超级产品？
>
> ※ 战略规划与场景对于打造超级产品有哪些必要性或重大意义？

吉姆·柯林斯的四本书——《选择卓越》《从优秀到卓越》《基业长青》《再造卓越》，分别对应于企业生命周期的起步阶段、增长阶段、成熟阶段和衰落阶段。因为这一系列的著作，柯林斯曾被《世界经理人》杂志评为"影响中国管理15人"之一。

1. 公司起步阶段：《选择卓越》

在《选择卓越》（柯林斯与汉森合著）中作者想表达的主要思想是，卓越不是运气带来的，而是选择带来的。卓越的企业面对选择时往往表现出三个特点：非常谨慎地进行选择；异常自律地坚持选择；时刻警惕伴随选择的风险。它们也是《选择卓越》整本书所要阐述的三个重点内容。

为了说明什么是谨慎地进行选择，作者用了一个比喻：先发射子弹，后发射炮弹。发射子弹的意思是先进行初步的尝试，得到验证结果后，再把更多的资源投入到项目中。子弹和炮弹的比喻与"精益创业"的核心思想非常类似。所谓异常自律地坚持选择，就是"无论天气如何，每天坚持走20千米"，类似"龟兔赛跑"中乌龟采取的策略。盖茨有句名言："微软离破产永远只有18个月。"在面对机会的时候，有些企业往往经不起诱惑，忘记

了风险的存在,而卓越企业能够时刻警惕伴随选择的风险。

2. 公司增长阶段:《从优秀到卓越》

优秀是卓越的大敌,《从优秀到卓越》这本书说明了破敌之道。它主要包括三个方面:①企业要有卓越的领导人,这样的领导人既要有远大的理想,又要有谦逊的性格;②企业要秉承"刺猬理念",找到自己有热情、有能力、有收益的发展方向;③打造从人才到理念、再到行动的飞轮机制。

刺猬理念来自一个寓言故事:狐狸知道很多事情,但刺猬知道一件大事。狐狸从早到晚在刺猬的家附近转悠,伺机袭击刺猬。但每当狐狸来袭,刺猬就立刻缩成一团,浑身的尖刺指向四面八方。在这个故事里,刺猬用简单的防御方式应对狐狸各种各样的进攻。刺猬每次都是"重复的事情认真做",最终成了大赢家。换句话说,企业要想成就卓越,须守住一件大事:为客户创造价值。

"从优秀向卓越的转变是一个累积的过程,一个循序渐进的过程,一个行动接着一个行动,一个决策接着一个决策,飞轮一圈接着一圈地转动,它们的总和就产生了持续而壮观的效果。"这就是飞轮机制。飞轮机制由人、思想和行动三部分组成。人指的就是第五级经理人和企业的团队,思想指的就是刺猬理念,行动指的就是企业系统性的行动。有了飞轮机制,一个公司的各个业务模块之间就会有机地相互推动,就像咬合的齿轮一样相互带动。一开始,从静止到转动需要花比较大的力气,但一旦转动起来,齿轮就会转得越来越快。

3. 公司成熟阶段:《基业长青》

《基业长青》(柯林斯与波勒斯合著)讨论企业如何做强和做长的问题,主要包括四个重点内容:①基业长青的企业都有对用户价值的持续追求,甚至达到"崇拜用户"的程度;②基业长青的企业都有坚实的组织基础，靠的是有强大愿景的领导人才和内部提拔的干部团队、择强汰弱的竞争机制、造钟而不是报时的制度体系；③基业长青的企业都有坚实的业务基础，包括"胆大包天"的目标愿景、追求利润之上价值的企业使命，以及"保存核心，刺激进步"的战略；④基业长青的企业都有永远不够好和以终为始的市场追求。

"造钟而不是报时"是说企业要有像牧羊犬一样的制度型领导者。好的牧羊犬必须遵循三个原则：第一，可以拼命吼叫，但不能咬羊；第二，必须走在羊群的后面，而不能跑到羊群的前面；第三，必须知道前进的方向，并且不能让任何一只羊掉队。

保存核心，就是坚守企业的核心价值观。刺激进步，就是为实现企业愿景及履行使命，与时俱进、抓住机遇，不断创新与变革。

4. 公司衰落阶段：《再造卓越》

《再造卓越》从企业生命周期的视角，把大企业的衰落过程分为狂妄自大、盲目扩张、漠视危机、乱抓救命稻草、被市场遗忘或濒临死亡五个阶段；进而也把有些能够成功摆脱衰落命运的企业归入复苏和重生阶段。

没有成功的企业，只有时代的企业。卓越企业不断通过自我再造，勇立潮头。能够再造卓越的企业往往从四个方面入手逆转危机：①重新认识用户，挖掘用户的潜在需求；②推动组织变革，激活组织活力；③加强主业，进行品类创新；④积极探索新的蓝海市场等。伟大的企业难免遇到危机，但是总有一些卓越的企业能够数次从危险中把握机会，转危为安，再造卓越。

（参考资料：路江涌，《图解企业成长经典》）

在1994年《基业长青》出版后，柯林斯又接着写了《从优秀到卓越》。

然而，做到基业长青绝非易事。《基业长青》里研究的18家"基业长青"企业中的大多数，在这本书出版后不久就出了问题。到2018年，这18家企业只有11家还有利润、6家亏损、1家（摩托罗拉）破产被收购。在世界500强企业排名中，只有3家是排名上升的，其余都在下降或早已不在名单上。为了对这些出问题企业进行回应，柯林斯又写了《再造卓越》《选择卓越》两本书。

无独有偶，笔者也打算写四本书《三端定位》《复利增长战略》《核心竞争力之谜》《扭转战略》，分别与企业生命周期的创立期、成长期、扩张期、转型期这四个阶段一一对应。这四本书什么时间能出版呢？笔者计划在2022至2024年期间陆续完成写作并出版。从战略及商业模式的角度，而较少涉及企业赢利系统其他方面，本书《新竞争战略》只能算是对以上四本书的一个内容综述或仅是一个"开场白"。

《基业长青》中讨论的"基业长青"是一个伪命题吗？世界变化得这么快，神仙也难预测！由于行业更替、竞争加剧或市场需求碰到了"天花板"，成长期或扩张期的企业总会遇到"增长的极限"。现实也证明，只有少数企业能够跨越非连续性，转型成功、开启第二曲线业务，进入下一个生命周期循环。那些不断寻求扩张转型、不断取得成功的企业是伟大的企业，真正伟大的企业通过持续打造超级产品，追求实现基业长青！

马化腾带领腾讯团队早期创业时，由于缺钱而生存艰难，曾试图以60万元卖掉QQ。如今腾讯是世界十大互联网公司之一、即时通信行业的霸主。从创立至今，腾讯持续打造而成的超级产品是QQ及微信。当初马云与17个合伙人凑了50万元创办阿里巴巴，如今成长为电商、移动支付领域的霸主。阿里巴巴旗下的超级产品是淘宝、天猫、菜鸟物流、支付宝等。任正非借款2万元创办华为，如今华为是世界排名第一的通信设备商。华为的超级产品是通信解决方案和智能终端。刘强东从电子市场租柜台起步创办京东，现在京东已经成长为自营电商巨头，它的超级产品是京东商城。2010年小米成立时，雷军带领6个合伙人，每人喝一碗小米粥，几年后小米手机销量世界第三，它的超级产品是高性价比的智能手机等。

比尔·盖茨带领微软，打造的超级产品是Windows（视窗）操作系统；乔布斯带领苹果，打造的超级产品是iPhone。谷歌是从车库创业开始的，脸书起步于大学校园，亚马逊起步于一个卖书网站……它们从零创业起步，能够成长为"巨无霸"，是因为它们都有自己的超级产品。

一个企业如何才能拥有自己的超级产品？

图5-6-1来自第1章的图1-7-2，再次整体地描述战略这头"大象"。本书阐述的新竞争战略理论，试图给出企业打造超级产品的一个基本解决方案，主要包括以下三部分内容：

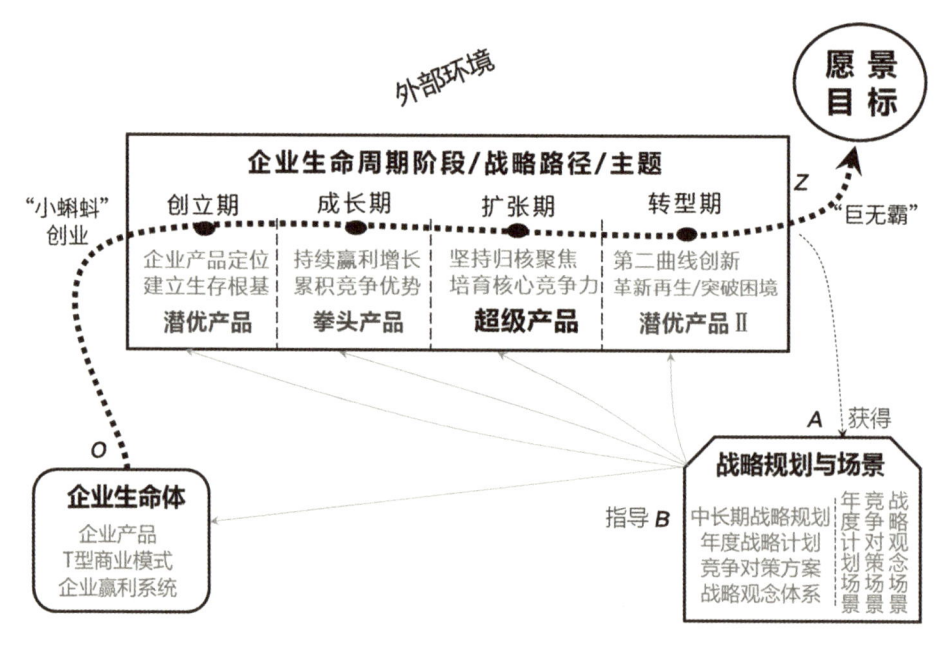

图 5-6-1 以新竞争战略打造超级产品示意图
图表来源：李庆丰，"新竞争战略"理论

1. 通过企业生命体的成长与发展打造超级产品

为了有详有略地阐述新竞争战略理论，并能够"纲举目张，执本末从"地结构化展开，笔者创造了一个新概念——企业生命体，它代表着企业打造超级产品所需要的一个三级嵌套式结构：企业产品→T型商业模式

→企业赢利系统。其中企业产品是T型商业模式的核心内容,而企业赢利系统又以T型商业模式为中心。

企业产品从潜优产品→拳头产品→超级产品逐步成长与发展的过程,如同一棵茁壮的小树苗逐渐成长为参天大树的过程。不同阶段的企业产品在行业环境中的每一步成长,都需要T型商业模式及企业赢利系统的"精心抚育"。

2. 通过企业生命周期阶段的主要战略主题打造超级产品

从潜优产品→拳头产品→超级产品,是在企业内外部环境中从小到大逐渐形成的,它以时间为"朋友",历经企业的创立期、成长期、扩张期及转型期,还可以再进入以后的企业生命周期循环。

在企业生命周期的每个阶段,都有促进企业产品向超级产品成长与发展的主要战略主题。企业创立期的战略主题是:企业产品定位、建立生存根基;成长期的战略主题是:持续赢利增长、累积竞争优势;扩张期的战略主题是:坚持归核聚焦、培育核心竞争力;转型期的战略主题是:革新再生、突破困境及第二曲线创新。

通过实现转型期战略主题,企业再次发现潜优产品即潜优产品Ⅱ,从潜优产品Ⅱ→拳头产品→超级产品,企业由此进入下一个生命周期循环。

3. 通过企业的战略规划与场景打造超级产品

打造超级产品,是一个伟大而艰苦卓绝的战略工程。凡事预则立,不预则废。任何伟大的战略工程,都需要先在规划及场景中落地。战略规划与场景是第6章将要重点阐述的内容。

打造超级产品需要超级资本,即需要一流的独特资源和能力。有句话说,当你真心做一件事时,所有的资源都会向你涌来。通过战略规划与场景,向世界表明你要真心做这件事——将企业产品打造为超级产品,从"小蝌蚪"创业成长为"巨无霸"。通过战略规划与场景,更多吸收外部环境的优质资源,转变为企业的核心竞争力。通过战略规划与场景,将T

型商业模式及企业赢利系统对企业产品的"精心抚育"作用发挥到极致，历经企业生命周期战略路径的"风风雨雨"后，最终让企业的超级产品卓然呈现！

第 6 章

战略规划与场景：
让好战略呈现，将坏战略遁退

本章导读

为什么"教科书战略"难落地？战略规划中要包含一个可行的战略指导方案。战略指导方案从哪里来？可以通过战略过程DPO模型获得，它只有三个步骤：调查分析、指导方案、执行优化。另外还要创造一个战略场景，例如：刘备三顾茅庐，与诸葛亮"隆中对话"……

三顾茅庐之前，刘备颠沛流离30年，跑遍了大半个神州，游走在各方势力之间，到处受排挤、被人怀疑，最终不得不寄人篱下，苟且偷生。三顾茅庐之后，刘备按照诸葛亮给出的战略指导方案，从此发展起来，很快形成刘备军事集团，与曹操、孙权平起平坐。然后，刘备军事集团仅用大约七年时间就初步建立蜀国，形成魏国、蜀国、吴国三足鼎立之势。

诸葛亮给刘备提供一个"好战略"的同时，还带来了一个"坏战略"……

6.1 战略场景：
辨明企业战略的一系列涌现活动

> **重点提示**
>
> ※ 中小企业战略缺失的主要原因是什么？
>
> ※ 结合抖音海外版被美国政府禁用事件，谈一下"竞争对策场景"的重要意义。
>
> ※ 如何将企业战略规划在经管团队的头脑中落地？

2020年5月17日，自称为"浑元形意太极拳掌门人"的马保国现身山东淄博，与善于散打格斗的业余拳手王庆民同台比武。比赛开始10秒钟后，马保国被王庆民一拳击倒，但他随后迅速起身，紧接着又连续被击倒两次，最后一次直接被击昏，倒地不起。不到30秒！这场备受瞩目的功夫大战就结束了。

这次比武之前，马保国曾到处宣称，自己以集大成的浑元形意太极拳，"曾打得欧洲综合格斗冠军皮特毫无招架之力"，"自己一根手指就能撂倒体重100千克的壮汉，'接化发'绝技可以打败世界上任何功夫"。马保国与王庆民的这次比武，引发广大"吃瓜"群众激烈议论。为此，人民日报客户端还刊发评论《马保国闹剧，该立刻收场了》。

通过宣传包装、相互提携，以大师自居、自吹自擂只能暂时蒙蔽大家，而到同台比武的场景上，自己的功夫好与不好，很快就会水落石出。图6-1-1是常见的战略教科书所认为的"企业战略"，它们能够直接用到企业的经营场景中吗？

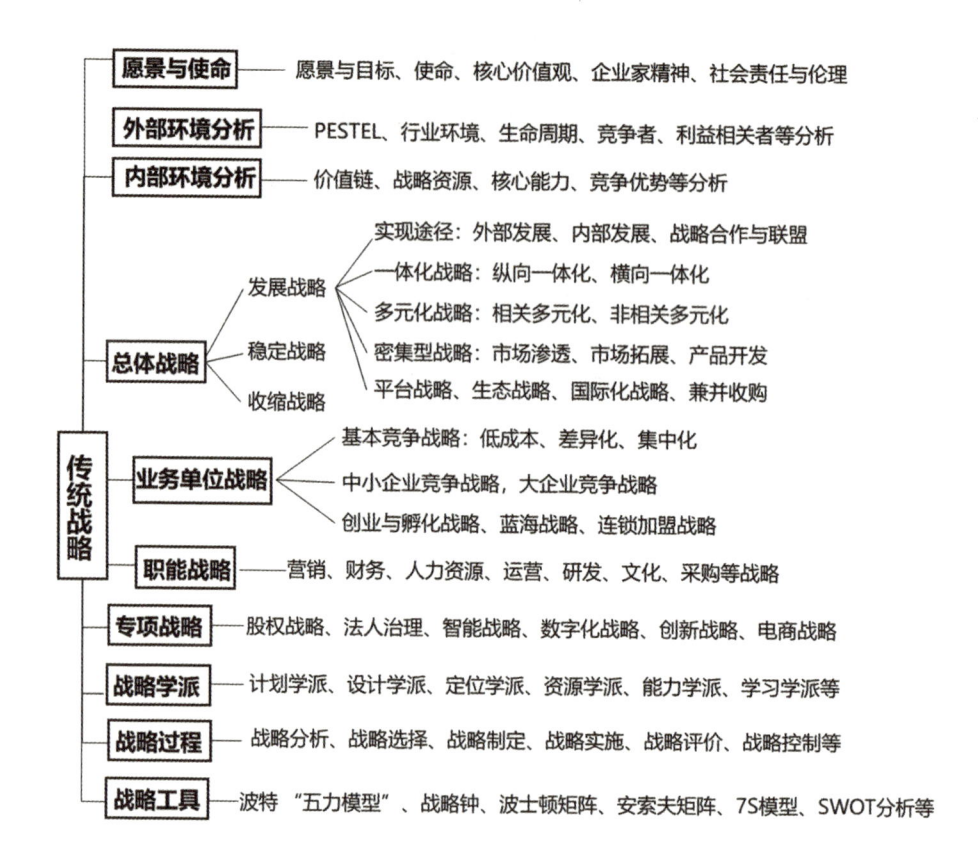

```
                    ┌─ 愿景与使命 ──── 愿景与目标、使命、核心价值观、企业家精神、社会责任与伦理
                    │
                    ├─ 外部环境分析 ── PESTEL、行业环境、生命周期、竞争者、利益相关者等分析
                    │
                    ├─ 内部环境分析 ── 价值链、战略资源、核心能力、竞争优势等分析
                    │
                    │                 ┌─ 实现途径：外部发展、内部发展、战略合作与联盟
                    │                 ├─ 一体化战略：纵向一体化、横向一体化
                    │      ┌─ 发展战略 ┤
                    │      │           ├─ 多元化战略：相关多元化、非相关多元化
                    ├─ 总体战略 ┤       └─ 密集型战略：市场渗透、市场拓展、产品开发
传统                │      ├─ 稳定战略
战略 ┤              │      └─ 收缩战略    平台战略、生态战略、国际化战略、兼并收购
                    │
                    │                 ┌─ 基本竞争战略：低成本、差异化、集中化
                    ├─ 业务单位战略 ──┤  中小企业竞争战略、大企业竞争战略
                    │                 └─ 创业与孵化战略、蓝海战略、连锁加盟战略
                    │
                    ├─ 职能战略 ──── 营销、财务、人力资源、运营、研发、文化、采购等战略
                    │
                    ├─ 专项战略 ──── 股权战略、法人治理、智能战略、数字化战略、创新战略、电商战略
                    │
                    ├─ 战略学派 ──── 计划学派、设计学派、定位学派、资源学派、能力学派、学习学派等
                    │
                    ├─ 战略过程 ──── 战略分析、战略选择、战略制定、战略实施、战略评价、战略控制等
                    │
                    └─ 战略工具 ──── 波特"五力模型"、战略钟、波士顿矩阵、安索夫矩阵、7S模型、SWOT分析等
```

图 6-1-1 传统战略教科书中关于企业战略的相关内容示意图

盲人摸象式的各种战略学派与工具、多不胜数的各种战略类型与案例、各式各样的战略名词裂变与混搭、冗长及空洞的战略制定/评价/控制……即便是全球知名的战略大师们，提供给企业的也只是"战略零部件""战略原材料"。这是让企业经营者自己组装所需要的"企业战略"吗？但是，与中小企业相关的"战略零部件""战略原材料"少之又少，至今还没有一条可用的"供应链"！

截至2020年底，全国有近4000万家中小企业，占全国企业总数的95%以上。常见的战略教科书传承于西方编著者传统的知识堆砌范式，内容越来越庞杂繁多，见图6-1-1。这有点像唐代的仕女，追求以肥为美！如此繁多的知识堆砌，哪些与企业的经营逻辑相吻合呢？企业经营者时间宝贵，即使读上几遍这样的大部头战略书，依然是"狐狸吃刺猬——无从下口"，也很有可能让自己原有的经营逻辑变得混乱不堪。

引进、吸收、模仿西方编著者的内容结构，这些战略教科书好像专门为大型企业集团编写的，其中有个别关于中小企业的相关战略内容，也还有东拼西凑之嫌。大型企业集团的战略管理情况怎样呢？按照《好战略，坏战略》作者鲁梅尔特的说法，"好战略"凤毛麟角，"坏战略"比比皆是。

在实际的企业经营场景中，讨论起战略主题时，大家普遍不知道说什么。有些企业将战略当成是定目标的誓师大会，让战略目标简单等于企业战略；有些企业将战略当成是抓住外部机会，所以各种经济学家、媒体人的宏观机会类主题演讲备受欢迎；有些企业将战略看成是重奖重罚、顶层设计、股权激励等；还有些企业将战略看成是进行资源整合、借力打力、权力勾兑、交易设计等。

以上可以称之为企业的"战略困境"。近100年来，这个"战略困境"持续无解。笔者提出新竞争战略理论，算是"关公面前耍大刀"，希望给这个"战略困境"提供一些线索或初步的解决方案。新竞争战略含有这样一个紧密连接企业经营的战略逻辑过程：考量Ⅱ环境中的行业牵制力量、环境机会与威胁，Ⅰ企业中的企业生命体沿企业生命周期战略路径进化与成长，通过实现创立期、成长期、扩张期、转型期等各阶段的主要战略主题，将企业产品从潜优产品→拳头产品→超级产品，让"小蝌蚪"创业成长为"巨无霸"，实现企业战略目标和愿景，见图6-1-2。

一方面，基于这个战略逻辑过程制定或开展企业的战略规划与场景活动；另一方面，制定完成或进一步开展的战略规划与场景活动，又用来指导未来的企业经管实践，将上述战略逻辑落地执行。这类似在平地上建设一座高楼，一方面，预先的图纸设计及研讨场景要基于建造这类高楼的逻辑过程；另一方面，设计出的图纸及进一步的研讨场景，又用来指导未来的实际建造活动。

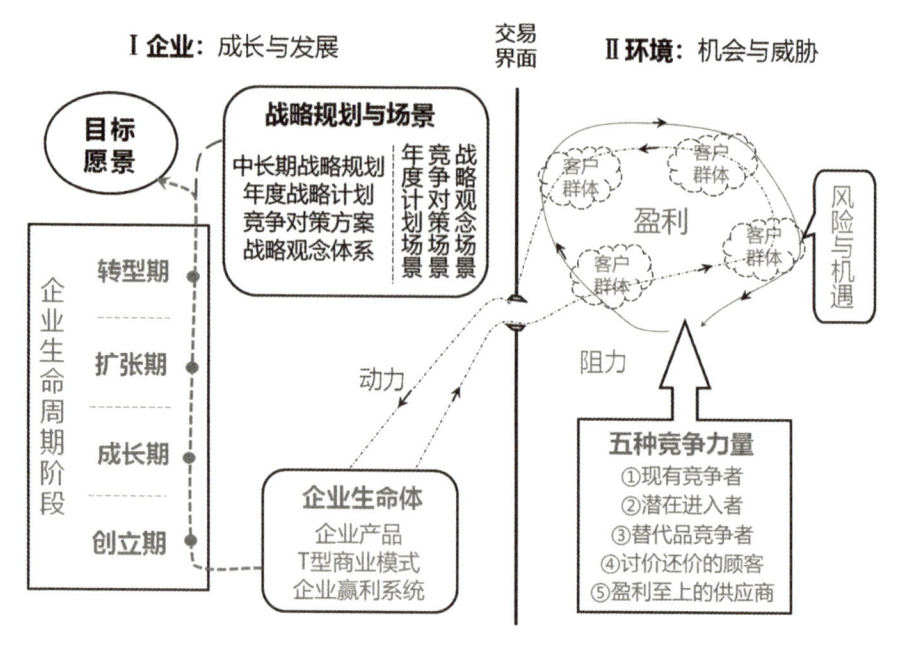

图 6-1-2 战略规划与场景的主要内容示意图
图表来源：李庆丰，"新竞争战略"理论

打个比方，如果一个航空器公司设计制造的飞机不能翱翔于蓝天，只是刊发很多论文或只有铺天盖地的媒体宣传，那么该公司将不能生存，也会被世人嘲笑。新竞争战略倡导"是骡子是马，拉出来遛遛"，战略理论要通过战略规划与场景落实到企业经营实践中，而不能只是在学术圈或宣传圈"兜圈子"。

战略规划与场景包括战略规划、战略场景两个部分。战略规划比较好理解，它包括中长期战略规划、年度战略计划、竞争对策方案、战略观念体系，相关内容将在章节6.2中进一步解释。什么是战略场景呢？获得企业战略的一系列涌现活动。这里的企业战略具有广泛含义，包括了前面所说战略规划的所有相关内容。这里的涌现是指系统涌现。在系统学中，一个非线性系统的整体与部分之和不相等，两者之间的差异就是涌现。企业能够以复利或指数成长，也可以加速走向衰落，所以企业是非线性系统。通俗地理解，1+1＞2就是涌现。好战略是通过一系列活动场景涌现出来的。

如图6-1-2所示，通过年度计划场景、竞争对策场景、战略观念场景，分别获得企业所需要的中长期战略规划及年度战略计划、竞争对策方案、战略观念体系。

1. 年度计划场景

通常在岁尾年初，企业领导者要引导企业骨干员工研讨年度战略计划或中长期战略规划，这叫作年度计划场景。年度战略计划是连接中长期战略规划和年度运营计划的桥梁。年度战略计划研讨活动通常每年举行一次，准备与完善时间在1个月左右，实际研讨会议活动时间为1~2天，其成果是制订或修订公司的年度战略计划。有的企业每五年还搞一次中长期战略规划研讨活动，准备与完善时间不超过3个月，实际研讨会议活动时间为2~3天，通过集思广益，认真思考企业未来的战略，制订或修订企业的中长期战略规划。不论怎样做，它们都是有战略的企业。年度计划场景实际是一个例行研讨活动，将年度战略计划或中长期战略规划放在这个场景落地，体现了战略规划贯通过去、现在和未来并保持持续更新的特色。

在年度计划场景研讨什么？切勿跑题！依据的第一性原理是"战略=目标+路径"。对战略目标的分解展开，可以说大部分公司是擅长的，但是要牢记"企业制订战略规划时，战略目标并不优先"。因为目标是结果，而企业生命体及其在生命周期阶段成长与发展的战略路径（战略主题）才是原因。所以，在年度计划场景研讨的内容首先是企业产品，其次是T型商业模式，最后是企业赢利系统，三者是新竞争战略的基础内容，构成战略规划的"线、面、体"。有人说"点、线、面、体"更全面一些，而"点"在哪里？无论企业产品、T型商业模式，还是企业赢利系统，要实现持续优化迭代或进化发展，都离不开需要集中资源优化的那些"点"，例如：通过技术创新，提升产品的良品率和性能，战略性地降低成本；通过知识产权保护及品牌塑造，为商业模式建立护城河；通过股权激励措施，稳定经管团队,吸引优秀人才加盟,让企业赢利系统具有更多的源动力等。这些"点"是"线、面、体"的基本构成,是战略规划的细胞单元,也是将战略规划转变为一系列连贯行动的具体依据和措施。

通过战略计划研讨活动,如何发挥参与者的1+1＞2的协同效应,最终涌现出一个好战略?笔者从事创业投资工作,为诸多被投资企业组织和主持战略研讨会或私董会,积累了丰富的经验感受和理论感悟,详情可以参考《企业赢利系统》的"第8章　私董会3.0:三个臭皮匠,如何顶个诸葛亮?"。

2.竞争对策场景

企业遇到突发性战略问题时,通过组织战略专案小组研讨活动,以求得积极稳妥地解决问题,称之为竞争对策场景,这属于非例行的战略规划落地场景。企业面对的突发战略问题,大部分是源于利益相关者的冲突对抗、自身经营错误,少部分是由于外部环境突变,例如:新冠疫情对餐饮、住宿、航空、旅游等服务业的巨大冲击。外部环境突变往往影响一大批行业和企业,有一定的普遍性。

企业的目标客户、供应商、股东、各类竞争者、关键人才等利益相关者,在交易中都试图获得更多利益,相互之间发生突发性激烈碰撞在所难免。例如:竞争者发起价格战(特斯拉电动车降价)、潜在竞争者跨界进入企业利润区(美团与滴滴网约车之战)、替代品竞争者暴力入侵(奇虎360与腾讯QQ之间的"3Q大战")、供应商"断供"(美国芯片厂商对华为、中兴"禁运")、目标客户集体抵御某类厂商(韩国部分民众掀起"抵制日货"浪潮)、核心人才出现问题(日产前CEO戈恩"跨国逃亡")等。

企业自身犯错而招致的突发重大战略问题也在增多。例如:由于领导人风险控制能力薄弱、投机意愿强烈,导致企业资金链断裂的现象,总是周期性大量出现。三鹿集团等公司在奶粉中掺加三聚氰胺,导致消费者"抛弃"整个行业;瑞幸咖啡营收数据造假,招来纳斯达克的退市通知及中国证监会的强烈谴责等。

在经营过程中遇到突发重大战略冲突问题，企业必须立即面对，成立战略专案小组，启动竞争对策场景。从冲突问题入手，由表及里发现深层次原因，找到根本解决方案，尽快形成竞争对策方案。在冲突问题解决后，企业还应该战略复盘，依照从企业产品→T型商业模式→企业赢利系统的从核心到外围的逻辑顺序，逐点逐段加强薄弱环节，以"一劳永逸"地降低这些突发战略问题带来的后续影响和风险。

3. 战略观念场景

战略观念场景是指企业战略规划要在经管团队的头脑中落地。所谓企业"有战略"不仅指形式上有一个文字版的战略规划，更是指经管团队的认知中具有战略观念体系、头脑中有一个可执行的战略规划。

要让企业战略规划能够在经管团队的头脑中落地，这是一个难度相当大的系统工程。笔者给出的建议有两个：其一是反复阅读与学习研讨《新竞争战略》这本书，建立企业生命体各要素构成的战略格局和企业生命周期各阶段主要战略主题构成的战略视野，深刻领悟企业生命体成长与发展过程中体现的"战略=目标+路径"这个战略第一性原理。其二是深刻领悟"企业战略落地的六步思考框架"，见图6-1-3。具体内容可参考书籍《企业赢利系统》的图4-3-1及上下文和"第4章　企业战略：让混沌无疆的战略知识在企业落地！"。

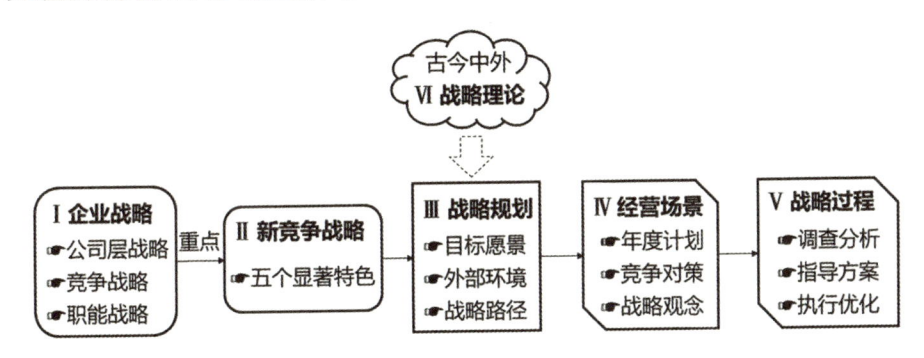

图6-1-3　企业战略落地的六步思考框架示意图
图表来源：李庆丰，《企业赢利系统》

6.2 战略规划：不能是一沓"战略鬼话"，也不能只是"墙上挂挂"

重点提示

※ 为何"战略是什么"仍然是一个千古难题？

※ 你所在企业是否有战略规划，如何制订战略规划？

※ 你对图6-2-1所示的"综合方案"有何改进建议？

  南极点处在南纬90度的地方，是地球的最南端。探险者从南纬82度开始，到了南极点还要顺利返回，这是一段2200多千米的路程。100多年前，有两个竞争团队做好了向南极点冲刺的准备，一个是来自挪威的阿蒙森团队，另一个是来自英国的斯科特团队。他们都想率先到达南极点，完成首次到达南极点的壮举。

  这是一个有趣的比较，阿蒙森团队共有5个人；斯科特团队17个人。凭感觉，你猜谁最后赢了？

  这两支团队的出发时间差不多。1911年10月初，他们都在南极圈的外围做好了准备，准备进行最后的冲刺。最终结果却是这样的：阿蒙森团队在两个多月后，也就是1911年12月14日，率先到达了南极点，插上了挪威国旗；而斯科特团队虽然出发时间差不多，而且人数还更多一些，可是他们晚到了一个多月。这意味着什么？没有人会记住第二名，大家只记得第一名。

  故事并没有这么简单！他们不仅要到南极点，而且要活着回去。阿蒙森团队率先到达南极点之后，他们又顺利地返回到原来的基地。斯科特团队晚到了，不仅没有获得荣誉，而且更糟糕的是，错过了返程的最佳时间段，途中遭遇到了恶劣的天气。最后，他们没有一个人生还，全军覆没。

事后有人专门研究了这两支探险队的日志，从中发现了显著的区别。虽然阿蒙森团队人少，但是准备得非常充分：多达3吨的物资，50多条爱斯基摩犬的雪橇队，4支体温计，路途中设立大量标志等。斯科特团队的人数是对方三倍多，但是只准备了1吨的物资，还有一些马匹及雪地摩托等不仅用不上还带来行军负担的东西。

1吨物资够吗？如果他们在探险过程中不犯任何错的话，可能刚好够。而阿蒙森团队准备了3吨的物资，有一个极大的冗余量。他们充分预想到南极探险将面对环境恶劣、境况复杂、路径有变等各种挑战，所以做好了充足的准备。

此外，阿蒙森团队努力做到不论天气好坏，每天坚持前进30千米。在一个极限环境里面，他们能做到更好，可持续性更强。相反，从斯科特团队的日志来看，这是一个有些随心所欲的团队，天气很好就多走一些路，当天气不好时，他们就睡在帐篷里，多吃点东西，诅咒恶劣的天气……

（参考资料：柯林斯，《选择卓越》）

比较普遍的说法，战略就是一种计划，计划决定成败。上文中的阿蒙森探险队，无论是出发前做好充分准备，还是探险途中每天坚持前进30千米，都属于制订与执行计划的优秀表现。

相比于探险等单项活动，经营企业涉及的变量很多，所以企业战略很难求出可行解。如果我们仔细研究阿蒙森探险队的成功，也远不只有"计划做得好"这一单独因素。战略不仅是一种计划！明茨伯格在书籍《战略历程：纵览战略管理学派》中说，我们对企业战略的认识就如同盲人摸象，每个人只是抓住了战略形成的某一方面：设计学派认为，战略是设计；计划学派认为，战略是计划；定位学派认为，战略是定位；企业家学派认为，战略是看法；认识学派认为，战略是认识；学习学派认为，战略是学习；权力学派认为，战略是权力协商；文化学派认为，战略是集体思维；环境学派认为，战略是环境适应。这些认识对不对呢？从每个学派的局部来看，这些认识都是对的。正如大象的身体、牙齿、鼻子、膝盖、耳朵、尾巴都是不可缺少的一样，所有这些学派所考虑的问题对于企业战略都是不可缺少的。但是，所有这些学派都不是企业战略的整体。

战略是什么？这仍然是一个千古难题！调查一下身边的企业，我们就会发现，95%以上企业的高管有MBA/EMBA文凭或曾经学习过战略，但95%以上的企业缺乏例行的战略规划。如果我们进一步探究：那不到5%的企业有例行的战略规划，它们是怎么弄的呢？

有人说：公司花费几百万，请国际知名战略咨询公司搞的战略规划，最终交付的就是一大沓"战略鬼话"，挑选几页"墙上挂挂"而已，实际经营与此无关。其实，也没有那么夸张与不堪。一些企业的战略规划就是目标管理、预算分解、责任到人；另一些企业通过外部环境分析、内部环境分析，最后SWOT分析、内外匹配得出企业战略规划；还有一些企业的战略规划装在老板的大脑中，根据环境随机应变……

与以上简单粗暴制订战略规划的方法有所不同，依照波特定位学派的理论（即波特竞争战略理论），我们可以这样制订企业的战略规划：①通过五力竞争模型等分析行业结构带来的牵制或机会；②结合企业内部状况，从低成本、差异化、集中化三大通用战略中，选择其一作为企业的战略定位；③构建独特价值链，以深化所选择的战略定位；④通过持续专一化经营，赢得竞争优势，实现经营成功。

20世纪80年代，波特提出竞争战略理论，迄今已经过去40多年了。时过境迁，万物巨变。我们应该博采众长，不断与时俱进。笔者提出的新竞争战略理论，也在试图求解"战略是什么"这个千古难题，并给出一套制订战略规划的综合方案（简称"综合方案"）。这只能算是抛砖引玉，仅供参考。

在解释图6-2-1所示的综合方案之前,我们先说一下战略规划有哪些功能作用:①战略规划通过调查分析而来,可以协助经管团队发现机会、避开陷阱;②战略规划中阐述了共同的目标愿景,为全体人员指明了奋斗方向,增强企业的向心力和凝聚力;③战略规划中的战略路径及策略方案,可以减少管理人员工作中的盲目和徘徊,有利于改进效率和提升工作质量;④战略规划有利于配置资源、优化组织及提高运营水平等;⑤战略规划代表着经管团队的可持续经营观念,将过去、现在及未来有机地串联在一起;⑥战略规划将企业经营管理变成有目的、有计划的统筹活动,有助于将企业产品打造成超级产品,有助于"小蝌蚪"创业成长为"巨无霸"。

图6-2-1所示的综合方案共分五个层次,下面我们逐一进行解释。

1. 战略规划

战略规划是以下面四个层次的逻辑顺序推导出来的,即从企业历史战略规划→企业现状与外部环境→战略内容与过程→战略场景→战略规划。这个逻辑顺序可以帮助我们建立认知,知道战略规划是从哪里来的。而实际制订战略规划时,可以根据具体企业的实际情况,有所优化调整。

企业战略规划有四项主要内容:中长期战略规划、年度战略计划、竞争对策方案和战略观念体系。

(1)中长期战略规划。它通常是指3~5年的战略规划,遵循"战略=目标+路径",主要是企业生命体构成部分及其要素沿着所处发展阶段主要战略主题的展开,包括未来财务预测、产品规划、市场开拓、团队建设、管理体系构建、文化塑造等相关战略目标及战略主题。在私募股权融资或IPO上市时,企业在商业计划书或招股书中通常会有中长期战略规划。大家可以登陆上海证券交易所、深证证券交易所或相关研究机构的网站,参阅一些企业制定的中长期战略规划。

(2)年度战略计划。它是与企业年度计划相关的战略指导方案,并与中长期战略规划保持连贯性,但有所更新以应对变化,实现与时俱进。年度战略计划的内容可以参照如下顺序展开或找到思路：财务绩效与经营目标→企业产品的市场表现→T型商业模式相关要素的构建支持→企业赢利系统各部分建设提升内容。

（3）竞争对策方案。当企业面对突发重大战略问题时，通过章节6.1中讲到的竞争对策场景，就要尽快形成一个竞争对策指导方案。这种场景类似战争对抗场景，可以参照一些商战案例、《孙子兵法》等制订指导方案。在竞争对策指导方案中，通常以自身商业模式的优势来寻求解决方案，并聚集充足资源伺机突破或进行饱和攻击，以摆脱困境或取得决定性胜利。

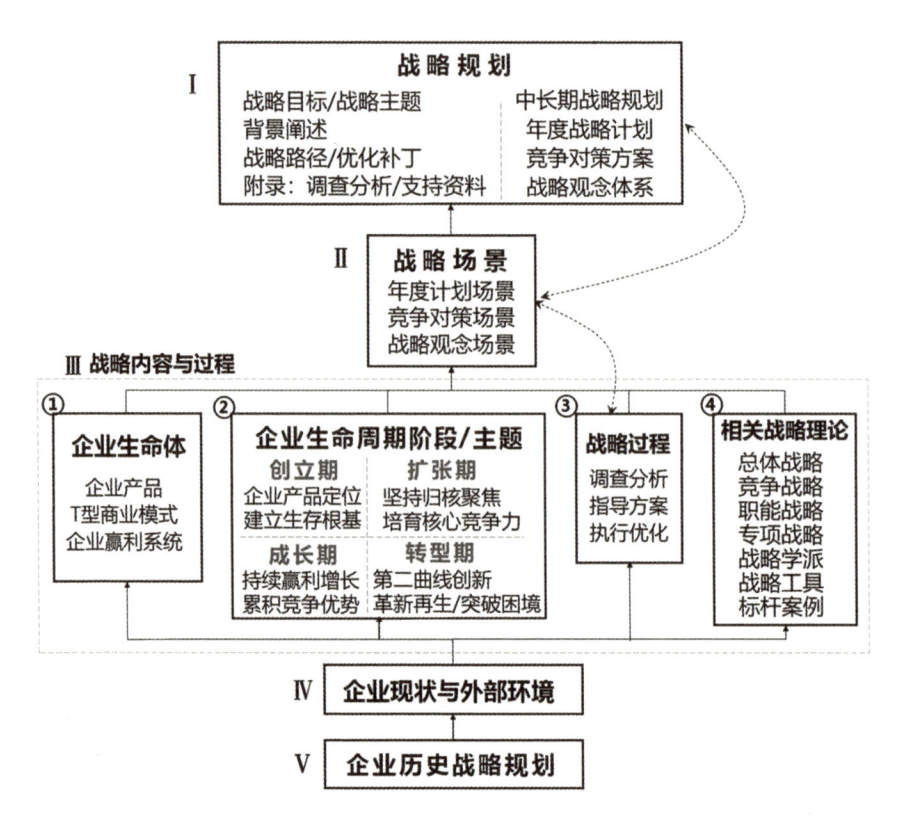

图 6-2-1 制订战略规划的综合方案示意图
图表来源：李庆丰，"新竞争战略"理论

（4）战略观念体系。它是指经管团队的头脑中有一个可执行的战略规划，在认知中具有战略观念体系。自华为创立以来，其创始人任正非一直在兼职扮演文化教员的角色，发表了近百篇广为流传的文章或讲话，像《呼唤英雄》《北国之春》《华为的冬天》《我们处在爆炸式创新的前夜》等。这些文章及思想有助于华为全员战略观念体系的形成。

以上中长期战略规划、年度战略计划、竞争对策方案、战略观念体系等，当形成战略规划文件或认知时，它们的共同之处是都由四部分构成，分别是战略目标、背景阐述、战略路径和附录。

① 战略目标可以包括企业愿景、目标体系、战略主题、企业使命、核心价值观等内容。

② 背景阐述主要包括历史背景分析、内外部环境分析、问题背景分析等。

③ 战略路径主要包括战略路径、优化补丁。战略路径是战略规划的核心内容，是为实现战略目标或战略主题所构建的路线图；优化补丁是说战略规划不是一劳永逸的，而是要不断动态优化，像企业章程那样，不断有修正案即补丁内容，或像APP升级那样，不断修补漏洞、更新版本。

④ 附录包括调查分析及支持资料等。与调查分析相关的内容，将在本章第3节具体阐述。

2. 战略场景

战略场景对下面层次的战略内容与过程、企业现状与外部环境、企业历史战略规划等方面进行研讨，有助于涌现出上面层次的战略规划。章节6.1中曾讲到，战略场景包括年度计划场景、竞争对策场景、战略观念场景。

3. 战略内容与过程

战略内容与过程是综合方案的重点内容，包括四大部分：企业生命体、企业生命周期阶段、战略过程、相关战略理论。

（1）企业生命体。企业生命体包括企业产品、T型商业模式、企业赢利系统,其中企业产品是T型商业模式的核心内容,而T型商业模式又是企业赢利系统的中心,它们三者构成一个三级嵌套式结构。

在战略场景中研讨及指导方案阐述的内容首先是企业产品,其次是T型商业模式,最后是企业赢利系统。例如:如何通过产品组合创造更多的目标客户?如何改进企业产品中的价值主张,与竞争对手形成差异化?如何优化赢利机制,提高防护壁垒?等等。这些都属于与企业产品相关的战略内容。如何构建营销组合对抗市场竞争,吸引更多目标客户?如何提升供应链水平,提高产品质量及降低成本?如何股权融资、引进人才,提高企业的资本水平?等等。这些都属于与T型商业模式相关的战略内容。如何打造经管团队、形成共同愿景?根据阶段目标,如何提升组织能力?如何进一步塑造企业文化?根据存在的困境问题,如何创新变革?等等。这些都属于与企业赢利系统相关的战略内容。

综上,在企业生命体范围内,与战略相关的内容很多,但是一定要按照企业产品→T型商业模式→企业赢利系统依主次、按顺序展开。

(2)企业生命周期阶段。企业生命周期包括创立期、成长期、扩张期、转型期,每一阶段都有自身的主要战略主题。例如:企业在增长期的战略主题是持续赢利增长、累积竞争优势。企业处于什么生命周期阶段,相应的主要战略主题就是战略场景中研讨及指导方案阐述的重点内容。

(3)战略过程。在新竞争战略中,战略过程可分为三大步骤:调查分析、指导方案、执行优化。为表达方便,将其称为战略过程DPO模型。DPO分别是Diagnosis(调查分析)、Plans(指导方案)、Optimizing(执行优化)的首字母。这三大步骤将分别在章节6.3、6.4、6.5中具体阐述。在《企业赢利系统》书中首次提出战略过程DPO模型,这里对它进一步优化升级。

在综合方案中,战略过程纵向贯穿从企业历史战略规划→企业现状与外部环境→战略内容与过程→战略场景→战略规划的五个层次,横向连接企业生命体、企业生命周期战略路径、相关战略理论,并与战略规划、战略场景反复循环地"切磋"(见图6-2-1),以实现综合方案最优。

(4)相关战略理论。在战略过程与战略规划、战略场景反复循环的"切磋"活动中,应该参考或吸收图6-2-1或图6-1-1所示的相关战略理论。

4.企业现状与外部环境

战略内容与过程、战略场景、战略规划等内容与活动要基于企业现状和外部环境状况。对于新创企业或处于转型期的企业来说,内外部环境分析更重要一些。而对于持续发展的企业来说,行业环境是比较稳定的,宏观环境也不会经常发生突变,企业内部状况具有持续性,所以涉及企业现状与外部环境分析的内容较少。

5.企业历史战略规划

战略内容与过程、战略场景、战略规划还要参考企业历史战略规划,将过去、现在及未来有机地串联在一起。

综上,从形式上看,战略规划是一套指导企业成长与发展的计划类文件;从实质上看,战略规划是企业领导人带领企业全体员工,为实现企业的目标愿景而开辟一条独特战略路径的智慧涌现活动。

6.3 调查分析：从哪里开始？内容是什么？形成什么成果？

> **重点提示**
>
> ※ 通过SWOT分析为企业定战略，有哪些优缺点？
>
> ※ 调查分析的作用是什么？
>
> ※ 为什么采用计划方法指导调查分析的成果形成？

企业现状到未来的战略目标与愿景之间，有一条"鸿沟"，战略路径好比在它们之间架上一座桥梁，见图6-3-1。战略路径怎么走，需要一个指导方案，而指导方案以调查分析为基础。它们共同构成企业的战略规划。

战略不是每天要做的经营活动，通常一年一次调研与讨论，制订或修订一下企业的战略规划。所以，可以将战略规划看成是一个工程项目。作为一个工程项目，就要有开始、有过程、有成果。

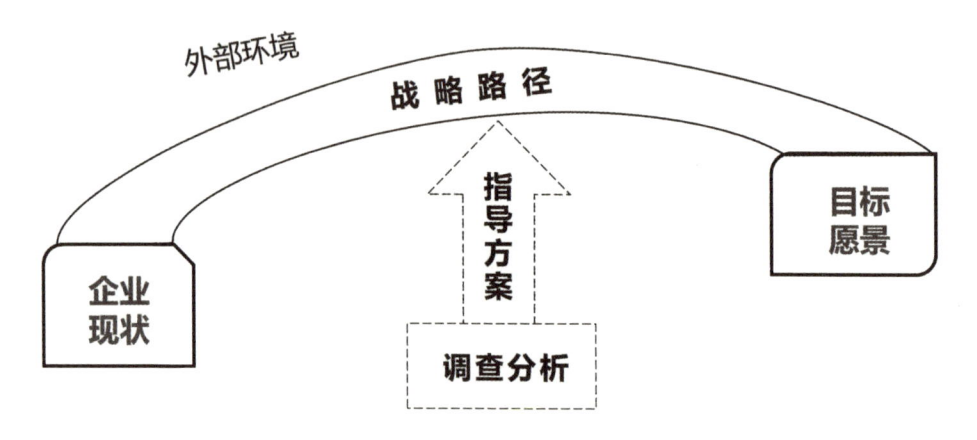

图 6-3-1 调查分析与指导方案的作用示意图
图表来源：李庆丰，"新竞争战略理论"

一些战略教科书前三章的内容通常是"愿景/使命/价值观、外部环境分析、内部环境分析",占用篇幅很多,并且它们与教科书后面的内容也没有什么连接关系。这样的安排也许是历史传承或约定俗成,从它们开始能够制定企业战略吗?也许为了教学,它们仅是一些应知应会的知识点。

后来看到一本书对此进行补充说明,外部环境分析就是为了发现外部的机会和威胁,简单说就是"找风口""躲陷阱";内部环境分析就是为了找到内部的优势与劣势,通俗地说就是发现自己的"长板与短板"。两者一结合就是SWOT分析,然后为企业"定战略",即从增长型战略、多元化战略、扭转型战略、防御型战略中选择其一。但是,除了多元化战略之外,战略教科书后面的部分并不具体阐述这些"定战略"的内容。

环境不确定性在增加,竞争越来越激烈,企业经营越来越复杂。如果还在依靠20世纪80年代初提出的SWOT分析工具为企业定战略,这也太简单粗暴了!因此,现在"好战略"凤毛麟角,"坏战略"比比皆是。

20世纪60年代,由于第二次世界大战后经济大繁荣,当时美国大公司的经济效益普遍非常好,并且还没有什么国外企业竞争。像公司战略及战略管理的一代宗师安索夫所服务的洛克希德公司主要研发、生产航空军工产品。这些企业的主营业务非常赚钱,公司战略部的主要工作就是发现外部环境机遇与风险,结合企业内部优势与不足,制定一体化扩张、多元化经营、兼并收购、跨国化发展战略,追求母公司与子公司之间的"母合优势"。到1970年,超过94%的美国500强企业都在积极进行多元化经营。

可以说,后来的战略教科书就是依据那个年代那些美国大公司的战略实践编写的,除了内容越来越庞杂以外,至今没有什么本质变化。这些教科书的前三章内容一般是"愿景/使命/价值观、外部环境分析、内部环境分析",后续各章的主要内容通常为前后一体化战略、各类多元化战略、全球市场战略、兼并收购战略等,见图6-1-1。广义上说,这些都是与多元化相关的战略。这样的结构安排,就是通过SWOT分析为企业制定多元化战略的非常典型的做法!

如今,多元化失败案例比比皆是,大企业都在回归核心、有机扩张。如果占企业总数95%以上的中小企业,还要参照那些战略教科书范式制定战略,那不是自取灭亡吗?

正如本书各章所阐述的那样,新竞争战略给出了企业制定战略的新范式。不论大小企业,都应该以专一化经营为主,谨慎实施多元化。概括来说,新竞争战略含有这样一个紧密连接企业经营的战略逻辑过程:企业生命体(企业产品、T型商业模式、企业赢利系统)沿企业生命周期战略路径进化与成长,通过实现创立期、成长期、扩张期、转型期等各阶段的主要战略主题,将企业产品从潜优产品→拳头产品→超级产品,让"小蝌蚪"创业成长为"巨无霸",实现企业战略目标和愿景。

一方面,基于这个战略逻辑过程,制定或开展企业的战略规划与场景活动;另一方面,制定完成或进一步开展的战略规划与场景活动,又可以用来指导未来的企业经管实践,将上述战略逻辑落地执行。

在新竞争战略中,通过战略过程DPO模型(简称为"DPO模型")及战略场景等,形成企业的战略规划。依据DPO模型,战略过程可分为三大步骤:调查分析、指导方案、执行优化。

这里的调查分析,比战略教科书的外部环境分析、内部环境分析等更有针对性、内容更广泛、逻辑更严谨,但本书并不对它的相关细节展开论述,而只在本节用一节的篇幅简明扼要地加以说明。之所以这样安排,是因为从内容定位上,调查分析只是本书的辅助性内容。如果笔者写战略规划方面的专门书籍,调查分析就应该是其主要内容。并且,在实践操作中,涉及调查分析的诸多内容都来自日常见闻或经验积累,显而易见,并不需要逐条逐项地展开阐述。

有个笑话说,在新冠疫情暴发后,所有单位的门岗、保安都成了哲学家,见到来访的客人就调查盘问:你是谁?从哪里来?到哪里去?与此近似,调查分析也有一个自己的"哲学家三问":从哪里开始?内容是什么?

形成什么成果?

调查分析从战略目标及战略主题开始,见图6-3-2。调查分析的内容包括空间和时间两个维度,两者构成时空整体。企业生命体代表空间维度,计划方法及企业生命周期阶段等代表时间维度。调查分析最终形成的成果是初步指导方案。

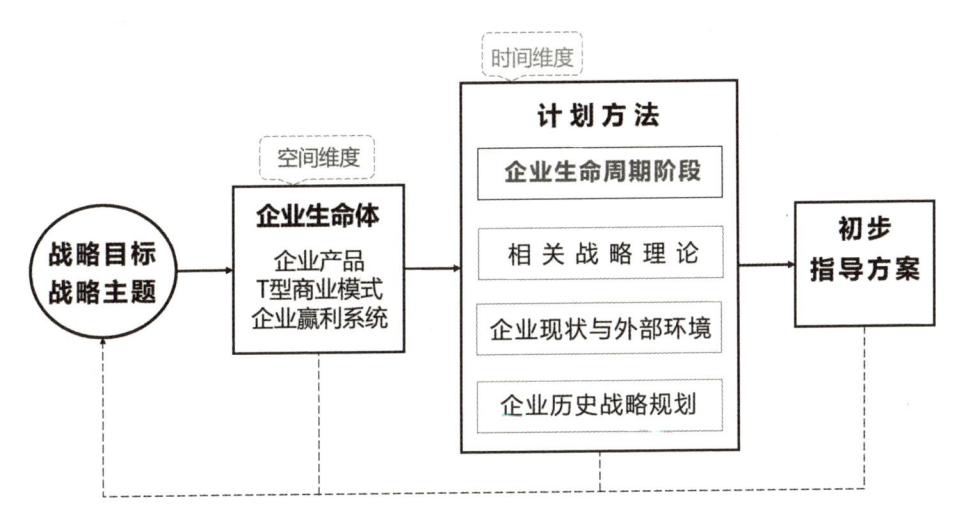

图 6-3-2 调查分析的起始、内容与成果示意图
图表来源:李庆丰,"新竞争战略理论"

1. 战略目标及战略主题

战略目标及战略主题是战略规划所追求的目的,因此它们属于结果。从以终为始的角度,它们又是战略规划开展工作的依据,所以调查分析从战略目标及战略主题开始。

战略目标从哪里来的?传统上,战略目标最多的表现形式是销售收入、净利润等经营绩效指标或叫作财务指标;现在,用户数、市场占有率、开店数量等对特定阶段的某些企业也是非常必要的战略目标。在调查分析之前,应该有初步的战略目标,它们可以基于上一年指标推导得出,或预测未来得出,或与竞争的对手比较得出,或凭领导者的直觉得出。但是,经过调查分析后,对原来的初步战略目标要进行修正优化,才能是更加适合企业实际情况的战略目标。

围绕战略目标或愿景，战略主题、产品愿景等是指企业应该重点抓好的一些关键事情，也可以看成是定性的战略目标。在本书第2、3、4、5章，分别阐述了企业生命周期各阶段的主要战略主题及产品愿景。例如：成长期的战略主题为持续赢利增长，累积竞争优势，塑造拳头产品。有些企业成长期要持续几十年，所以这些战略主题还要进行分解细化，以适合当期的战略规划需要。如何对战略主题进行分解细化，可以参考平衡计分卡、战略地图等相关理论的阐述。

2.企业生命体

企业生命体代表着调查分析所需要的空间维度方面的内容。企业生命体的围绕核心首先是企业产品，其次是T型商业模式，再次是企业赢利系统。

①企业产品决定着企业的市场表现、产品创造及赢利情况。这些方面需要调查分析的内容很多，例如：对细分市场的目标客户、各类竞争者的调查分析；对相关合作伙伴（供应商）的调查分析；对企业所有者能够引入或付出的货币资本、物质资本及智力资本的调查分析等。

②企业产品是T型商业模式的核心内容，创造模式、营销模式、资本模式等围绕企业产品而存在，所以还要对T型商业模式的相关要素进行调查分析。

③企业赢利系统以商业模式为中心，经管团队、组织能力、业务流程、企业文化等要素通过商业模式最终对企业产品形成支持和保障。同理，也需要对这些要素进行必要的调查分析。

平衡计分卡理论有助于理解企业生命体促进企业成长与发展的逻辑。平衡计分卡理论的核心内容是：财务、客户与市场、内部流程、学习与成长之间构成促进企业成长与发展的基本因果逻辑，即财务指标的达成取决于客户购买情况等市场表现；客户购买情况取决于内部流程的优劣；

内部流程的优劣取决于企业员工的学习与成长。所以，从学习与成长→内部流程→客户与市场→财务指标这个驱动过程，就是企业成长与发展的基本因果逻辑。

战略不能是知识堆砌，也不能让人感觉空洞。战略规划应该以企业成长与发展的因果逻辑为内容基础。企业生命体促进企业成长与发展的逻辑为：战略目标与战略主题的达成需要企业产品具有创造客户的良好市场表现；企业产品的良好市场表现取决于T型商业模式中创造模式的构建、营销模式的推广及资本模式的赋能，而T型商业模式的优劣又取决于企业赢利系统的系统性鼎力支持。所以，从企业赢利系统→T型商业模式→企业产品→战略目标与战略主题这个驱动过程，就是企业成长与发展的基本因果逻辑。

3.计划方法

将企业生命体等空间维度的内容放到计划方法的时间维度才有具体价值意义。例如：在一定时间期限内，如何为企业创造更多的目标客户？它可能涉及新产品的上市时间，一定时间内产品的供应量，营销组合、预算等在时间轴上的投放策略等。战略的本质是计划，其重点内容之一是策略、能力及资源在时间轴上的分布。

不能为了调查分析而调查分析，而应该通过计划方法将调查分析收敛成一个有时间顺序的初步指导方案。计划方法有很多，这里推荐"5W2H计划法"。

What：战略目标及其战略主题、产品愿景；

Why：目标与主题的背景阐述或原因解释；

When：策略、能力及资源在时间轴上的时间节点；

Where：涉及的场景地点；

Who：相关责任人、承担人或监督者；

How：从企业生命体内容逻辑等展开的战略路径及具体策略；

How much：预算及其他相关量化指标。

计划方法横向连接战略目标及战略主题、企业生命体；纵向依据或参考第2~5章阐述的企业生命周期各阶段主要战略主题、产品愿景、相关战略理论、企业现状与外部环境、企业历史战略规划等方面，见图6-3-2。

战略教科书的外部环境分析、内部环境分析方面涉及的内容、工具、方法等，都可以用在新竞争战略的调查分析中。例如：外部环境分析常见的内容或工具有PEST分析、行业环境分析、生命周期分析、竞争者分析、利益相关者分析等；内部环境分析常见的内容或工具有价值链分析、战略资源分析、核心能力分析、竞争优势分析等。它们都可以用在DPO模型的调查分析中。

4. 初步指导方案

调查分析是一个从"中心→发散→收敛"的过程。中心是指战略目标及战略主题；发散是指企业生命体、计划方法、战略路径等相关内容的展开；收敛是指最终要形成一个初步的指导方案。

新竞争战略的调查分析有如下三个特点：其一，调查分析以微观企业因素为主（大约80%权重）、中观行业因素次之（大约15%权重）、宏观经济因素再次之（5%权重）。其二，要求参与者理论水平与实践经验并重，具有较强的综合能力。其三，调查分析的工作重点是趋势预测。

6.4 指导方案：希望"问鼎中原"，企业应该怎么做？

> **重点提示**
>
> ※ 《隆中对》对于企业制订战略规划有什么借鉴意义？
>
> ※ 指导方案与战略规划有哪些异同之处？
>
> ※ 如何为企业制订一个战略指导方案？

诸葛亮（181—234），字孔明，身高八尺，住在隆中（位于湖北襄阳城西10千米）乡下一个依山傍水的地方。他亲自在田地中耕种，喜爱吟唱古曲《梁父吟》，常常把自己和历史有名的战略家管仲、乐毅相比。当时人们都认为诸葛亮是在自吹自擂，不像有大本事的人。

公元207年，刘备的兵营驻扎在距离隆中不远的新野（今河南省南阳市新野县）。谋士徐庶对刘备说："诸葛孔明这个人，是人间卧伏着的一条龙，将军可愿意见他？"刘备说："你去叫他来吧。"徐庶说："我们不可以委屈孔明，召他上门来。将军应该屈尊亲自去拜访他。"

因此刘备就去隆中拜访诸葛亮，总共去了三次，才见到诸葛亮。刘备对诸葛亮说："汉室的统治崩溃，奸邪的臣子盗用政令，皇上因此遭难出奔。我想为天下人伸张大义，然而我才智短浅、谋略不足，因此连连遭遇失败，弄到今天这个艰难的局面。但是我志向犹存，不搞出一番事业来绝不罢休！您认为我应该怎么办才好呢？"

诸葛亮回答道："自董卓独掌汉室的大权以来，各地豪杰同时起兵，形成了现在群雄割据的局面。曹操与袁绍相比，声望少之又少，然而曹操最终能打败袁绍，凭借弱小的力量战胜强大的对手，不仅仅是天时好，更得益于曹操谋划得当。现在曹操已拥有百万大军，挟持皇帝来号令诸侯。在目前的情况下，确实不能与他争强。孙权占据江东，已经历三世了，地势险要，民众归附，又任用了有才能的人。由此，孙权这方面，只可以把他作为外援，但是不可谋取他。荆州北靠汉水、沔水，一直到南海的物资都能方便得到，东面和吴郡、会稽郡相连，西边和巴郡、蜀郡相通。这是大家都要争夺的地方，但是它的主人却没有能力守住它。这大概是上天拿它来帮助将军的，将军你可有占领它的意思呢？益州地势险要，有广阔肥沃的土地，自然条件优越，汉高祖凭借它建立了帝业。益州的主人刘璋昏庸懦弱，张鲁在益州之北占据汉中，那里人民殷实富裕，物产丰富，刘璋却不知道爱惜。有才能的人都渴望得到贤明的君主，而将军是皇室的后代，一直在如饥似渴地招纳贤才，已名传天下、声望很高。如果将军能占据荆、益两州，守住险要的地方，与西边的各个民族和好，又安抚南边的少数民族，对外联合孙权，对内革新政治，那么一旦天下形势发生变化，就派一员上将率领荆州的军队直指中原一带，将军您亲自率领益州的军队从秦川出击，老百姓谁敢不用竹篮盛着饭食、用玉壶装着美酒来欢迎将军呢？如果真能这样做，那么称霸一方的事业就可以成功，汉室天下就可以复兴了。"

刘备说："好！"从此与诸葛亮的关系一天天亲密起来。刘备的结拜兄弟关羽、张飞等人不高兴了，刘备劝解他们说："我有了孔明，就像鱼得到水一样。希望你们不要再说什么了。"

（资料来源：译自西晋史学家陈寿的《隆中对》）

参见上文，刘备接连登门拜访三次，最后才见到诸葛亮，称为"三顾茅庐"。三顾茅庐之前，刘备颠沛流离30年，跑遍大半个神州，游走在各方势力之间,到处受排挤、被人怀疑,最终不得不寄人篱下,苟且偷生。三顾茅庐之后,刘备按照诸葛亮给出的战略指导方案,从此发展起来,很快形成军事集团,与曹操、孙权平起平坐。然后,刘备军事集团仅用大约7年时间就初步建立蜀国,形成魏国、蜀国、吴国三足鼎立之势。

诸葛亮给刘备提供一个"好战略"的同时,还带来了一个"坏战略"。蜀国先于魏国、吴国,没有多少年就衰亡了。唐代杜甫诗云"出师未捷身先死,长使英雄泪满襟"。为推进自己制定的战略,诸葛亮率军不断地四处征战,最终心力交瘁,病逝军营。

后人评价说,荆州为兵家必争之地,连年战火四起,类似现在的"巴尔干火药桶";益州疆域边远,地势易进难出,不足以制天下。所以,诸葛亮给出的战略指导方案——占据荆、益两州,从地理方面讲是有严重问题的。还有人说,战争是国家综合实力的较量,强调以兵力集中之势,战胜兵力分散之敌。本来蜀国就是三国中最弱的,而且荆州和益州隔了千里之遥,诸葛亮还要分散兵力。"其终则关羽、刘备、诸葛亮三分兵力,安得不败!"大战略家毛泽东点评说。

还有人评价说:"不战而屈人之兵"是孙子兵法提倡的思想境界,而诸葛亮的主导思想是"先战而后求胜",把蜀国引导到列强争战的旋涡之中,长期陷入无休止的"硬球"对抗,最终先于他国衰亡。是否可以这样修正诸葛亮的指导方案?刘备的最优策略是占据荆州的江南四郡或益州——两者只选其一,以逸待劳,练兵强国。这期间,择机通过高超谋略,促使孙权与曹操两大集团激烈对抗,以寻得"渔翁之利"的机会……

诸葛亮的文韬武略人人都知晓,一代名相千古留名,是非常厉害的。在隆中那次对话中,诸葛亮给刘备提供的只是一个初步的战略指导方案。从调查分析得出的初步指导方案,还要经过两个方向的修正、优化,见图6-4-1。一个是横向流程上通过战略场景的研讨流程,让组织内外更多的人参与进来,集思广益、群策群力,将初步的指导方案转变为正式的指导方案,并最终形成企业战略规划的一部分。另一个是纵向流程上随着时间推移对问题或事物的认识进一步加深，不确定性转化为确定性，还有一些因素会突变反转等，所以在战略执行中要对初步指导方案不断修正、优化（简称"执行优化"）。

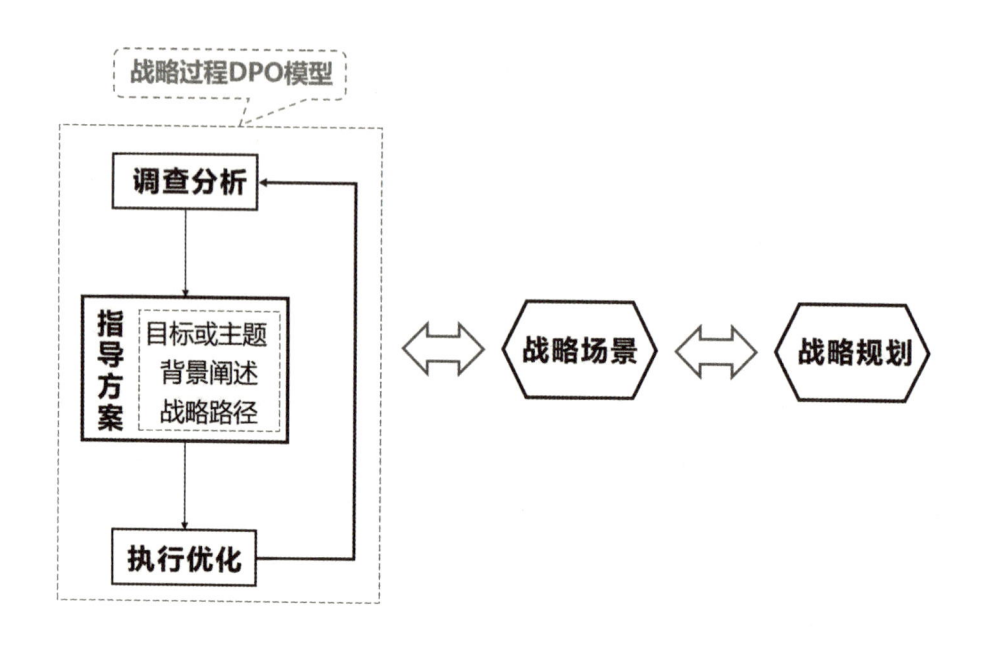

图 6-4-1 初步指导方案通过横向及纵向流程修正、优化示意图
图表来源：李庆丰，"新竞争战略理论"

如图6-4-1所示，从调查分析→指导方案→执行优化，是一个不断改进与迭代的过程。通过横向上战略场景的研讨流程，将调查分析获得的初步指导方案转变为可应用的指导方案。在战略过程DPO模型中，这个可应用的指导方案还要在企业经营实践中不断被执行优化，甚至需要进一步地补充调查分析，以获得更加适用、可行的指导方案。另外，图中的战略规划也是一个总称，包括中长期战略规划、年度战略计划、竞争对策方案、战略观念体系等。这些不同种类的战略规划，在应用战略过程DPO模型时，在内容等方面也会分别具有一些自身的特色。

也许是刘备太信任诸葛亮了，也许是"三顾茅庐"需求太迫切，不论什么原因，最终刘备没有通过组织一系列战略场景研讨，对诸葛亮给出的初步指导方案进一步论证及修正，也没有在后续的实践中执行优化。"一竿子插到底"地执行一个初步的战略指导方案，最终结果往往不尽如人意。

在企业经营中经常有类似的问题发生。老板是知名企业家，一言九鼎，对企业发展提出的战略建议没有人敢怀疑，大家唯唯诺诺地执行，最终出了问题还不能责备老板，只能归罪于外。在董事会上，外面聘请的知名战略顾问言之凿凿，为企业提出了初步的战略指导方案。大家对头戴光环的专家像对诸葛亮一样崇拜，根本就不会提出质疑。其实，一些所谓的战略专家更多的是理论或经验之谈，仅供企业参考。企业真正有好战略、持续有好战略，最终还是要依靠企业的经管团队及战略人员，还是要参照本章提出的战略规划理论。

如图6-4-1所示，指导方案通常包括三个方面内容：目标或主题、背景阐述、战略路径，可以写成一个公式：指导方案=目标或主题+背景阐述+战略路径。就目标或主题来说，制订长期战略规划时，还可以包括愿景。战略目标比较容易量化表达，例如：新一年度销售收入增长75%、净利润实现2.3亿元等；战略主题更适合定性的目标，例如：新一年度重点工作是培育核心竞争力、去多元化、回归核心、聚焦主营业务、打造超级产品等。背景描述可以包括历史背景分析、内外部环境分析、问题背景分析等。从总体方面说，战略路径就是为实现愿景、目标或主题，企业生命体如何成长与发展的。从具体内容上看，就是从时间和空间两方面，企业采取的措施、策略、方法及步骤、集中资源优化的相关薄弱环节、涉及的预算及人才等资本保障等。

上述诸葛亮对三顾茅庐而来的刘备说的一番话，就比较符合以上指导方案的构成公式。它可以作为一个范本，供企业制订战略指导方案时参考。一是从目标愿景方面，通过这个指导方案，让刘备从当时的寄人篱下境遇，先有一个立足之地，逐步实现三国鼎立、成为一国君主，然后进一步问鼎中原，最终完成国家统一大业。二是从背景阐述方面，诸葛亮一开始就说：自董卓独掌汉室的大权以来，各地豪杰同时起兵……大部分内容都是在阐述背景。三是从战略路径方面，诸葛亮建议刘备：先占据荆、益两州，守住险要的地方，与西边的各个民族和好，安抚南边的少数民族，对外联合孙权，对内革新政治，那么一旦天下形势发生变化……

进一步分析诸葛亮给出的初步指导方案，我们会发现对背景阐述相对有点多，而对战略路径的建议相对有点少。这有点像"包子皮太厚，而馅太少"，企业的指导方案应该避免这样的情况发生。当然，对于新创企业或处于转型期的企业来说，背景阐述可以略多一些，但也不能喧宾夺主，毕竟战略路径才是指导方案的核心内容。另外，诸葛亮的建议中缺少备选方案及对每个方案的利弊分析。这在制定战略时是极少见的，也是应该力求避免的。

公司战略只有不到100年的历史，而诸葛亮与刘备的"隆中对话"发生在1800多年前。由此，我们不得不由衷地赞叹中国先人的智慧，崇敬诸葛亮的雄才大略及为事业鞠躬尽瘁的精神。当然，我们也要感谢《隆中对》的作者陈寿为我们留下宝贵的战略思想遗产。

6.5 执行优化：事上练，才能站得稳

> **重点提示**
>
> ※ 为什么外部环境越是"VUCA"，越需要重视战略计划？
>
> ※ 依据战略调色板理论，一个企业可以同时具有两种战略类型吗？
>
> ※ 为什么说"中小企业不需要战略"的说法是错的？

万维钢有一句话说："如果你的打法是什么都事先计划好，谋定而后动，没有把握见到机会也不出手，你就永远也打不过贝索斯、隆美尔和特朗普这样的人。"还有人说，现在是"VUCA时代"，即企业现在的经营环境具有不稳定性（Volatility）、不确定性（Uncertainty）、复杂性（Complexity）和模糊性（Ambiguity）等特点。大家也常说"计划没有变化快"。那么，调查分析、指导方案等战略规划的方法论还能起到作用吗？

在本书章节6.2的中间部分曾总结了战略规划的六点作用，开头部分还讲述了阿蒙森、斯科特两个团队到南极点探险的案例。这个案例启示我们，外部环境越是"VUCA"，越需要重视战略计划、重视调查分析及给出指导方案，并据此做好充分的准备。"计划赶不上变化"确实存在，关键是如何制定计划及如何在执行中修正、优化原来的计划。

与企业经营相比，战争具有更多"VUCA"特点。在第一次世界大战、第二次世界大战中，德军制订作战计划时的详细和刻板程度是我们很难想象的。就拿第一次世界大战时德国总参谋部制定的施里芬计划来说，它居然详细规定到了每一支部队每天的进展，例如：右翼部队的主力，从军事行动开始后第12天要炸开列日要塞，第19天占领布鲁塞尔，第22天进入法国本土，第39天必须攻克巴黎，一天都不能错。战争开始后，从驻地

到前线的进军与防守计划、物资运输计划、信息沟通方式；每一支部队有多少兵力，需要多少补给，配备多少武器装备等，全都详细规定好了。但是战争一开打，这些详尽的计划一定需要根据环境变化不断地优化调整。因为战争是双方的竞争对抗，任何一方都不能完全预料对手的行动，也不能控制气候的无常变化及诸多突发事件的发生，甚至己方出现"幺蛾子"耽误预定计划也是在所难免的。

德军这样制订作战计划对吗？波士顿咨询公司资深合伙人马丁·里维斯等专家在《战略的本质》一书中提出一个叫作"战略调色板"的理论，其主要思想是根据环境的不可预测性、可塑造性、严苛性，将企业战略分为经典型战略、适应型战略、愿景型战略、塑造型战略和重塑型战略五种类型。

采用经典型战略的前提条件是：环境是可以预测的，竞争版图已经基本稳定，不太会有巨大的颠覆性变化，企业发展是循序渐进的。经典型战略更像是一个滚动式计划，第一年→第二年→第三年之间具有连贯性，计划预算可以做得很详细，执行优化中也很少有较大的变动。

采用适应型战略的前提条件是：环境变化快、不可预测且难改变，竞争版图像分散且凌乱的拼图，企业向前发展犹如探索迷宫。适应型战略更像是"打一枪换一个地方"，从多个战略路径中选择，不断试验及敢于试错，"做对了"坚持与推广，"做错了"及早放弃，最后找到属于自己的"领地"。美团从创业起步到前期成长的过程有点与适应型战略类似。在这种环境下，探索性、短期战略较多，计划是粗线条的，需要在执行中优化及通过试验、试错发现更好的方案。

采用愿景型战略的前提条件是：企业坚持追求某一宏伟目标，并且认为环境能够预测也能够改变；竞争版图存在广大薄弱区域，企业图谋在此建立一个新的"王国"。像拼多多、华为、小米等公司的创业成长阶段那样，只有当愿景型企业能够独立建立起一个具有吸引力的全新市场格局时，这一战略才真正有效，否则就属于偏执狂式的空想战略。在这种环境下,中长期战略规划应该表明企业的战略愿景和意图,并具有明晰的构建性和指导性;年度战略计划要具有一定程度的激进性和灵活性,以便于执行中持续优化;企业经管团队要具有合作及坚持精神。

采用塑造型战略的前提条件是:当环境不可预测但具备可塑性时,企业有机会在行业发展或转型的早期阶段对其进行塑造或重塑,并对行业规则进行定义。在此类环境下,企业可以开辟一片全新的蓝海区域或利用竞争版图存在的颠覆性机会重构行业。像阿里巴巴、腾讯、罗辑思维等企业的早期成长阶段那样,塑造型战略要求企业所处的行业处于发展的早期,企业能够联合利益相关方共担风险、共同合作。在这种环境下,企业很难有明确的中长期战略规划,但是年度战略计划需要一定的确定性,在执行中也鼓励积极地探索与创新。

采用重塑型战略的前提条件是:当外部环境充满挑战,当前的经营方式已无法持续下去时,果断进行变革不仅是企业唯一的生存之道,而且能帮助企业抓住复兴的机会。在这种环境下,企业必须尽早认清不断恶化的环境并采取应对措施。重塑型战略起先以防御为主,然后从以上四种战略类型中选择其一。

在上文中,德军制订作战计划的方法,比较适合经典型或愿景型战略环境,而当环境突变为既不可预测也难改变时,此种类型的作战计划通常就会失去效力。像第一次世界大战、第二次世界大战等大规模战争,通常会有导致环境突变的事件发生,例如:第二次世界大战中的诺曼底登陆、斯大林格勒战役等。

战略调色板理论给出的这五种战略类型,可以被不同行业领域、不同地域、不同生命周期阶段的企业所借鉴。在这五种战略类型中,除了经典型战略环境可以预测及愿景型战略环境主观认为可以预测外,其他战略环境都是不可预测或较难预测的。并且,未来环境可以预测或人为可以预测并不代表企业就能准确地预测。在"VUCA时代"背景下,环境"可预测"只是相对的、特定的、短暂的,而"不可以预测"却是绝对的、普遍的、长期的。因此，企业的战略规划或指导方案只是对未来的一些合理假设、推演或猜想，还需要在执行中根据内外部环境各种因素变化进行持续优化，才能最终成为一个"好战略"。

明茨伯格所著的《战略手艺化》一书中，提出这样一个问题：企业战略究竟从何而来？是深思熟虑、事先设计出来的，还是灵活应变、事后总结出来的？明茨伯格认为战略的形成过程，与手艺人制作陶器的过程类似，是一个构思、设计、摸索、尝试、学习、调整的过程——战略是精心设计与机缘巧合的复合体。企业制定战略，应该像掌握一门手艺那样，将过去、现在和未来自然地融合在一起。

结合明茨伯格所言，新竞争战略的战略过程DPO模型也试图说明企业战略的形成过程。基于企业经营环境，经过调查分析和战略场景研讨给出战略指导方案，见图6-5-1。在指导方案落地执行时，总有一些不恰当或不能执行的战略被放弃，称之为"未实现的战略"；在指导方案执行过程中，还会通过学习、适应而涌现一些新的战略，并对指导方案进行修正、优化，称之为"执行优化"。两者结合构成为已实现的战略。在经营实践中，指导方案与经营现状完全吻合是罕有发生的；同样，完全依靠经营现场涌现一些新的战略，也将导致企业战略迷失或误入歧途。真正的战略形成过程是调查分析、指导方案、执行优化三者的完美结合。

标准化管理是麦当劳的重要竞争力之一，所以由总部研发中心按照计划研发及推出新品属于重要的产品战略。但是，像巨无霸、麦香鱼、苹果派……这些麦当劳的畅销品，都是由特许经营商所发明或者改良后推出的。它们在推出早期，由于与麦当劳总部的产品战略管理不相符合，上市售卖还一度受到限制。产品战略好与坏，最终要看产品在市场上的表现，能够为企业创造多少价值。这些都必须在执行中优化。

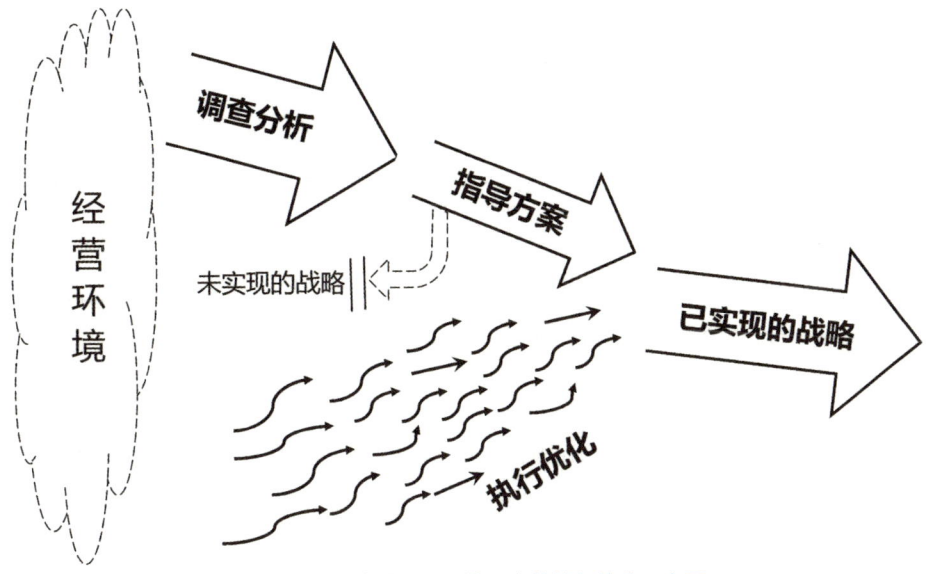

图 6-5-1 战略过程 DPO 模型中的执行优化示意图

战略指导方案必须结合实际,并在实践现场验证与优化。安泰俄斯是大地女神盖亚和海神波塞冬的儿子,力大无穷,无人能敌,但只要他离开大地,神力就会瞬间消失,变得不堪一击。王阳明哲学提倡"事上练,才能站得稳";稻盛和夫说"工作现场有神灵,答案永远在现场";任正非说"不到现场去,怎么能出真思想"。

执行优化的前提是战略的有效落地并执行(简称"战略执行"),这是管理体系应该讨论的内容,平衡计分卡理论或华为战略管理DSTE框架[①]也有对这方面的具体阐述。战略执行包括两部分:首先将指导方案逐级分解转变为运营计划,然后通过日常运营取得经营绩效,这样才能最终实现战略目标。就像为战舰设计了行驶路径,最终战舰要按计划行驶才能到达目的地或完成作战任务。

一般来说,战略指导方案的执行优化可以通过如下管理活动实现:

(1)战略复盘。对于常规业务,可以一年进行一次战略复盘,通常与

---

① DSTE 是英文 Develop Strategy To Execution 的缩写形式,可译为"战略制定与执行"。

年度计划场景活动一起进行。对于创新性业务，通常为一个月或一个季度复盘一次，快速地找到战略执行中存在的问题，并及时修正及优化原有战略。

（2）PDCA管控。通过定期或不定期的PDCA管控活动，持续改善及提升企业的战略管理水平，并对战略指导方案进行执行优化。P：Plan（计划），是指制定战略；D：Do（执行），是指执行战略；C：Check（检查），是指对战略的控制与检核活动；A：Act（行动），是指处理问题，总结规律，优化原有战略。

（3）战略小组活动。由战略制定者、执行者及其他相关者组成战略执行优化小组，通过交流、学习及深入研究，对战略指导方案进行跟踪优化。

（4）经营分析会议。公司每月或每季度组织经营分析会议，通过偏差分析、主题研讨、群策群力活动，定期对正在执行的战略指导方案进行修正和优化。

（5）战略场景活动。研讨战略指导方案、战略规划的战略场景活动，同时也是对原有战略的复盘和优化活动。

战略过程DPO模型只有三大步骤：调查分析、指导方案、执行优化。拿跳舞做比喻，DPO模型就像是三步舞华尔兹，通过基础"三步"也可以变换出很多优美的舞步。在一些教科书或其他资料中，我们也能看到包括战略分析、选择调研、战略制定、战略选择、战略展开、战略考核、战略实施、战略控制、战略变革、战略创新、战略评估等在内的战略过程六步骤、九步骤甚至十六步骤的说法。如果战略过程的步骤太多，就要谨防搞得像"广场舞"那样，想当然、太随意、太繁杂等都不利于企业有一个"好战略"。

6.6 战略管理：
中小企业与大型集团有哪些异同？

> **重点提示**
>
> ※ 董事长负责战略有什么利弊？
>
> ※ 为什么说竞争战略应该占据企业战略80%以上的权重？
>
> ※ 为什么说战略过程管理"条条大路通罗马"？

本部分的重点内容与战略管理相关，主要包括战略管理的主体、企业战略的层次与重点内容、战略过程管理、战略管理的主要工作四个方面。

1. 战略管理的主体

战略管理涉及的内容并不少，是否企业都要设置战略管理部呢？对于中小企业来说，一般不必设置战略管理部，可以在市场营销部或企划部设置1~3个专职或兼职战略管理岗位。经管团队应该高度重视战略，遇到突发性战略对策问题，大家要能够群策群力、迎难而上；坚持每年拿出一周左右的时间，集中思考，研讨一下企业的年度战略计划。能够做到以上几项，对于中小企业来说，就可以发挥出战略管理的职能作用。

对于大型企业而言，应该设置战略管理部，也可以与市场部或企划部合并设置，因为它们的管理职能在很多方面是重合的。从公司治理的角度来说，董事长负责战略，董事会设有战略管理委员会。从广义上说，公司董事会成员、高层管理者、中层管理者、战略管理部门和智囊团的相关人员等都属于战略管理者。在一些大型企业集团，像京东、阿里巴巴、小米、百度、腾讯等，战略管理部承担着企业扩张与发展的职能，负责产业链及生态圈的建设，所以非常重要。这些企业集团通常还要外聘战略专家顾问，也常常是公司CEO或副总裁直接负责企业战略。

2.企业战略的层次与重点内容

按照传统的说法，企业战略有三个层次，分别是总体战略、竞争战略、职能战略。

总体战略，也叫作公司层战略或集团层战略，主要回答"企业应该进入或退出哪些经营领域"，是指通过一体化、多元化、收购兼并、全球扩张、合资合作等经营战略，以形成所期望的多商业模式组合。之前的战略学者，像安索夫、钱德勒等，和麦肯锡、波士顿等咨询公司，主要聚焦于总体战略方面进行研究或咨询，这与大公司、跨国公司比中小企业对战略更重视或更愿意支付较多的咨询费用有关。至今，全球各地的商学院继承了这一传统，课程内容主要与总体战略相关。

竞争战略，也叫作业务层战略，它围绕企业产品展开，主要回答"企业在一个经营领域内怎样参与竞争"，指在一个商业模式内，通过确定顾客、供应商、行业竞争者、潜在进入者、替代品竞争者五种竞争力量的关系，聚焦于正确进行企业产品定位，累积竞争优势，培育核心竞争力，将潜优产品打造成拳头产品和超级产品，奠定本企业在市场上的特定优势地位并维持这一地位。

职能战略，也称为职能支持战略，是按照总体战略或竞争战略对企业相关职能活动进行规划与计划，例如：营销战略、财务战略、人力资源战略、研发战略等。参照一个企业的组织结构图，可以列出它大致应有的职能战略。

笔者认为，聚焦于竞争战略，才是一个企业成长与发展的"王道"。对于中小企业来说，核心是把主营业务做好，培育潜优产品及将它打造成拳头产品和超级产品，谈不上总体战略或职能战略。如果中小企业过早地引入及实施总体战略及职能战略，必然存在小马拉大车、浅水跑重船等不良经营现象。对于大企业来说，当今"UCVA时代"下，应该基于根基产品，围绕核心有机扩张。竞争战略是企业战略的重点内容,它应该占据企业战略中80%以上的权重,而总体战略、职能战略属于辅助性或外围支持的内容,见图6-6-1。

现在的战略教科书将相关知识点堆积在一起,几乎千篇一律,换汤不换药,90%以上的内容都是在讨论总体战略,还在延续20世纪70年代左右美国大企业的战略实践思想。尽管有些战略教科书也会用10%左右的篇幅介绍一下波特的竞争战略或叫作业务战略,但往往只是将五力竞争模型、价值链理论、三大通用战略等以知识点形式堆积在一起,并不能给出一个供企业经营者参考的经营战略逻辑。

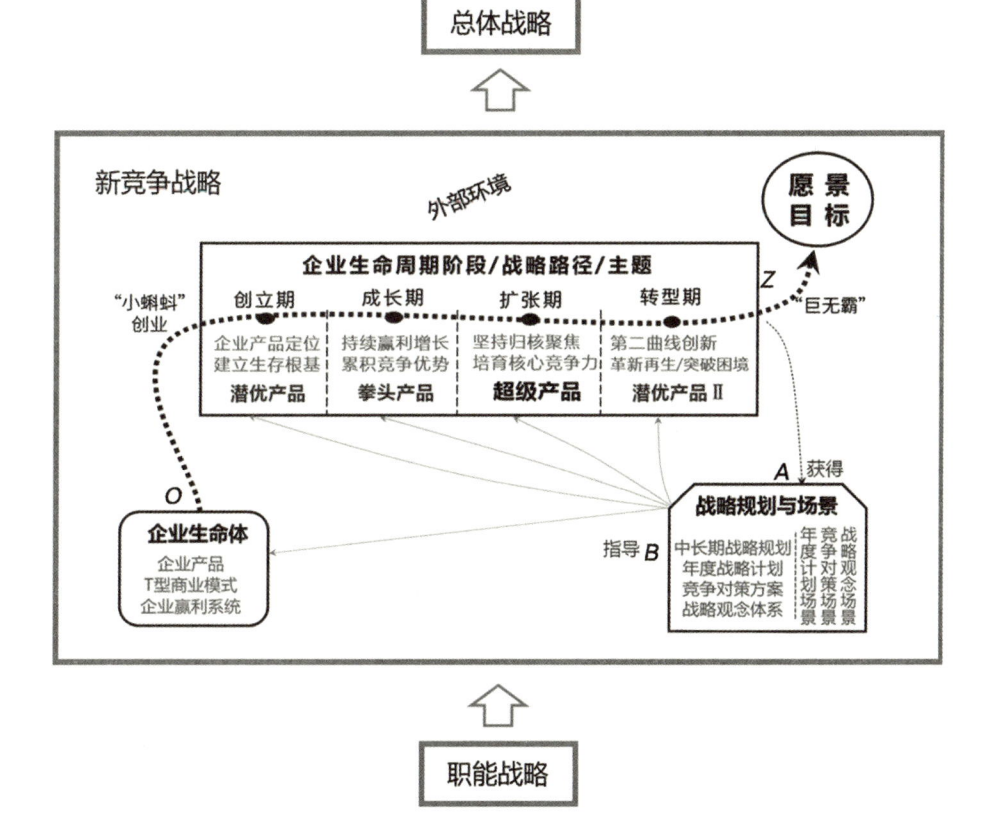

图 6-6-1 企业战略的层次与重点内容示意图
图表来源:李庆丰,"新竞争战略"理论

为了学以致用，参考其他学者的研究，笔者将波特的竞争战略理论体系概括为以下六方面：①竞争优势是企业经营成功的前提条件；②行业结构是最重要的环境因素；③通过五力竞争模型等分析行业结构带来的牵制或机会；④结合企业内部状况，从低成本、差异化、集中化三大通用战略中，选择其一作为企业的战略定位；⑤构建独特价值链，以深化所选择的战略定位；⑥通过持续专一化经营，赢得竞争优势，实现经营成功。

从1980年波特的《竞争战略》出版，迄今已经过去40多年了，竞争战略理论也没有什么较大的迭代升级。笔者的这本《新竞争战略》，虽说是对波特竞争战略的一次重大升级，其实两者雷同之处很少，写作风格也有很大不同。参见图6-6-1，概括来说，新竞争战略含有这样一个紧密连接企业经营的战略逻辑过程：企业生命体（企业产品、T型商业模式、企业赢利系统）沿企业生命周期战略路径进化与成长，通过实现创立期、成长期、扩张期、转型期等各阶段的主要战略主题，将企业产品从潜优产品→拳头产品→超级产品，让"小蝌蚪"创业成长为"巨无霸"，实现企业战略目标和愿景。

为便于突出重点，企业生命体主要包括企业产品、T型商业模式、企业赢利系统三方面内容，其中企业产品是T型商业模式的核心内容，而T型商业模式是企业赢利系统的中心内容或子系统。

在创立期，企业生命体如何成长与发展？参见本书第2章，这是一个从0→1的过程，所以创立期的战略主题是：企业产品定位、建立生存根基。关于企业产品定位的支持理论有五力竞争模型、三端定位模型、第一飞轮效应等。并且，像波特三大通用战略、蓝海战略、平台战略、爆品战略、产品思维、品牌战略、定位理论、技术创新等，都可归属为对企业产品进行定位的一种方法或一种理论思想。只有当企业产品正确定位后，处于创立期的企业才会有自己的潜优产品。

在成长期，企业生命体如何成长与发展？参见本书第3章，成长期的战略主题是：持续赢利增长、累积竞争优势。其主要内容包括聚焦于跨越鸿沟实现增长、驱动第二飞轮效应实现增长、发挥企业家精神实现增长、勇于面对"硬球竞争"实现增长、综合利用各种战略创新理论或工具实现增长等。就像3D打印，每一次可持续增长，就相当于为企业增加了一层竞争优势。日积月累，企业的资本尤其是智力资本不断增厚，企业就将拥有称雄于市场的拳头产品。

在扩张期，企业生命体如何成长与发展？参见本书第4章，扩张期的战略主题是：坚持归核聚焦、培育核心竞争力。企业如何培育核心竞争力？第4章给出的支持理论有普哈核心竞争力理论、SPO核心竞争力模型、T型同构进化模型、第三飞轮效应、庆丰大树模型等。为减弱普遍存在于企业界的激进投机经营行为，我们提倡围绕核心、有机扩张，提倡与时俱进、开拓创新的保守主义经营新思想。通过实现归核聚焦及培育核心竞争力等主要战略主题，企业将会拥有促进根基产品及诸多衍生产品共同进化发展的超级产品。

在转型期，企业生命体如何继续成长与发展？参见本书第5章，转型期的战略主题是：革新再生、突破困境及第二曲线创新。就此战略主题，第5章给出的支持理论有从第一曲线业务跃迁到第二曲线业务的双S曲线模型、贯彻"不熟不做"原则的双T连接模型、实施转型解困及革新再生的抓手及路径、邓宁-克鲁格效应化解方法、企业转型的五个参考步骤等。在这些理论的指导下，如果企业成功实现业务转型，那么将开启企业生命周期战略路径的新征程，从潜优产品Ⅱ→拳头产品Ⅱ→超级产品Ⅱ，下一个成长与发展循环再次启动。

综上，我们简要概述了新竞争战略理论指导企业经营的逻辑过程及主要内容。一方面，基于这个逻辑过程，制订或开展企业的战略规划与场景活动；另一方面，制订完成或进一步开展的战略规划与场景活动，又用来指导未来的企业经管实践，将上述战略逻辑落地执行。因此，本书第6章的主要内容包括：如何通过战略过程DPO模型及战略场景研讨制定、执行优化、有效管理企业的各项战略规划。

新竞争战略致力于发挥1+1+1>3的协同效应,旨在将企业产品打造为超级产品,最终实现让"小蝌蚪"创业成长为"巨无霸"。第一,通过企业生命体协同打造超级产品;第二,通过企业生命周期各阶段(战略路径)的主要战略主题协同打造超级产品;第三,通过战略规划与场景协同打造超级产品。

3.战略过程管理

新竞争战略的战略过程DPO模型只有三个步骤:调查分析、指导方案、执行优化,本章第3~5节已经简要阐述,见图6-6-2(左图)。DPO模型"短小精悍",能简单就不要复杂,比较适合中小企业,大公司也可以参考,旨在为企业"发现"一个好战略。德鲁克说,管理不在于知而在于行,其验证不在于逻辑,而在于成果。就像本书章节3.6开头讲述的郭云深"半步崩拳打天下"的故事,真正能把DPO模型用好,达到炉火纯青的地步,企业的战略管理水平就会出现飞跃。

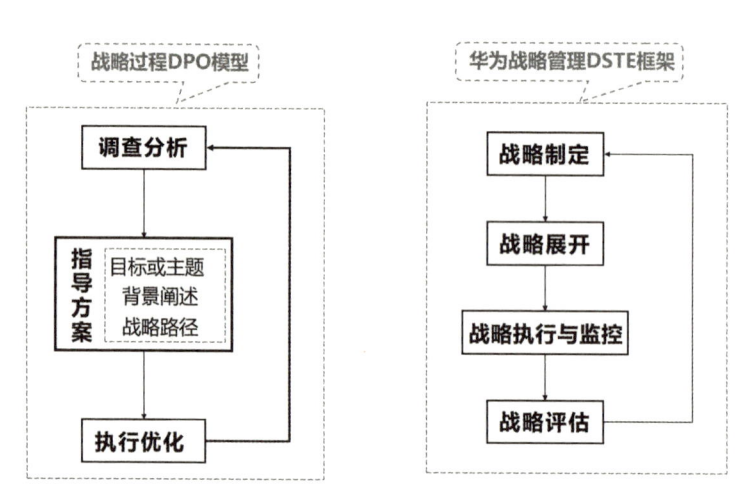

图6-6-2 战略过程DPO模型(左)与华为战略管理DSTE框架(右)

不像初中、高中学习的数理化学科,管理学的答案并不唯一,针对同一问题,经常会出现"条条大路通罗马"。华为战略管理DSTE框架也是一种战略过程模型,见图6-6-2(右图)。

DSTE框架有四个步骤,从战略制定→战略展开→战略执行和监控→战略评估,是一个不断动态循环迭代的过程。DSTE框架看起来很简单,其实每个步骤都有很多工作要做,例如:战略展开(也叫作"战略解码")环节,可以用到平衡计分卡或战略地图等工具,将战略规划展开为各项年度业务规划,包括年度产品与解决方案规划、年度订货预测、年度全预算等十多项一级主题内容。

DSTE框架的理论源头是IBM的业务领先模型(Business Leadership Model,BLM),比较重视战略执行、监控与评估,重点在保障企业稳健经营,从"血统"上来说比较适合超大型企业集团使用。当然,如果企业不大不小的话,可以将DPO模型与DSTE框架结合起来使用,既重视"发现"一个好战略,也重视战略执行、监控与评估,鱼和熊掌兼而得之。

4.战略管理的主要工作

由于所处行业、地域、阶段的不同及规模、模式、风格等差异,各个企业战略管理工作的内容必然有很大差异。从管理学原理的角度讲,战略管理的主要工作源自战略业务与管理职能两者形成的组合矩阵。战略业务包括收集情报、战略研究、调查分析、方案制订、战略研讨、战略展开、执行优化、战略评估等内容;管理职能通常是指计划、组织、领导及控制四项主要职能。各企业可以依据以上原理与矩阵推导出战略管理的主要工作;也可以参照标杆企业战略管理工作的相关"模板",结合本企业实际情况不断优化改进,最终确定本企业战略管理的主要工作。另外,像百度文库、MBA智库及一些HR(人力资源)的相关网站,都有诸如"战略部职能说明书""战略部部门职责及岗位职责""战略部工作流程""战略总监岗位说明书"等大量相关资料可供参考。

绝大部分中小企业战略管理职能薄弱,随着企业规模扩大及危机意识上升,主要经营者将会越来越重视企业战略管理工作。但是,切记"罗马不是一天建成的",尤其是企业战略管理具有复杂、综合、高难度的特点,所以既不能有一蹴而就、形式至上的心态,也不能过多模仿、照搬大型企业的做法。完善战略管理，推进战略职能水平的提升，也应该像生命体的成长一样，它是一个循序渐进、不断积累技术厚度的过程。

知名产品人梁宁说，现在很多公司都有战略部，但通过调研后发现，大多数企业的战略部实质上是"机会部"。其实，这种状况有其必然性。

像华为、京东、阿里巴巴、腾讯、小米、百度等企业，创始团队一路打拼将企业由小变大，逐渐有了超级产品及市场影响力。当超级产品带动主业规模发展到一定程度，企业就要通过对外扩张继续实现增长，同时外部诱惑增多，失控的风险也在增加。这时候，企业领导人更加重视战略管理，也会通过引进高端战略专家、顾问来加强战略部的工作职能，提升企业战略管理水平。

科班出身的战略专家及学者撑起了大型公司的战略部，与核心创始团队互动，共同引领公司的战略发展方向，这将会出现哪些经营结果呢？一种是像海航集团、乐视集团、德隆集团那样，创造出诸如产融结合、"母合优势""生态化反"等新概念或新模式，最终战略失控让企业经营陷入"外围大于核心"的不良循环；另一种是让企业走上建设生态圈、打造产业链，搞相关多元化、跨界共创等锦上添花的扩张发展路径；还有其他情况，公司战略部变成了"机会部"，导致企业战略方向跑偏了，原有的领军人物不得不回归创业状态，以扭转乾坤……

前文曾说，竞争战略是企业战略的重点内容，它应该占据企业战略中80%以上的权重，而总体战略、职能战略属于辅助性或外围支持的内容。在企业战略方面，中小企业的重点是竞争战略，而大型公司要围绕核心，实现有机扩张，相对重点也是竞争战略。

从这个意义上说，要想战略部不沦为"机会部"，企业战略的管理职能及工作内容是否要回归核心？中外商学院教授战略管理知识是否也要与时俱进？产品思维、T型商业模式、企业赢利系统、企业生命周期战略路径/主题、战略规划与场景等新竞争战略内容，都属于与时俱进、知行合一的范围。

6.7 五力合作模型：
以"扩展合作"消解"扩展竞争"

> **重点提示**
>
> ※ 将五力竞争模型降格为考试知识点的主要原因在哪里？
>
> ※ 李大开带领法士特如何与竞争者合作？
>
> ※ 为什么要提出五力合作模型？

一位教授说："很多年来，我都要求一届一届的学生像背'九九乘法口诀表'一样背诵五力竞争模型的口诀：行业内竞争者现有的竞争能力、潜在竞争者进入的能力、替代品竞争者的替代能力、顾客讨价还价的能力……"书读百遍，其义自见，这位教授是比较负责任的。

就像核裂变威力巨大，可以用于制造核武器造成生灵毁灭，也可以用于低成本发电造福人类。作为一个广为人知的战略分析工具，五力竞争模型应该适用于哪些经营场景呢？企业不断发起价格战、欺骗消费者、"拖死"供应商、打击替代品、压制潜在进入者？如果杀敌八百，自损一千，这显然不划算。通过打击对手、零和博弈，让企业获得短期成长，同时也会将"以暴力喂养暴力"植入心智模式，最终形成路径依赖。这样日积月累、四处树敌，致命对手也会不期而遇。

笔者认为，五力竞争模型主要用在以下两大经营场景：

（1）企业产品定位场景。当进行企业产品定位时，应该用五力竞争模型评估一下，行业结构中的牵制阻力有多大，企业具有的发展动力是否能够战胜五种竞争力量的共同阻力？就像本书第2章所阐述的，以三端定位模型对比五力竞争模型，胜算几何？

（2）累积竞争优势场景。一旦企业产品定位完成后，为了企业可持续

285

成长与发展，累积竞争优势这个战略主题就将贯穿于整个企业生命周期（培育核心竞争力、第二曲线创新能力等属于更高一级累积竞争优势的形式）。这时候，五种竞争力量就像悬于企业上方的"达摩克利斯之剑"，如果企业缺乏竞争优势，出现致命的薄弱环节或经营风险，就随时可能导致企业衰落。微软、华为都是各自领域数一数二的好企业，但是比尔·盖茨说"微软永远离破产只有18个月"，任正非一直在忧患"华为的冬天就要到来"。因此，本书第1~6章都会出现企业与环境竞争图，不断强调行业结构中五种竞争力量的牵制阻力。

中国的太极图启示我们，竞争与合作是一对矛盾，竞争中有合作，合作中也有竞争，两者是可以相互转化的。企业在不断累积竞争优势，促进赢利增长的同时，也会逐步将部分五种竞争力量转化为合作力量，共同发挥协同效应，共建企业产品。下面用法士特的案例进行说明。

法士特汽车传动集团（以下简称"法士特"）在2000年之前叫作陕西汽车齿轮厂（以下简称"陕齿"），当时是一家国有企业，有员工3000人，经营非常困难。陕齿最困难时曾经四个半月发不出工资，银行贷款加上逾期利息超过5亿元，已经资不抵债。如今的法士特，2020年销售收入达到249亿元，盈利优异，其核心产品——中重型汽车变速器年产销量连续15年稳居世界第一位，国内市场占有率超过75%，长期保持行业绝对领先地位。

同样的产品方向，为什么陕齿濒临破产而法士特能获得巨大成功呢？这就要说到能扭转乾坤，让"陕齿"变成"法士特"的传奇人物李大开先生。

早在1986年，李大开就已经是陕齿的产品设计室主任，为企业设计了第二代产品——六挡全同步器式变速器。因符合国情，直到现在法士特还在生产这款产品。1995年7月，李大开临危受命被提拔为厂长。由于历史原因，随后四年，陕齿经营历经最艰难的时期。李大开带领干部职工不畏艰难、积极进取，终于在第五年——2000年，陕齿初步实现扭亏为盈。

同一个企业，前后业绩冰火两重天，凤凰成功涅槃的原因在哪里？下面我们从企业所有者、竞争者、目标客户、合作伙伴、核心人才五种利益相关者的角度，探讨一下李大开带领法士特如何将可能的竞争者转变成了合作者。

1.与企业所有者合作

虽然企业扭亏为盈了，但是要持续发展还是很难，不仅资金严重短缺，而且欠银行的5亿元仍旧是一个巨大的包袱。峰回路转，陕齿终于在2001年获得了当时的上市公司湘火炬投资入股。湘火炬投资陕齿1.31亿元人民币，股权占比51%，处于绝对控股地位。从此之后，陕齿改名为法士特。

作为产业投资，又是控股股东，湘火炬必然很强势。在投资入股后的第一次董事会上，湘火炬派来的代表要求法士特管理层投资及开发产品等事项必须先打报告，经过董事会批准后才能进行。李大开坚决不同意，理由是股东这样管控具体经营严重束缚了企业创新和发展的手脚。双方僵持之下，湘火炬董事长聂新勇出面调解，他问了大家三个问题：

第一个问题，五位董事中有谁比李大开更懂产品？大家都说，李大开搞设计，科班出身，我们肯定不如他。

第二个问题，谁比李大开更了解设备？大家说李大开当了五年厂长，对设备了如指掌。

第三个问题，谁比李大开更懂市场？大家说还是李大开，他除了搞研发，还当了四年销售处处长，懂市场、懂经营。

聂新勇说，这三个问题的答案都显而易见，那还有什么理由叫他再给董事会打报告。由于董事长聂新勇的积极支持，李大开通过这次董事会为企业最大限度地争取到了经营自主权。

湘火炬实施股权投资后，便成为法士特重要的企业所有者之一。法士特随后也获得了湘火炬在战略规划、资金融通、行业资源、产业链协同等各方面的大力支持。最重要的是湘火炬给法士特带来了体制上的改变，从全部国资控股企业变为民企控股企业，经营自主权增强，市场机制发挥作用，干部员工责任心加强、紧迫感加大，产品质量和生产效率都有了极大提升，企业发展真正驶入了快车道。

2006年潍柴动力吸收合并湘火炬，转而成为法士特控股股东。这一年，潍柴动力积极支持法士特投资近8亿元建设新厂房、扩充生产线；同年，法士特的重型汽车变速器年产销量达到了世界第一。这其中既有马太效应，也是惺惺相惜、英雄所见略同！从产品研发、预算管理、销售服务、核心产业链、资金融通等多方面，潍柴动力和法士特的合作产生了良好的协同支持效应。

2.与竞争者合作

如何让竞争者变成合作者？这似乎是世界上最难办的事情，但是李大开带领法士特管理层做到了。

引进湘火炬投资控股后，恰逢中国汽车工业进入快速发展期，法士特在两年内快速做到年产销20万台变速器，2003年营业收入达到近12亿元。这时，有百年历史的世界知名变速器制造商美国伊顿公司（以下简称"伊顿"）主动找上门来要与法士特搞合资。

早在20世纪90年代，曾经的陕齿与伊顿之间有过一次深入接触。当时陕齿的上级单位希望通过引进伊顿的先进技术和资金把陕齿救活。伊顿因为准备充当救世主的角色，所以在合资谈判中非常强势。李大开及经营班子坚持原则不让步，双方多轮谈判后不欢而散。尔后伊顿公司就在上海外高桥保税区独资建厂生产变速器。伊顿代表曾对李大开说："李厂长，你再有志气，你再懂行，你再努力，不出3年我们就会把陕齿击垮。"

2003年，当双方再次谈合资时，法士特已经今非昔比，而伊顿在上海外高桥的工厂连年亏损。李大开对伊顿的谈判代表说："合资可以，你们坚持控股也可以，但法士特主体暂时不能和你合资，要单独建一家新合资工厂，等成功后再考虑更深入地合资合作。"此外，伊顿必须把位于上海外高桥的伊顿独资厂关掉，以避免同业竞争。

伊顿最后同意了李大开给出的合资条件，新成立的合资公司中伊顿控股55%、法士特参股45%。虽然新成立的合资工厂毗邻位于西安的法士特总部厂区，但是合资合同规定控股方伊顿公司委派的总经理全权负责经营，中方不得参与，甚至非董事会活动邀请，李大开等中方人员不能随便进出合资工厂。

2003年—2008年，双方的合资公司一直由伊顿控股方管理，由于不符合中国现实情况，产品不对路，每年的销量只有几百台，结果连年亏损。最后合资双方顺利协议分手，法士特以1美元的价格买断了伊顿所持有的合资公司55%的股份。

有意思的是，在合资分手大约4年之后，伊顿公司又主动找到法士特，表示当时没有充分信任和听取中方的意见，才导致了合资公司失败，希望再次合资。这时的法士特年销售收入猛蹿到110亿元，中重型汽车变速器年产销量连续多年稳居世界第一位，中国市场占有率达到70%。这次李大开对伊顿谈判代表说，法士特对外合资合作的大门永远敞开，但是双方合资必须由法士特控股。伊顿公司同意了。2012年，再次成立的合资公司由法士特控股51%、伊顿参股49%，生产经营负责人全部由法士特委派。因为法士特派去的负责人很有经验，了解中国国情和市场，这次合资非常成功。短短几年，合资公司主力产品的产销量就增加了近10倍，取得了良好的经济效益。

这次合资成功，伊顿信心大增。后来法士特又和伊顿成立了一家生产轻型卡车变速器的合资公司，双方持股比依然是51∶49，由法士特控股。这期间法士特还和世界排名第一的工程机械公司卡特彼勒成立了一家合资公司（生产液力自动变速器），法士特控股55%、卡特彼勒参股45%。将竞争变成合作，与世界知名跨国公司成立的这三家合资公司，全部由法士特控股。纵观整个汽车行业，这样的案例很少见到。这得益于李大开领导的法士特敢于坚持原则，敢于表达观点和看法，能够预见趋势，能够为合作双方创造巨大经济价值，真正用实力赢得了跨国公司的尊重。通过与世界知名厂商合资，法士特得以尽快进入多个国际、国内细分市场，并大大缩短了技术创新及新产品开发周期，让竞争变合作的效益实现了最大化。

3.与目标客户合作

按照波特的五力竞争模型，顾客（目标客户）作为付款方处于强势竞争地位，设法与供货厂家讨价还价，让自己的利益最大化。任正非说"以客户为中心"，更有甚者说"客户是上帝"。如何将"上帝"这个竞争者变成合作者，看来难度也不小。

李大开认为，与目标客户的合作要由浅入深地展开，针对潜在需求进行战略性产品创新。一直以来，法士特坚持预测产业未来和技术创新趋势，走在市场前面引导需求，提前布局研发并重点为潜在需求研发产品。例如：在与产业链重点客户陕西重汽的合作上，法士特针对其潜在需求，提前多年布局技术创新和研发。当陕西重汽等厂商大批量需要缓速器、12挡变速箱，向轻量化产品升级时，市场上仅有法士特是比较合适的供应商。

水滴石穿，非一日之功。近20年来，法士特先后被东风股份、广汽日野、陕西重汽、福田汽车、一汽解放、上汽红岩、北奔重汽、东风柳汽、江淮汽车、郑州宇通、山西大运、安徽华凌、徐工汽车、江铃汽车、苏州金龙、厦门金龙等几十家汽车主机厂评选为"优秀供应商"。除此之外，法士特还获得了卡特彼勒、伊顿等国际著名厂商颁发的"全球优秀供应商"或"金牌供应商"奖牌。

4.与合作伙伴合作

按照波特的五力竞争模型，合作伙伴（主要指企业的供应商）也可能是企业的竞争者。如果企业经营不善，供应商就会担忧账款及未来，供货上就会敷衍了事，甚至有机会就以次充好或囤货居奇。

与供应商合作时，法士特始终坚持合作共赢，共同创造独特价值。除了为供应商提供必要的技术创新、合作研发及资金扶持等重要协助外，法士特还学习世界先进企业如丰田、江森、霍尼韦尔的先进经验，通过输出自创的KTJ管理体系将供应商变成供应链平台上的合作者。KTJ中的K指科学改进、T指提高效率、J指降低成本。通过KTJ管理体系提升供应商的产品品质及经营管理实力，减少生产过程中的七大浪费，最后双方得以分享共同创造的价值。

5.与核心人才合作

虽然说21世纪最贵的是人才，但是人才也是最难获得及合作的。很多企业初衷是引进高级适用的人才，但是结果引来了很多招牌式人才、伪人才，最终把企业文化搞坏了，没有更好反而更糟！即使引进了优秀的人才，如果处理不好人才之间的关系，很容易从合作走向竞争。如果双方成见逐渐升级，激发人性之恶，导致图穷匕见，让引进的人才跑到竞争对手那里，情况就更糟糕了。

李大开的人才经为"文化留人第一，事业留人第二，物质留人第三"，并且，三者顺序不能颠倒。事实证明，如果把物质留人放在第一位，不仅人才难留住，还会造成待遇攀比、做事推诿，甚至导致更多有价值的人才流失。

文化留人的重点在理念、文化一致，坦诚交流，相互信任，共同崇尚"帮助别人就是帮助自己"的利他原则。事业留人的重点在于让引进的人才有活干，协助人才融入企业平台，助力人才构建自己的事业，并促进个体事业目标与企业愿景一致。物质留人是指给人才合理的物质待遇，对于已经为企业创造出价值的人才，物质上绝不亏欠，甚至一定要超出他们的期望。

一次，公司人力资源部到清华大学招聘，发现有个汽车专业硕士研究生挺不错，但他本人去法士特的意愿并不强烈，其中一个重要原因是他打算随女朋友一起签约到长春某研究所。李大开听说后，把他请到西安，陪他参观法士特工厂，了解到他确实潜力很大，就答应可以破例给他特殊待遇。

经过几天的彼此沟通，该研究生对法士特文化、对李大开的用人理念有了进一步的了解，遂下决心到法士特来，并且不寻求特殊待遇，主动提出和其他硕士生同等待遇就行。如果以后做出成绩，再给他加薪，那样他心里也坦然。这位研究生入职法士特后，先在车间实习半年，然后回研究院开始搞设计。2015年公司派他到英国里卡多参与新项目研发，在那里学习提高。经过几年的锻炼和成长，他以实际成绩和价值创造得到了企业内部和合作伙伴的一致赞赏和好评，现在已经是法士特研发团队的骨干人才和企业经管团队的重要后备力量。

李大开把做好企业当作自己的毕生事业。2016年3月，员工心目中的老厂长李大开要从法士特集团董事长岗位上退休，干部工人恋恋不舍，特地为他举办欢送会，播放精心制作的纪念影像《永远的厂长》。在欢送会上，李大开表态："退就要从法士特彻底退！这个班子虽然是新班子，但我放心，今后我将执行'三不主义'——不干涉、不影响、不指导。"

企业要实现可持续经营，最重要的就是经管团队的顺利更替。前任与后任领导之间不能很好合作就会走向竞争。有些退休的老领导喜欢在原单位留个办公室、保留一个有影响力的职位、偶尔来指导一番，看似是对继任者"扶上马、送一程"，实际上这可能有点正向作用，但也有较大负面影响。李大开对继任者充满信心！因为他一贯倡导对核心人才的重视，长期致力于对经管团队的更新和培养。

现在的法士特经管团队，人才济济，精诚团结，积极向上，后备力量充足！在董事长严鉴铂、总经理马旭耀等新一代核心领导成员带领下，法士特有了更远大的目标和发展图景。"2030年，法士特要实现'3331'战略结构调整和销售收入800亿元目标，成为传动系统行业的国际一流大型企业集团。"2018年9月，在庆祝法士特建厂50周年纪念大会上，董事长严鉴铂的主题发言掷地有声！

以上法士特案例引自笔者的另一本书《商业模式与战略共舞》。并且，该书中将企业所有者（股东）、合作伙伴、目标客户、核心人才、竞争者五种力量构建成一个分析模型，称之为五力合作模型，见图6-7-1。

1. 企业的利益相关者很多，为什么选取它们构成五力合作模型？

在五力合作模型中，目标客户、合作伙伴、竞争者分别对应于五力竞争模型的顾客、供应商、三种竞争者（现有竞争者、潜在竞争者、替代品竞争者）。通过五力合作模型的指引，企业将这五种竞争力量尽可能地转化为合作力量，这样做既降低竞争压力又增加合作资源，具有一箭双雕的作用。

核心人才、企业所有者属于企业很重要的合作者、支持者。但是，如果企业处理不当，它们也可能从合作者演变为竞争者。所以，选取核心人才、企业所有者构成五力合作模型，主要是为了进一步发挥他们的合作效力，同时预防或减弱他们演变为竞争者的可能性。

2. 为什么要提出五力合作模型？

从波特五力竞争模型理论可知，企业所面临的竞争并非单纯的行业内现有企业之间的竞争,而是包括顾客、供应商、潜在竞争者、替代品竞争者等竞争力量在内的"扩展竞争"。

将目标客户、合作伙伴、企业所有者、核心人才、竞争者五种力量集合在一起,通过五力合作模型的连接而形成"扩展合作",以消解"扩展竞争"对企业成长与发展的强大牵制作用。

另一个重要考量是,以"扩展合作"消解"扩展竞争",有助于实现企业生命周期各阶段主要的战略目标和战略主题,共同聚焦于将企业产品打造成超级产品。

3.如何将竞争力量转变为合作力量?

合作必须有共赢的思维,应用五力合作模型也不例外。对于企业而言,通过减弱五种竞争力量,不断加强彼此的合作,发挥1+1>2的协同效应,以持续构建企业竞争优势,致力于打造超级产品。对于五种合作力量来说,它们期望在与企业的合作中获得更多利益或潜在价值,所以企业要能提供独特价值吸引,设法找到彼此的"最大公约数",从而将彼此的利益统一起来。

(1)通过企业产品中的独特价值主张,将目标客户转变为合作力量。相对于竞争者的产品,企业产品创新优势越大,满足目标客户需求的能力越大,它们的合作意愿就越强。合作多意味着目标客户的讨价还价竞争力量减弱,会更多地购买企业的产品及协助口碑传播。

(2)企业与合作伙伴形成利益共同体,共同构建企业产品中的独特价值主张。企业可以通过规模订货、合理利润率、及时付款、供应商认证、投资入股、建立协作研发或资金互助平台、导入管理体系等方式、方法,与合作伙伴形成利益共同体。

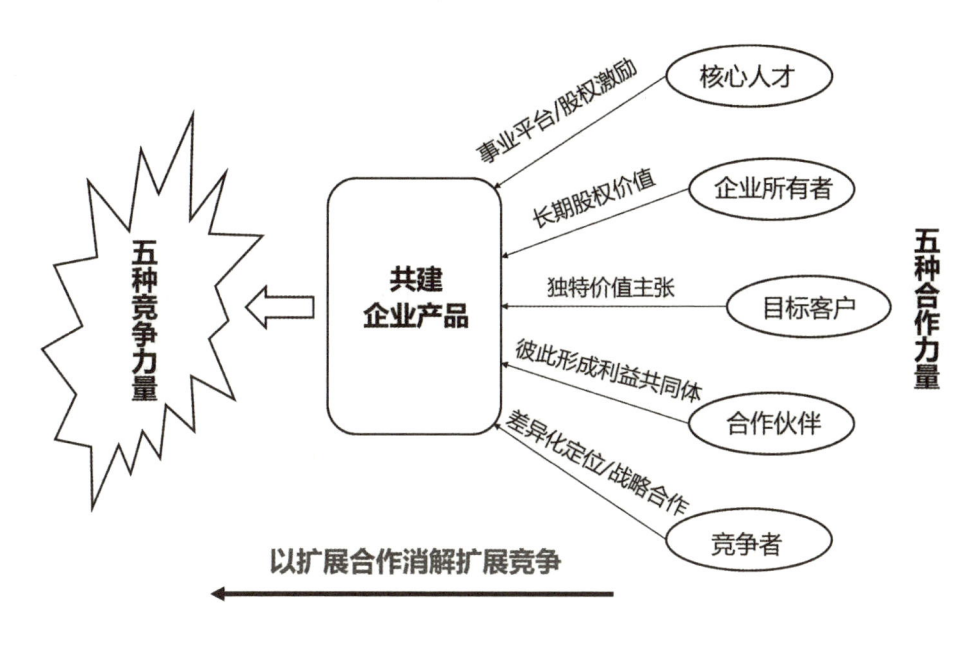

图 6-7-1 五力合作模型示意图
图表来源：李庆丰，《商业模式与战略共舞》

（3）通常来说，企业所有者（股东）更看重企业在未来的可持续发展能力。企业争取股东的合作及协助，应该围绕长期股权价值展开。有句话说得好："想着如何分现在的蛋糕，不如把未来的蛋糕做大！"

（4）核心人才属于企业的智力资本。通过创建优异的企业文化、设计科学合理的利益分配机制、提供优越的物质待遇、实施股权激励、协助搭建事业平台等，都可以促进核心人才成为企业的重要合作力量。

（5）企业与竞争者之间的实质性合作确实很难，所以重点应该放在如何减弱相互之间的竞争，例如：对企业产品进行差异化定位，"人无我有，人有我优，人优我新"。如果条件允许，彼此可以寻求在投资持股、开拓新市场、研发新产品、相关资源共享等方面的战略合作机会。

6.8 与时俱进：
建立商业模式中心型组织

> **重点提示**
>
> ※ 如何与时俱进地解释柳传志所说的"搭班子、定战略、带队伍"？
>
> ※ 为什么应该将"战略中心型组织"改正为"商业模式中心型组织"？
>
> ※ 如何才能做到"企业文化建设不虚妄"？

风险投资行业有一句行话"投资就是投人"。这甚至被看成是投资哲学，被投资人奉为圭臬。如何判断一个创业者是否靠谱呢？总不能依靠"相面"吧！还是要从他过去干过的事、当下正在做的事、未来打算要做的事进行综合判断。而这些"事"，都属于商业模式。

商业模式是企业赢利系统的一个子系统。任何企业都可以用企业赢利系统来整体描述，见图6-8-1。企业赢利系统包括经营体系、管理体系、杠杆要素三个层次，并有如下三个公式：

（1）经营体系=经管团队×商业模式×企业战略

（2）管理体系=组织能力×业务流程×运营管理

（3）杠杆要素=企业文化+资源平台+技术厚度+创新变革

经营体系属于赢利逻辑层，回答的问题是企业能否赢利；管理体系属于执行支持层，回答的问题是如何将赢利变成现实；杠杆作用层起到杠杆放大作用，回答的问题是如何让赢利可持续。

```
┌─────────────────────────────┐
│         经营体系             │      赢利逻辑层
│  经管团队×商业模式×企业战略   │
└─────────────────────────────┘
             ↑
┌─────────────────────────────┐
│         管理体系             │      执行支持层
│  组织能力×业务流程×运营管理   │
└─────────────────────────────┘
             ↑
┌─────────────────────────────┐
│         杠杆要素             │      杠杆作用层
│ 企业文化+资源平台+技术厚度+创新变革 │
└─────────────────────────────┘
```

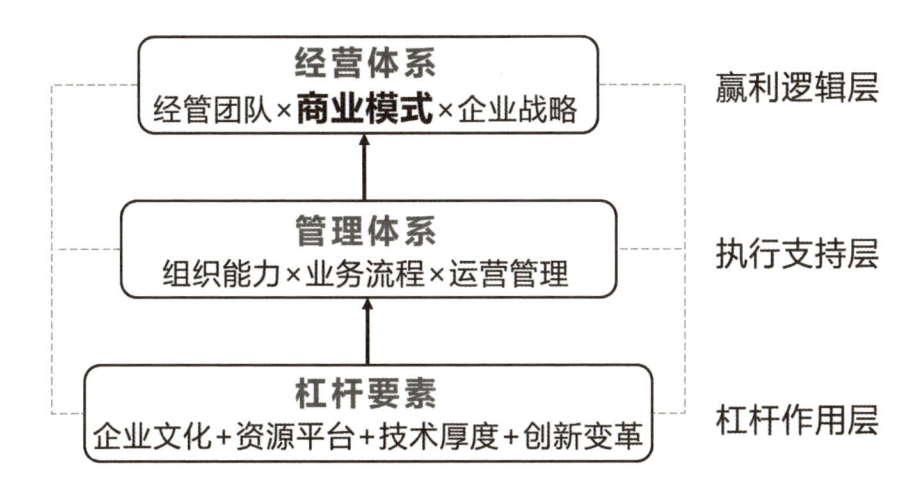

图 6-8-1 以商业模式为中心的企业赢利系统示意图

图表来源：李庆丰，《企业赢利系统》

经营体系是第一位的，而管理体系、杠杆要素属于第二、第三位的。例如：智能手机时代到来后，诺基亚的商业模式过时了，即经营体系失灵了。它原有的管理体系、企业文化等企业赢利系统相关要素再强大、再优异，也挽救不了企业衰落的命运。

经营体系由经管团队、商业模式、企业战略三个要素构成，它们中哪个才是企业赢利系统的中心？

在实践中，通常以商业模式为中心配置经管团队。2010年10月，小米创立时，为了能在三星、苹果等强手如林的智能手机行业闯出一条道路，以"手机硬件+ MIUI系统+米聊软件"为产品组合，以"高配置、低价格"为价值主张，以战略性低成本打造爆品设计赢利机制，构建出了一个独特的商业模式，称为"三驾马车"商业模式。为了实现这个商业模式，创始人雷军80%时间都在找人，幸运地找到了七个"牛人"合伙：林斌负责供应链，周光平负责手机硬件开发，洪锋负责MIUI系统，黄江吉负责米聊业务……

如果反其道行之，以经管团队为中心，配置商业模式可以吗？大家来自五湖四海，喜好需求各异，背景信仰不同，那得是多复杂的商业模式！

为孙悟空配置个"花果山",为猪八戒配置个"高老庄"……稍微想想,一定是不可行的。

有人说,实践出真知!柳传志的"搭班子、定战略、带队伍"是从实践中摸索出来的一套管理方法论,"搭班子"排在第一位,所以团队最重要!笔者的回答是,怎么强调经管团队或领导人的重要性,都不为过!除此之外,企业战略、商业模式、组织能力、业务流程、企业文化、创新变革等企业赢利系统的每个构成要素在特定情况下都很重要。强调系统中某个要素很重要,并不等于它就是系统的中心。另外,就像走在最前面的士兵并不一定是这个队伍的核心,将"搭班子"排在第一位,并不能说它就是企业赢利系统的中心。在谈到联想集团实施投资所遵从的原则时,柳传志也曾说"事为先,人为重"。这里的"事为先",与时俱进的解释是:以商业模式为中心,进行"搭班子、定战略、带队伍"。由此,我们可以继续问,应该基于什么搭班子?应该基于什么定战略、带队伍?应该是基于商业模式搭班子,同样要基于商业模式定战略、带队伍。

经管团队的核心构成及能力培养应该以商业模式为中心。俗话说:没有金刚钻,不揽瓷器活。德鲁克在《管理的实践》中说,完美的CEO应该是一个对外的人、一个思考的人和一个行动的人,集合这三种人于一身。大致划分一下的话,"行动者"对应T型商业模式的创造模式,这部分是价值链的运营重点,要求团队成员擅长精益管理或制造,执行力要强;"对外者"对应T型商业模式的营销模式,这部分要求团队成员能够代表企业形象,擅长表述企业产品的价值主张及整合外部资源,要诚实守信;"思考者"对应T型商业模式的资本模式,这部分要求团队成员具备高瞻远瞩、足智多谋的素质和能力。

1987年,加拿大管理学家明茨伯格提出了战略5P理论,即战略包括五个方面的内容:战略是一项计划(Plan)、一种对策(Ploy)、一种定位(Position)、一种模式(Pattern)和一种观念(Perspective)。现在看来,笔者认为其中定位、模式,应该属于商业模式的主要内容;对策、观念,最终要体现在计划中。再根据公式"战略=目标+路径",可知战略的本质属性是计划。计划的基本内容主要包括目标及实现目标的路径,其中目标是结果,而路径是原因,即通过特定的路径才能实现所追求的目标。俗话说,计划没有变化快;目标刻在石头上,而计划写在沙滩上。目标不要轻易改变,而计划经常有所调整。目标犹如定海神针,一个系统的中心要相对稳定。显然,企业赢利系统不能以经常需要调整的计划为中心,即战略是需要经常优化调整的,所以企业赢利系统不能以战略为中心。

在当今的"VUCA时代",如何"以静制动""以不变应万变"?通过促进企业产品持续创造顾客,T型商业模式理论关乎企业能否赢利、如何赢利,它由13个要素构成,具有稳定且通用的结构,适合于绝大部分市场经济条件下的企业。贝索斯说:"要把战略建立在不变的事物上。"这个不变的事物就是指商业模式的相关赢利逻辑,就是商业的本质。所以,制定企业战略时,我们要更多应用本书第1~6章所阐述的基于T型商业模式理论的相关赢利逻辑,例如:创造模式、营销模式、资本模式的公式,三端定位模型、第一/第二/第三飞轮效应、T型同构进化模型、庆丰大树模型、SPO核心竞争力模型、双T连接模型、五力合作模型等。它们实实在在,"有图有真相",就是所谓的商业本质。企业进化发展及转型时,与商业模式相关的经营内容可以改变,但是这些商业本质不变。

在平衡计分卡理论中,曾有个说法叫作"战略中心型组织"。当时看来,这个说法还不能算错,理由如下:①那时,战略与商业模式纠缠在一起,不分彼此。②平衡计分卡理论兴起于产品时代,比较适用于业务稳健型企业的战略展开与执行。它隐含的假设是,企业之间竞争优势的强弱,重点在于战略展开与执行水平的孰高孰低。现在来看,"战略中心型组织"应该改正为"商业模式中心型组织",原因是:①"承担"企业赢利功能的商业模式,已经从战略理论中分离出来,逐渐形成了一个独立的学科;②当今企业的竞争是商业模式之间的竞争,战略以商业模式为"基座",始终携商业模式而战!

因此，商业模式才是企业赢利系统的中心，当今企业都可以被称为"商业模式中心型组织"。由此推导，企业史学家钱德勒所说"结构跟随战略"，今天看来应该与时俱进地改为"结构跟随商业模式"，即组织结构要跟随企业的商业模式而改变。

在新竞争战略理论中，企业生命体主要包括企业产品、T型商业模式、企业赢利系统三方面的内容，其中企业产品是T型商业模式的核心内容，而T型商业模式是企业赢利系统的中心内容及子系统。企业产品是超越竞争对手、赢得客户口碑、员工日夜奋斗的最终"凭借物"。企业产品决定企业成败，它是商业模式的核心内容，企业生存与发展必定要依靠现在的企业产品及不断改进与创新的未来企业产品。T型商业模式是形成优秀企业产品最直接的保障，担负着为企业不断创造顾客及持续赢利的职能。企业赢利系统是促进商业模式发挥作用的系统性重要保障和建设支持力量。企业生命体通过实现创立期、成长期、扩张期、转型期等各阶段的主要战略主题，将企业产品从潜优产品→拳头产品→超级产品的过程，就是企业自身进化与成长的过程，所以也是建设企业赢利系统、建立商业模式中心组织的过程。

笔者已出版书籍《企业赢利系统》的副标题是"建立商业模式中心型组织，实现基业长青"。关于"以商业模式为中心构建企业赢利系统、建立商业模式中心型组织"等相关内容，在《企业赢利系统》中有更详细及具体的阐述。

毋庸置疑，企业是一个以合作共赢、满足目标客户需求、创造经济效益等为特色的生命体，我们应该构建企业赢利系统。商业模式是企业赢利系统的中心，我们应该建设商业模式中心型组织。但是，在理论指导实践方面，这也必将长期面临着巨大挑战。20世纪90年代就基本走向成熟的管理学体系，从西方引进到中国后也是如此，至今呈现出以下"四化"状态：

（1）更加"灌木丛"化。战略、管理、制造、研发、采购、物流、销售、人事、财务、信息技术等各学科的学者，都在说自己的学科最重要，各学科理论之间缺乏有机联系。管理人员学以致用后，很可能导致企业中各部门以自我为中心，形成"部门墙"和官僚主义。

（2）过度理论化。由于一条"赛道"上研究的人太多，还有闭门造车，相互"复制""粘贴"之嫌，所以各种管理类教科书的内容越来越庞杂，趋于知识集成或理论堆砌。例如：仅市场营销学理论书籍就有成百上千种，像科特勒的《营销管理（第11版）》属于营销学经典教材，一本书就厚达800页，字数为104.2万。诸多理论教材、研究论文等距离企业实践太远，冗余枯燥，所以企业界人士主要看管理类畅销书或人物传记。

（3）加速碎片化。为了发论文、职业升迁、商业目的等，一些人对管理学犄角旮旯的知识研究太多、毛细末梢的知识研究太多、可有可无的知识研究太多。

（4）研究跟班化。所谓"跟班式研究"就是"别人说过的才说，别人没说过的就不敢说"，主要表现在对经典或热点理论做无关紧要的修补、吹毛求疵的评价，或进行改头换面、添油加醋式的所谓学术加工，然后一些学者就将其作为自己的重要研究成果。长期的跟班式研究，让一代又一代学者形成了路径依赖，同时失去了创新的动力，甚至会阻碍有实践价值的创新。

有创新精神的中外学者都不愿意走"跟班式研究"之路。笔者写作《新竞争战略》《T型商业模式》《企业赢利系统》《商业模式与战略共舞》四本书，属于管理学"新国货"知识产品，试图为管理学的创新与发展，让理论更好地指导实践，逐渐拓展出一片新疆域。

第 7 章

从职业"小白"到超级个体，需要怎样的竞争战略？

本章导读

培根有一句名言:"类比联想支配发明。"那么,是否可以将适用于企业的新竞争战略"生搬硬套"到T型人的职业竞争战略?本章属于"加餐",就要进行这个尝试。

笔者在出版的相关书籍中,有这样一个观点:不论是职场人,还是手艺人,每一个职业个体都可以看成是一个人经营的公司,所以T型商业模式、企业赢利系统、新竞争战略等相关理论对他们同样适用,可称他们为"T型人"。

限于篇幅和类比带来的局限性,本章的写作特色为"一半是海水,一半是火焰"。每节内容中既有简单易懂的案例故事——称之为"火焰",也有类比联想而形成的规律原理——称之为"海水"。

7.1 职业竞争战略：
把职业个体看成是一个人经营的公司

> **重点提示**
>
> ※ 从一个流水线女工到美国高盛的程序员，孙玲做对了什么？
>
> ※ 超级个体的定义是什么？
>
> ※ 职业竞争战略对你的职业成长与发展有哪些启发？

"超级个体"是知识付费平台兴起后一个一度非常流行的热词。什么是超级个体呢？有人总结说：在丰饶经济及移动互联网时代，每个人都可以轻而易举地接触到前所未有的海量资源。这些海量资源中蕴藏着各种各样促进个体成长与发展的机会。面对奔涌而来的机会，处于这个时代的一个普通人完全可以依靠自己的努力和机缘，快速地成长为某一个领域的精英。例如：薇娅、李佳琦等"网红"主播就属于超级个体，凭借移动互联网基础设施，利用中国丰富而优异的供应链资源，他们一场直播的销售收入就会超过一个大卖场一天的销售收入。像李易峰、鹿晗、赵丽颖、贾玲等影视明星，他们也属于超级个体，一个人的年收入可能超过一家上市公司一年的净利润。

各行各业的职场人、手艺人，都可以成为超级个体。从更广泛的意义上说，超级个体是指普通人通过自己的努力，逐步实现了人生跃迁，并成为某一领域的模范人物。

孙玲是个"90后"女孩，来自湖南娄底的一个贫困农村家庭。19岁那年，她来到深圳，成为一名流水线女工，一天工作12小时，一周工作6天，月薪为2300元。但是，她不认命，相信通过个人努力可以改变命运。她业余时间学习英语和计算机编程，通过自考获得深圳大学本科学历，后来继续前往美国学习硕士计算机项目。2018年，孙玲通过多次严格面试，作为外包程序员到美国的谷歌办公室上班。2020年末，尽管新冠疫情后工作机会大大减少，但是孙玲成功换了一个新工作，在美国盐湖城的高盛公司做程序员，年收入折合人民币近百万元，比之前还有提高。

2019年长篇小说《牵风记》荣获第十届茅盾文学奖，作者是一位90岁的老翁，名叫徐怀中。新津春子负责东京羽田机场的清扫工作，被评为日本"国宝级匠人"。她能够对80多种清洁剂的使用方法倒背如流，也能够快速分析污渍产生的原因和成分，并很快找到解决问题的方案。薛兆丰曾是北京大学教授，现在是一位互联网经济学者。他的"薛兆丰的经济学课"非常受欢迎，知识付费平台的订阅用户数超过40万人。19岁的梁智滨是中建五局长沙建筑工程学校的一名技工，他以零误差的垂直度、平整度，以及清澈的墙面外观、对时间的准确把握，夺得第44届世界技能大赛砌筑世界冠军。摩西奶奶是一个普通的美国农妇，76岁开始投入她梦寐以求的画画，80岁时到纽约举办画展并引起轰动。受到摩西奶奶的感染和鼓励，日本医生渡边淳一果断弃医从文，开始了自己的文学创作之路，先后创作了《失乐园》《遥远的落日》等五十余部长篇小说，在世界文坛引起了巨大反响。

英雄不论年龄，也不问出处。像孙玲、徐怀中、新津春子、薛兆丰、梁智滨、摩西奶奶、渡边淳一等，他们都属于超级个体。

《哈佛商业评论》认为网络个人经济即将开始，"新经济的单位不是企业，而是个体"。区块链研究者认为：今后公司制将逐渐消失，取而代之的是区块链社区制。通俗的理解就是每一个个体都可以是一家公司，用区块链技术把大家连接在一起。

笔者在出版的相关书籍中，有这样一个观点：不论是职场人，还是手艺人，每一个职业个体都可以看成是一个人经营的公司，所以T型商业模式、企业赢利系统、新竞争战略等相关理论对他们同样适用，可称他们为"T型人"。

第7章 从职业"小白"到超级个体,需要怎样的竞争战略?

类比思维是根据两个具有相同或相似特征的事物间的对比,从某一事物的已知特征去推测另一事物的相应特征而存在的思维活动。培根有一句名言:"类比联想支配发明。"他把类比思维和联想紧密相联,为我们依据对原有事物的认识方法论,快速解决具有相似特性的新问题指出了方向。

类比于本书前面章节介绍的有关企业的新竞争战略理论,职业竞争战略的系统构成示意图主要用以描述T型人如何从职业"小白"成长为超级个体,见图7-1-1。

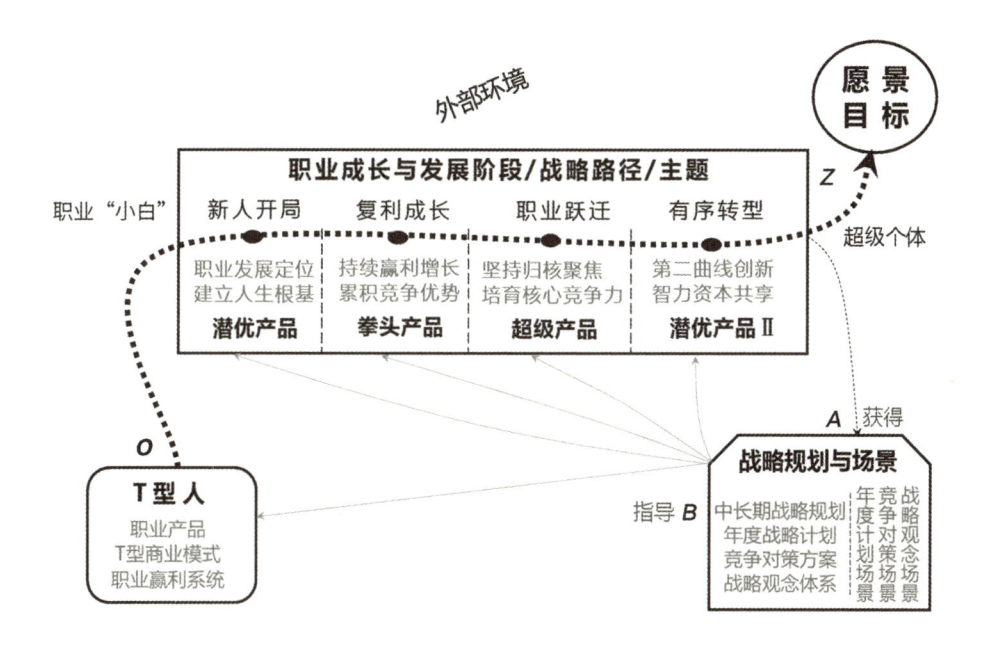

图 7-1-1 职业竞争战略的系统构成示意图
图表来源:李庆丰,"新竞争战略"理论

概括来说,职业竞争战略含有这样一个促进T型人成长与发展的战略逻辑过程:T型人(职业产品、T型商业模式和职业赢利系统)沿职业成长与发展的战略路径进化与成长,通过实现新人开局、复利成长、职业跃迁、有序转型等各阶段的主要战略主题,将职业产品从潜优产品→拳头

307

产品→超级产品，让职业"小白"成长为超级个体，逐步实现职业生涯的战略目标和愿景。

T型人包括三部分内容：职业产品、T型商业模式和职业赢利系统。职业产品是指每一个职业个体都应该将自己所从事的职业看成一个产品。上文中，孙玲是个程序员，工作中所编写的程序就是她的职业产品。徐怀中是个小说家，出版的书籍或文章就是他的职业产品。按照类比思维，之前对企业产品的定义及相关阐述同样适用于本章提出的T型人的职业产品，对企业的T型商业模式、企业赢利系统的定义及相关阐述同样适用于T型人的T型商业模式、职业赢利系统。在《企业赢利系统》的"第9章　职业赢利系统：破解个体发展的迷思"，通过与企业赢利系统类比并简化后，给出一个职业赢利系统的公式：职业赢利系统=（个体动力×商业模式×职业规划）×自我管理，其中的职业规划等同于本章所说的职业竞争战略。

在图7-1-1中，按照"战略=目标+路径"展开，可以将职业成长与发展简要划分为新人开局、复利成长、职业跃迁、有序转型四个阶段。它们既是职业成长与发展的战略路径，同时也属于大尺度观察T型人的职业经营场景，所以每一个阶段都应该有自己的战略主题。

新人开局阶段的战略主题是什么？职业发展定位，建立人生根基。复利成长阶段的战略主题是什么？持续赢利增长及累积竞争优势。职业跃迁阶段的战略主题是什么？坚持归核聚焦及培育核心竞争力。有序转型阶段的战略主题是什么？第二曲线创新及智力资本共享。这些都是本章第2节至第5节要重点讨论的内容。

与产品思维、产品经理等理论互相连接，为了深化对职业产品的进一步探索，我们将新人开局、复利成长、职业跃迁等各阶段对职业产品的愿景追求分别称为潜优产品、拳头产品、超级产品。从新人开局→复利成长→职业跃迁等职业成长与发展的阶段过程，也是职业产品从潜优产品→拳头产品→超级产品成长与进化的过程。在职业的有序转型阶段，通过实现第二曲线创新及智力资本共享这两个战略主题，下一轮潜优产品Ⅱ→拳头产品Ⅱ→超级产品Ⅱ的循环就再次开启了。

职业产品是指每一个职业个体都应该将自己从事的职业看成一个产品。潜优产品就是潜在优异的职业产品，它促进T型人未来能够具有优异的职业表现及发展前景。若要成为某一领域的专家，先要将自己的职业产品塑造为拳头产品。这是指T型人所从事的职业或工作非常出色，已经成为某一领域的佼佼者。超级产品是指职业个体为社会或企业提供的职业产品出类拔萃、卓尔不群，具有不可替代性，且能够通过职位跃迁及衍生职业产品长期引领自身的成长与发展。

综上内容简要概述了职业竞争战略含有的促进T型人成长与发展的战略逻辑过程。一方面，基于这个逻辑过程，制订或开展职业的战略规划与场景活动；另一方面，制定完成或进一步开展的战略规划与场景活动，又用来指导未来的职业成长实践，将上述战略逻辑落地执行。

职业竞争战略旨在将职业产品打造为超级产品，致力于发挥1+1+1＞3的协同效应：第一，通过T型人（职业产品、T型商业模式、职业赢利系统）协同打造超级产品；第二，通过职业成长与发展各阶段的主要战略主题协同打造超级产品；第三，通过战略规划与场景协同打造超级产品，最终实现让职业"小白"成长为超级个体。

以上通过类比及联想的方式，将适用于企业的新竞争战略理论转换为适用于T型人成长与发展的职业竞争战略。当然，虽然T型人理论是将职业个体看成一个人经营的公司，但是毕竟个体没有企业那么复杂，具体应用职业竞争战略时可以适当简化或仅是从中获得一些启发。这样做也有助于追求更个性化地形成自己的最简化、最实用的职业竞争战略。另外，本书的重点内容是关于企业的新竞争战略，所以本章的内容只是职业竞争战略的一个简要版。各位读者可以应用类比思维，参考前面六章的内容，进一步全面深入地理解职业竞争战略。

从有助于丰富职业发展规划的相关理论或学说的角度，可以说本章提出的职业竞争战略是一种独辟蹊径的新思路。为什么这么说呢？职业发展规划，又称为职业生涯规划，属于人力资源（HR）专家或专业工作者为职业个体提供的一项服务。它是指将职业个体与组织相结合，通过对个体的兴趣、爱好、能力、特点进行综合测定、分析与权衡，结合时代特点并根据个体的职业倾向，确定其最佳的职业奋斗目标，并为实现这一目标做出行之有效的安排。一个完整的职业规划由职业定位、目标设定和通道设计三个要素构成。

  由此看来，职业竞争战略与职业发展规划类似，它们的重点内容都符合战略的第一性原理：战略=目标+路径。

7.2 新人开局：
将贵人相助、兴趣禀赋和社会需求三者合一

> **重点提示**
>
> ※ 如何抵抗消费主义对自己职业定位及人生愿景的侵蚀？
>
> ※ 在职业定位时追逐社会需求的热门行业及职业有哪些优缺点？
>
> ※ 职业定位模型与三端定位模型之间有哪些区别与联系？

希娜·艾扬格在TED[①]的演讲"选择的艺术"已经有近600万人观看；她的著作《选择的艺术》被翻译成33种文字，畅销全世界。艾扬格毕业于美国宾夕法尼亚大学，获得经济学和心理学双学士学位，然后在斯坦福大学获得心理学博士学位。因为在人类"选择"这一主题上的突破性研究，她获得美国国家科学基金、美国国家心理健康研究院的赞助，并获得"美国总统青年科技奖"。作为"选择"领域的世界级专家、全球商业思想领袖50人之一，艾扬格获奖无数，现在她是哥伦比亚商学院首席教授。

希娜·艾扬格是一位在美国长大的印度裔盲人。她幼年时得了一种严重的视网膜疾病，随着年龄的增长，视力越来越模糊，未完成高中学业即近乎失明。艾扬格13岁时失去了父亲，家庭陷入贫困状态。与健康和家庭富裕的人比起来，她的选项极少，甚至没有选择。原可以用"命运"之类的语汇解释这一路的遭遇，但艾扬格"选择"为自己创造一个选项——用盲文和口述著书立说，最终成为世界知名的"选择"研究专家。

聪明的人"选择"多，"斜杠青年"受追捧，可以从人类的进化中找到原因。在猿人阶段时，与其他动物比较而言，人类的祖先之所以能够更胜

---

① TED（Technology、Entertainment、Design 的首字母组合，即技术、娱乐、设计）是美国的一家私有非营利机构，该机构以它组织的 TED 大会著称，这个会议的宗旨是"传播一切值得传播的创意"。

一筹，是因为他们更积极、主动地探索周边环境，在随机试错中找到更多的生存资源。形成部落后，像鲁滨孙那样的多面手、探索者极受推崇，什么都会一点，凡事都懂一点，多学几样技能，多储备生产和生活资源，面对自然灾害及冲突搏斗时，生存的概率就大一些。几万年进化下来，人类基因中植入了多元"选择"的习惯、占有"更多"的欲望。

现在是丰饶经济及互联网时代，各类商品、信息等供给极大丰富，各种力量推动下的消费主义思潮越来越盛行，促使人们不断追求更多、更新的实物或虚拟消费品，反复强调立即购买的冲动性满足。一部分"高明"的商家、媒体、专家，利用人类基因中存在的多元"选择"的习惯及占有"更多"的欲望，设计场景、"请君入瓮"，潜移默化地改变大众群体的心智模式，让很多人成为"戏精""杠精""刷精""吃货"。

由于双眼失明，艾扬格的选择太少，对丰富的物品及海量的信息可以"视而不见"，所以能够专注于自己的研究领域。由于拥有太多、看到太多、消费太多、想法太多……我们大多数人没有花费很多时间专注于自己的职业或事业领域，所以时常被那些"太多"引起的焦虑占据心神，最终导致一生平庸无为。

一年365天，一天24小时，时间是均匀的，对每个人都是平等的。当我们能够保持专注与聚焦时，时间就像激光一样，拥有强大的切割力。战略千万条，聚焦第一条。借鉴新竞争战略理论的企业产品定位理论，职业竞争战略认为，只有通过正确的职业定位，在一个领域保持聚焦与专注，才能取得职业及事业上的成功。

每个职业者都可以把自己看成是一个人经营的公司，所以也需要一个商业模式。从某种程度上说，我们从事的职业就是自己的商业模式。因此，从企业产品定位到职业定位，两者可以相互借鉴。将适用于企业的三端定位模型简化一下，得到职业定位模型，见图7-2-1。无论是刚从大学走向社会的职场新人，还是正在寻找新的工作、准备重新上岗的职场老兵，进行职业定位时都可以参考这个职业定位模型。

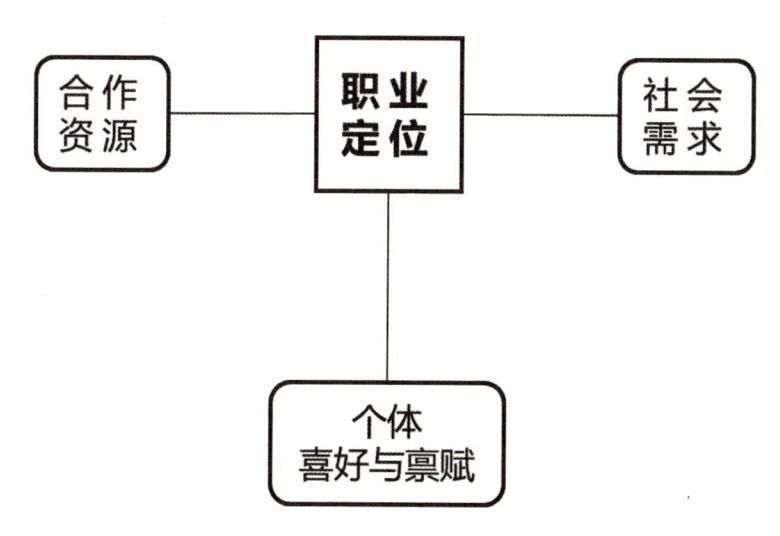

图 7-2-1 职业定位模型示意图
图表来源：李庆丰，《商业模式与战略共舞》

由职业定位模型可知，职业定位是个体喜好与禀赋、社会需求、合作资源三者的统一。

例如：在少年时期，刘慈欣接触的第一本科幻小说是凡尔纳的《地心游记》。他回忆说："就像是寻找了很久，终于找到了，感觉这本书就是为我这样的人写的。现在回头看，我感觉自己天生就是该搞科幻小说创作。"随着社会进步与发展，科幻小说、电影等作品的社会需求将越来越大。据统计，仅2018年刘慈欣的科幻小说《三体》国内外销量就超过350万册；根据刘慈欣同名小说改编的科幻电影《流浪地球》的票房达到46.55亿元。当然，刘慈欣的成功也离不开出版社的编辑、电影人、科幻小说界的前辈及师长朋友等合作资源的支持。

为什么那么多人涉猎科幻、钢琴、画画、动漫、游戏、文学……出类拔萃者却寥寥无几呢？

在现实中，我们常常与职业定位模型偏离，选专业、找工作时习惯于单端定位：要么只追寻热门的社会需求，要么全由着自己的偏好，要么根据拥有的合作资源就定夺了。

313

得到专栏主讲人万维钢说："现在学商科的人太多了，大多数人非常平庸，只能找工资比较低的职位，很多人连出国留学花的学费都挣不回来。"绝大多数学习商业、金融的人，并不是自己喜欢，而是因为这些是社会需求的热门学科。自己不喜欢，或者没有这方面禀赋，职业上就无法深入。所以，在商业或金融领域，中高端人才奇缺，而平庸之人非常多。

仅仅因为自己喜欢，而不与社会需求对接，也是单端定位。例如：对绘画有兴趣的人非常多，为什么美术专业连续多年被列入就业最难的"红牌"专业名单呢？原因恐怕在于推波助澜的"艺考"浪潮、学科传统而落后及无法提供优良的专业训练，导致低端人才泛滥，传统美工供大于求，还有极大可能被人工智能替代，而社会需要的中高端动画制作、网游及创意美术人才奇缺。

还有很多人，因为家庭有从政、从商等背景，可以利用的合作资源异常丰富，根本不缺少"贵人相助"，所以选择职业方向时被家庭"包办"了。虽然自己不一定喜欢，但是被命运裹挟着，浑浑噩噩一生就过去了。以拥有的合作资源为导向，进行职业定位和选择，也是一种有失偏颇的单端定位。

由于以上单端定位偏离了职业定位模型，所以并不能形成优异的职业定位。现实中，我们可以从个体喜好与禀赋、社会需求与合作资源三端的任何一端开始，并逐渐与另外两端协同一致，最终达到职业定位的三者统一。

在职业定位时可以追随社会热点岗位需求，但是要找到与自己的喜好、禀赋一致的方面，并逐渐聚集有利于自己职业发展的相关合作资源。个体的喜好与禀赋要与社会需求对接，不断寻找合作资源，才能成为一个优异的职业定位。同样，具有很好的外部合作资源只是职业定位的考量因素之一，以此出发，还要找到其与自己的喜好禀赋及社会需求的结合点。

职业定位模型从企业的三端定位模型简化而来，从上文的内容可知，它只是一个大致的、粗略的职业定位。上一节谈到，T型人是把职业个体看成一个人经营的公司，职业竞争战略中也包括职业产品、T型商业模式、职业赢利系统等内容；新人开局阶段的战略主题是"职业发展定位、建立人生根基"。所谓职业发展定位，就是通过三端定位模型将职业产品定位成一个潜优产品。

职业产品是指每一个职业个体都应该将自己所从事的职业看成一个产品。潜优产品就是潜在的优异职业产品，能够促进T型人未来具有优异的职业表现及发展前景。

用于定位潜优产品的三端定位模型示意图，除了将原来的"企业所有者"改为"职业者自身"，它与用于企业的三端定位模型几乎是一样的，见图7-2-2。考虑到职业与企业之间的差异性，对图7-2-2所示三端定位模型的相关要素简要解释如下：

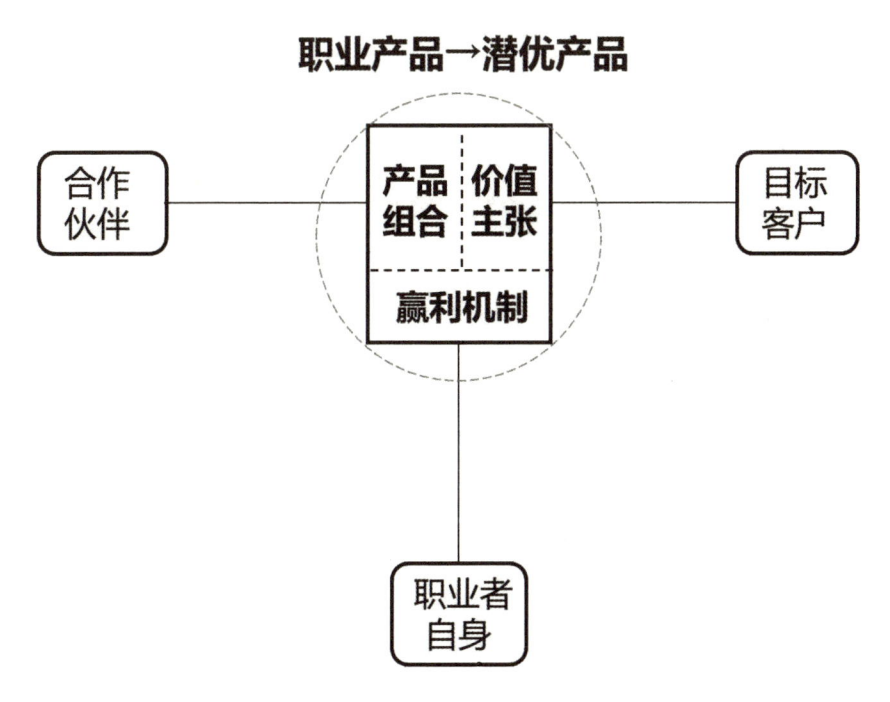

图 7-2-2 三端定位模型示意图
图表来源：李庆丰，《商业模式与战略共舞》

此处的目标客户是职业者所服务的对象；合作伙伴是指一起工作的团队成员；职业者自身就是指职业者自己。

此处的价值主张是指职业者的相关工作为目标客户（所服务的对象）带来的价值或实用意义；产品组合是指职业者的主要工作内容；赢利机制是指职业者通过工作如何给自己带来资本增加（包括资源增加及能力成长）。

同样，一个可行的职业产品，目标客户、合作伙伴及职业者自身三端利益缺一不可；与之对应的价值主张、产品组合及赢利机制"三位一体"不可分割。它们就像一个风扇的三个叶片，缺少任何一片，整体都不能顺畅运转起来。

符合以上三端定位的职业产品，就可以是一个潜优产品；反之，不符合三端定位模型的职业产品就可能出现职业发展问题，很难成为一个潜优产品。举一个反例来说，在企业中可能有个别"聪明"人，工作内容（产品组合）的重点是欺压下属、呵斥团队，而对上左右逢源、阿谀奉承；价值主张是无论采取什么手段，一切让领导满意，成为领导身边最得宠的人；赢利机制短期可以成立，获得一些君子不屑的"嗟来之食"。但是长期来看，他的全部价值也被锁死在这个特定的关系网里面，一荣俱荣，一损俱损。一旦"靠山"出现问题，他也会跟着完蛋。

以上内容是参考企业的三端定位模型，来简要解释说明职业者的三端定位模型，两者之间的转码工具是类比思维和联想思维。有兴趣的读者可以结合自身职业情况，参照第2章的图2-2-1给自己来一次三端定位模型分析。

同样，通过运用类比思维和联想思维，像波特三大通用战略、蓝海战略、平台战略、爆品战略、产品思维、品牌战略、技术创新等，也可以成为对职业产品定位的一种方法或一种理论思想。例如：新人进入职场，可以采取集中化战略，从一点突破取得成绩，然后从点到线，逐渐展开；也可以采取蓝海战略，从传统"红海"工作中通过创新找到一片"蓝海"；还可以采取品牌战略,通过贯彻与众不同的价值主张,将自己打造成本企业、本领域的一张"名片";更可以采取技术创新战略,持续不断地积累技术厚度,练就一身过硬的技能……

7.3 复利成长：专家是怎么炼成的？

> **重点提示**
>
> ※ "一万小时定律"有哪些不足之处？
>
> ※ 什么是核心人生算法？
>
> ※ 第二飞轮效应对你的职业发展有什么启发？

长井鞠子出生于1943年，是日本同声传译界的"国宝"级人物。历届日本首相及政要都会指名长井鞠子担任随身翻译，美国前副总统称赞她是"日本乃至世界第一的口译员"。长井鞠子从事同声传译工作近50年，年逾古稀仍活跃在国际会议翻译第一线，每年参与200多次会议的同声传译工作。

长井鞠子可以一人翻译下来20多分钟慷慨激昂的演讲，并且翻译中也极其投入热情，十分贴合演讲。纵横同声传译界数十年，成为业界常青树，长井鞠子的"本事"是怎么炼成的？

一名优秀的翻译，必然母语和外语都十分精通。长井鞠子坚持数十年，每月都会去银阁寺吟咏和歌，用来掌握地道的日语表达方式。她巧妙地采用听来很顺耳舒服的词语，让自己的翻译显得流畅而又能直达心灵。

在进行同声传译工作前，长井鞠子一定会雷打不动进行准备工作：将会议中可能出现的单词抄写在本子上，制作单词本。这样制作手写单词本的习惯，长井鞠子坚持了近50年。

虽然有了几十年丰富的经验，但口译的工作，没有一次是相同的。"准备和努力，不会背叛你。"长井鞠子依旧如履薄冰地认真准备每一场会议，时刻思考如何提升自己。被问到什么是专家，长井鞠子说："我认为专家是拥有一种执着的力量，在一条道路上坚定前进的人。但是，一旦认为自己已经到达了顶峰，那就完了。认真对待每一次任务，绝不怠慢准备工作，我认为这也是成为专家的条件。"

（参考资料：纪录片《长井鞠子的口译人生》）

按照"战略=目标+路径"展开，目标是结果，而"怎么做"的路径才是原因。就像上文中的问题，长井鞠子的"本事"是怎么炼成的？推而广之后，就是一个专家是怎么炼成的。

有人说，可以用"一万小时定律"来解释。畅销书《异类》列举了诸多案例，重点说明书中提出的一万小时定律："人们眼中的天才之所以卓越非凡，并非天资超人一等，而是付出了持续不断的努力。一万小时的锤炼是任何人从平凡变成世界级大师的必要条件。"其实把这个定律换算成较大的计量单位，它就近似等于中国古代流传至今的"十年磨一剑""十年寒窗无人问，一举成名天下知"等格言警句。

这个通俗的"一万小时定律"后又被美国学者丹尼尔补充。他也写了一本畅销书，书名直接叫作《一万小时天才理论》，书中说："了解'异类'还不够，我们的目标是成为'异类'！"如何成为'异类'？他提出一万小时天才理论的三大要项：永葆激情、遇见伯乐、精深练习。简单审视一下这三大要项：永葆激情是一个有点祝福色彩的励志词语；"千里马常有而伯乐不常有"，所以"千里马"很难遇见"伯乐"；就剩下了精深练习，其实它就是持续改进、精益求精的另一种表述方式。

还有人说，可以用公式"个人成就=核心人生算法×大量重复动作的平方"来解释。这个公式出自达利欧的《原则》，被老喻（喻颖正）的人生算法课及罗振宇的跨年演讲引用后，随后出现广泛的口碑传播。乍一听到这个公式，我们确实感觉到有某种与众不同、难以言表的"高级感"。但是，其中的"核心人生算法"究竟是什么？如何解释"大量重复动作的平方"？由于原创者的权威解释没有流传出来，所以"文艺青年"们都在给出自己的理解。

甲说："我认为'核心算法'就是用来解决问题的有效思维工具，例如：第一性原理、第二曲线创新、$F=ma$ 等各种思维模型；'大量重复动作的平方'就是根据原则来做事情，坚持不懈地进行下去，不断地提升自己核心算法的效率。"

乙说："每个人的'核心算法'不一样，所以没有人能够给你提供标准答案，这需要我们个人不断去摸索、尝试和总结；'大量重复动作的平方'就是指你不能放弃，长期坚持就会得出自己的人生算法。"

丙说："其实这个公式告诉我们，要坚持长期主义原则，做时间的朋友。认准一件事，就要长期去做，持续地去做。阿尔贝·加缪曾说：'对未来最大的慷慨，是把一切献给现在。'任何一个人，不管你的力量强弱，放眼于足够长的时间，你都可以通过长期主义这种行为模式，最终拥有个人成就。"

丁说："可以将'核心算法'理解为你必须掌握的生存技能；'大量重复动作的平方'是指在关键套路上进行有效突破与迭代，坚持深度思考、刻意练习，实现从量变到质变。"

获得像长井鞠子那样的成就，一个专家是怎样炼成的？在以上一万小时天才理论、个人成就公式等流行说法的基础上，我们再用T型商业模式的第二飞轮效应给出一些更具体的解释。在讨论职业竞争战略时，我们通常将职业者个体看成是一个人经营的公司。由此，我们先回顾一下用以描述企业复利增长的第二飞轮效应是怎样说的。

资本模式中的资本围绕企业产品创造价值。在企业产品定位成功后，资本模式对创造模式进行资本赋能，通过营销模式把企业产品售卖给目标客户。如果目标客户认可并购买企业的产品，那么历经这样一个经营管理活动闭环，企业就会相应增加资本模式中的资本（包括货币资本、物质资本、智力资本），即以赢利储能的方式回馈资本模式中的原有资本。通过这样一个循环，企业用以赋能创造模式的资本增加了，即围绕企业产品创造价值的"本金"增加了。在后面延续的循环中，更多的"本金"将会增加更多的资本，它又成为下一循环的"本金"，日复一日、年复一年，将企业产品从潜优产品培育为拳头产品。在T型商业模式中，如上所述把资本围绕企业产品以增强回路循环创造价值，将潜优产品培育为拳头产品的过程，称为第二飞轮效应，见图7-3-1。

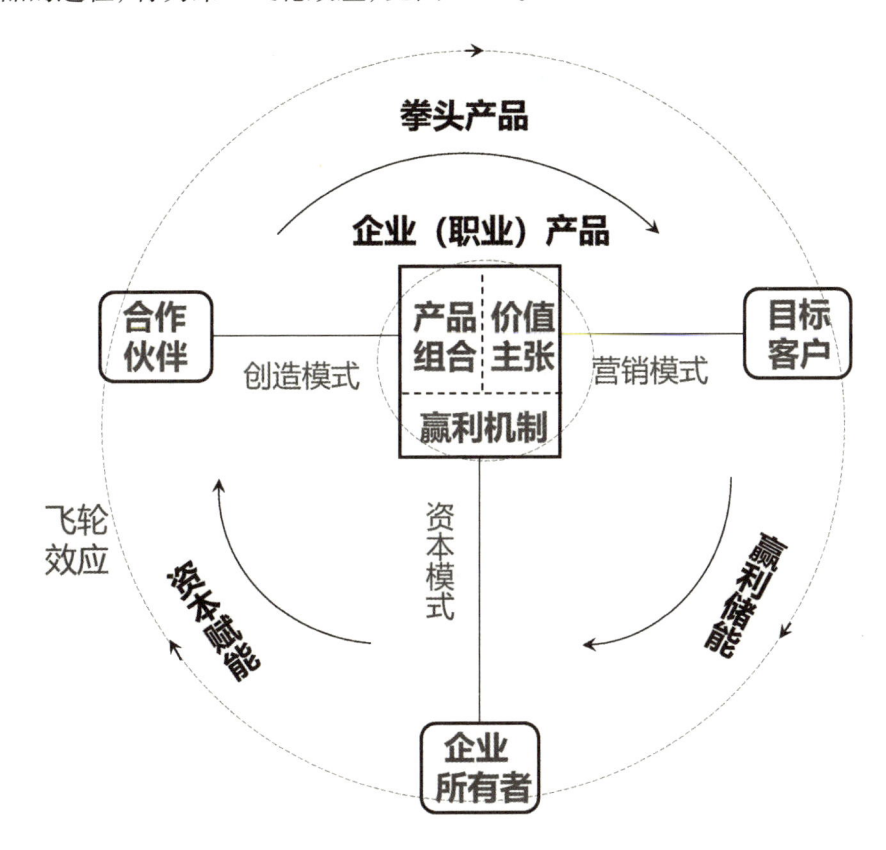

图 7-3-1 企业（或职业者）的第二飞轮效应示意图
图表来源：李庆丰，"新竞争战略"理论

将上述第二飞轮效应内容中的"企业"换成"职业"或"职业者"，通过这样的类比思维变换，我们就可以得出用于描述职业者复利成长的第

二 飞轮效应。

还以长井鞠子为例，她的职业产品是同声传译服务。服务产品与实物产品有些不同：创造服务的过程，同时也是消费服务的过程，两者是同时进行的。由于长井鞠子认真准备、善于学习及努力工作，所以每完成一次同声传译工作，她就会获得一些经验积累和能力进步，也会为自己赢得薪金收入、增进客户关系及促进口碑传播，这些都会转化为长井鞠子商业模式中的资本。日复一日、年复一年，与职业产品相关的资本不断累积，资本模式为创造模式持续赋能，长井鞠子的职业产品——同声传译服务越做越好，最终让长井鞠子成为日本同声传译界的"国宝"级人物。

第二飞轮效应对于职业者的启示是，我们在做好本职工作的同时，也在为自己积累资本。这里的资本包括货币资本、物质资本、智力资本等多种形式。货币资本与物质资本这两者比较好理解，是指薪水、奖金及物质奖励等；智力资本可以简单理解为职业者的能力经验、关系资源、口碑形象等。职业者不仅要重视自己获得的货币资本、物质资本的增加，更要重视自身智力资本的积累。因为智力资本具有边际报酬递增效应——越用越多，越用越优。它能为我们的职业产品赋能，逐步将潜优产品培育为拳头产品。若要成为某一领域的专家，先要将自己的职业产品塑造为拳头产品，即让自己所从事的职业及工作非常出色，已经成为某一领域的佼佼者。

参见本章第1节职业竞争战略的系统构成示意图（图7-1-1），职业产品定位成功后，职业者从新人开局阶段进入复利成长阶段，该阶段的主要战略主题是"持续赢利增长及累积竞争优势"，将潜优产品塑造为拳头产品。不言而喻，上文介绍的第二飞轮效应就是实现该战略主题及"将潜优产品塑造为拳头产品"的一个重要方法论。除此之外，本书第2章介绍的聚焦于跨越鸿沟实现增长、发挥企业家精神实现增长、勇于面对"硬球竞争"实现增长、综合利用各种战略创新理论或工具实现增长等，都有助于启发职业者在复利成长阶段实现持续赢利增长及累积竞争优势，将潜优产品塑造为拳头产品。

7.4 职位跃迁：
构造"人生钻机"，涌现核心竞争力

> **重点提示**
>
> ※ 为什么说阶层固化是个伪命题？
>
> ※ 如何理解"重复就是力量，数量堆死质量"？
>
> ※ 请画出你自己的T型优势能力组合。

原本"出身名门，才貌双全"的名媛现在似乎变得随处可见。一名网友自称"名媛观察者"，潜入所谓"上海名媛群"，为了跟进曝光其"拼"，还斥资500元！这或许金额不大，但是这在该群中的很多"名媛"看来，已经是巨款了。

但是，当她潜伏半个月后才发现，所谓的"名媛群"不过是"高端版拼多多"——"拼团"的东西更加"高大上"而已。比如：510元一份的顶级下午茶6个人拼，一个人85元；一晚3000元的五星级酒店套房15个人拼，一个人200元；一个月租金1500元的爱马仕包4个人拼……这些都还能理解，最让人"毁三观"的是拼丝袜，还是二手的丝袜；还有，一件"名媛级"的浴袍，拼单购买后，15个人轮流穿。

然后，肩上背着拼团租来的爱马仕、足上穿着二手丝袜，去各种高级场所"钓鱼"，这才是她们的最终目的。就像"名媛群"里写的那样："互推好品质男生，结交金融巨子，融入海归精英。"而且，她们看不上开奔驰、宝马的男生，最差也要开保时捷的男生。

无论"上海名媛群"是真是假，这类现象其实一直在发生。

无论是之前专业打造"网红"外形和"人设"的"培训班",还是很多每天在小红书上晒奢侈品,动不动就"喜提"豪车的"白富美",都是如此。

喜欢营造这种假象的,不只是女生,很多男生也是如此。魔幻的"男版名媛",只要花几十元,就能在群里每天收到新鲜的"高端图片素材"。名表、豪车、旅游、美食应有尽有,连文案都给你想好了,直接复制、粘贴,然后发到朋友圈,就能轻松营造"高富帅"的"人设"。

知乎上人均"985",月入几十万元;小红书上遍地"白富美",天天"秀晒炫"。普通人看了都会羡慕,心理落差很大。但是稍微动脑子想一下就能明白,"中国有6亿人的月收入仅1000元左右",那些违背常理的光鲜,背后绝对是一地鸡毛。

看透浮华背后的真相,我们就不会轻易被他人的伪装欺骗。当假名媛们用租来的豪车装饰自己的朋友圈时,殊不知她们的青春美貌,也不过是权贵们短期租赁的物品而已。由俭入奢易,由奢入俭难。一个人一旦见过纸醉金迷,尝到了"捞钱"的甜头,就很难再接受普通的生活。茨威格在《断头皇后》中说:"她那时候还太年轻,不知道所有命运'赠送'的礼物,早已在暗中标好了价格。"那些诱人的捷径,其实都是弯路。踏实努力、投资自己才是最安全稳妥的方法。

(参考资料:书单君,《"上海名媛"背后的残酷真相:那些诱人的捷径,其实都是弯路》)

有人说,"上海名媛群"的出现,属于阶层固化使然,普通人通过努力向社会精英阶层跃迁的通道变窄了。贫富正在代际传递,穷人越穷、富人越富,"寒门难出贵子"正在被越来越多的人所接受。曾有这样一个漫画:在同一起跑线上,有两位青年在竞赛。一位是戴着博士帽的寒酸孱弱青年,他吃力地拉着人力板车,车上坐着年迈贫穷的父母;另一位是高大肥硕的富贵公子,他坐在父母驾驶的豪华轿车的车顶上,一副得意扬扬的表情。

相比于古代的封建等级制和印度的种姓社会体系,我们现在有多种多样的职业或事业跃升途径。天高任鸟飞,海阔凭鱼跃!因为推行全民教育,让更多的人可以通过读书实现职业、事业跃升;受益于移动互联网的发展,还有一大批普通人正在通过自己的努力奋斗,成为时代的弄潮儿。

河北枣强女孩王心仪的家庭异常贫穷。2018年,她通过高考被北京大学中文系录取。她写的《感谢贫穷》一文中有这样一段话:感谢贫穷,让我领悟到真正的快乐与满足。你让我和玩具、零食、游戏彻底绝缘,却同时让我拥抱了更美好的世界。我的童年可能少了动画片,但我可以和妈妈一起去捉虫子回来喂鸡,等着第二天美味的鸡蛋;我的世界可能没有芭比娃娃,但我可以去香郁的麦田……谢谢你,贫穷,你让我能够零距离地接触自然的美丽与奇妙,享受这上天的恩惠与祝福。

随着移动互联网的普及,几乎人人都可以通过智能手机连接世界,但是有的人用它打游戏、刷抖音消磨时光,有的人利用它成就了自己的事业。李子柒生长在四川绵阳的偏远山区。2004年,14岁的她被生活所迫到各地打工,居无定所,多次陷入露宿公园街头的生存窘境。后来,李子柒利用移动互联网,拍摄手机视频传播中华美食与中国传统文化。从2017起,李子柒就是"第一网红",她的视频全网播放量已经超过30亿。她在优兔(Youtube)的粉丝超过千万,全球粉丝过亿,并入选《中国妇女报》评选的"2019十大女性人物"。

现代社会处处有机会,可以凭借的工具、方法和手段越来越多。例如:读不起大学或错过了大学,可以自学。像樊登读书、罗辑思维、喜马拉雅等知识付费平台,它们上面的知识数量及质量,已经远远超过了一所大学课堂提供的知识。贫家净扫地,贫女好梳头。通过教育渠道,很多人摆脱了贫穷。另外,富裕阶层也有很多问题,像富不过三代、纨绔子弟与败家子、贪婪沦为阶下囚、越来越多的富贵病等。笃信阶层固化，其实是一种思维上的懒惰。

你永远都无法叫醒一个装睡的人。公众号"九边"的一篇文章说：绝大部分人一辈子也没努力过，也没主动过，更没有主动做过艰难的决定，只是被动地接受生活的摆布。在这个背景下，你只要稍微努力下，瞬间就可以超过70%的人，而且越早越好，越晚越被动。绝大部分人一生平庸，是因为智商不出众还总想走捷径。这有点像收入有限却要承担巨额债务的那种人，随时会面临破产。如果一个人一身满是虚骄之气，不承认自己平庸，会直接导致浪费掉身上一个最重要的资质——肯下笨功夫。如果你对人生比较迷茫，还没有找到方法论，可以试一下"肯下笨功夫"并笃信两件事：一是"重复就是力量"；二是"数量堆死质量"。

所谓"重复就是力量，数量堆死质量"，与上一节复利成长阶段第二飞轮效应所阐明的原理是一致的。在工作中重复做一件事，不是简单的重复及"内卷化"的重复，而是通过PDCA优化迭代的重复，优选资本不断为职业产品赋能的重复。当这样的重复达到一定程度，职业者为企业及社会提供的职业产品达到臻善臻美，并从量变到质变，从拳头产品到超级产品，通常就会涌现出职业核心竞争力。

结合本章前面三节的内容，根据职业竞争战略所阐述的职业成长与发展的战略路径，从新人开局到复利成长，再到职业跃迁，将潜优产品塑造为拳头产品，进一步打造为超级产品。

对于企业来说，超级产品比拳头产品更胜一筹，它是指在市场上具有巨大影响力、有一定垄断地位，且能够通过衍生产品长期引领企业扩张的产品。运用类比思维，T型人的超级产品是指职业个体为社会或企业提供的职业产品出类拔萃、卓尔不群，具有不可替代性，且能够通过职位跃迁及衍生职业产品长期引领自身的成长与发展。

赫伯特·西蒙为社会及其所在组织提供的职业产品就属于超级产品。西蒙于1978年获得诺贝尔经济学奖，是世界公认的经济学和管理学大师。他还是最早参与人工智能研究的科学家之一，并因此获得1975年计算机领域的最高奖项——图灵奖。西蒙学识渊博、兴趣广泛，研究工作涉及经济学、政治学、管理学、社会学、心理学、运筹学、计算机科学、认知科学、人工智能等广大领域，并做出了创造性贡献。西蒙是世界上唯一同时获得诺贝尔奖和图灵奖的科学家。除此之外，他还获得过美国心理学会的终身成就奖、美国国家科学金奖。有人统计过，西蒙在不同领域共获得过14项最高成就奖。

以上那些研究领域看起来没有多大关联，但是在西蒙看来，却有一条贯穿始终的脉络，就是"决策"。 从公共行政管理到经济学、政治学，再到心理学、运筹学和人工智能，西蒙虽然在不同科学领域游走，但他关注的问题一直没变，就是找到一种科学方法，帮助人类更好地"决策"。

对于职业者来说，如何打造属于自己的超级产品？通过实现职业跃迁阶段的主要战略主题"坚持归核聚焦，培育核心竞争力"，将自己的职业产品从拳头产品升级打造为超级产品。借鉴于对企业相关战略主题的阐述，本书第4章给出的普哈核心竞争力理论、SPO核心竞争力模型、T型同构进化模型、第三飞轮效应、庆丰大树模型等，都可以供职业者参考。

例如：通过借鉴应用于企业的SPO核心竞争力模型，经过适当调整与修改可以得出适用于职业者的SPO核心竞争力模型，见图7-4-1。

如图7-4-1所示，优势能力、职位阶梯、环境机遇三者共同发挥系统性作用产生职业核心竞争力。其具体的反应过程和增强原理如下：职业者沿着职位阶梯跃迁需要评估外部的环境机遇及内部的优势能力。当三者能够统一起来，职业者的职位就获得了沿着职位阶梯前进一次的机会。如果职位成功跃迁了一次，职业核心竞争力就累积了一次。如果职位沿着阶梯跃迁所获得的成功次数远大于失败次数，那么我们就说该个体具有了职业核心竞争力。也就是说，职业核心竞争力是在职位跃迁中形成的，依靠职位跃迁的成功次数和成功率来衡量的，有一个较长期的累积过程。

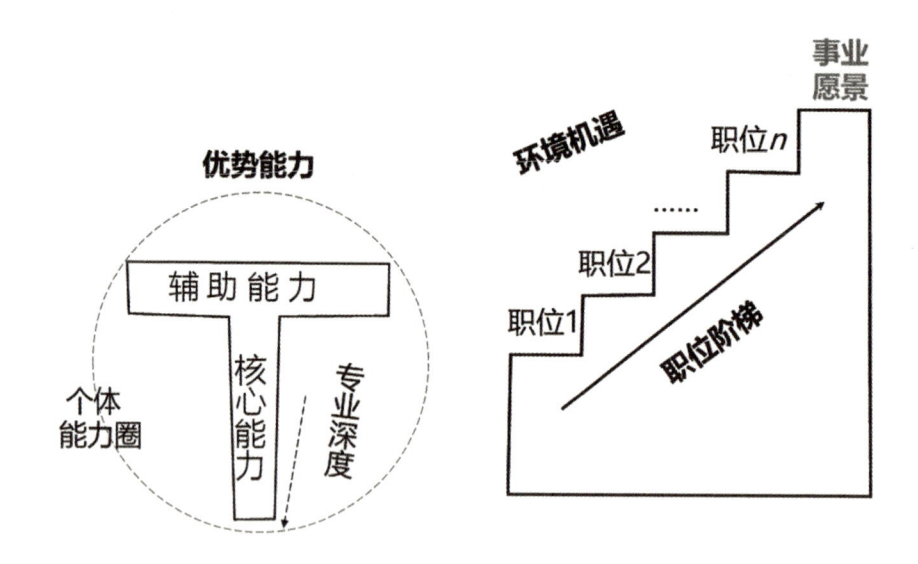

图 7-4-1 适用于职业者的 SPO 核心竞争力模型
图表来源：李庆丰，《商业模式与战略共舞》

在职业者的SPO核心竞争力模型中，优势能力、职位阶梯、环境机遇三者缺一不可，并且它们必须相互匹配、有效连接，形成"三点一线"，才能形成有利于职业赢利系统成长的协同效应，才能最大效能地涌现职业核心竞争力。

职位跃迁分为显性跃迁和隐形跃迁。职位的显性跃迁是指从低级别职位不断升级到高级别职位，典型例子像军队中从士兵→班长→排长→连长……司令的职位跃迁阶梯。在《领导梯队》一书中，作者把从员工到首席执行官的职业跃迁路径，分为六个层级，每个层级都需要相应的工作理念、领导技能和时间管理能力，此框架被称为"领导梯队模型"。隐形跃迁是指职业者持续精进，追求自身职业能力的提升，永无止境，并不一定反映在所在组织的职位升迁变化。例如：前文中经济学家西蒙不断取得跨领域的成果，并不一定对应于其在组织中的显性职位提升，而是一种隐性职位跃迁——通过不断创新，获得社会广泛承认和赞誉。

另外，图7-4-1左图所示意的T型优势能力组合（简称"优势能力"）也代表了职业者个体的能力圈。巴菲特说："对于你的能力圈来说，最重要的不是能力圈的范围大小，而是你如何能够确定能力圈的边界所在。如果你知道了能力圈的边界所在，你将比那些能力圈虽然比你大五倍却不知道边界所在的人要富有得多。"

T型优势能力组合主要包括核心能力、辅助能力两大部分。核心能力是指从事某种职业、提供职业产品所必备的关键能力，辅助能力对核心能力提供必要的支持与协助。例如：《三体》作者刘慈欣的核心能力无疑是科普小说写作能力。他的辅助能力是什么呢？刘慈欣说，自己是个狂热的科学迷，痴迷航天航空知识，热爱武器、游戏和网络，喜欢物理等基础学科，喜欢俄罗斯文学，是一个十足的电影爱好者。他还坚持从事一份工程师的工作，这样能够经常接触现实世界的问题。

在T型优势能力组合中，核心能力、辅助能力同向叠加，可以产生极强的放大与协同效应。核心能力就像一根钻杆，越长越好；辅助能力就像为钻杆提供放大动力的旋臂，要有适当的强度和长度。两者组合而成的"人生钻机"通过SPO核心竞争力模型，逐步形成职业核心竞争力，让我们职业者个体的商业模式实现赢利累积，最终达成事业愿景。因此，职业者打造自己的核心竞争力，首先要构建一个T型优势能力组合。

7.5 有序转型：
如何跨越新职业与原职业之间的"非连续性"？

> **重点提示**
>
> ※ "草根"逆袭需要哪些优秀品质？
>
> ※ 为什么说不必过度担忧人工智能对现有职业岗位的替代？
>
> ※ 为实现有序转型，职业者如何提升自己的智力资本？

说起职业转型的跨度和难度，本章第1节提到的孙玲从在流水线工作的"厂妹"到成为美国高盛的程序员，跨度之大、难度之高，非常罕见！

其实，孙玲的案例也不是个案。近30年及未来很多年里，对程序员等计算机行业人才需求量之大、薪水之高，是别的行业无法比拟的。有人说：如今是一个"360行，行行转程序员"的年代。刷一刷B站或优兔上的视频，各专业人员转而学习编程的例子比比皆是。会计、材料、生物、法律、城市规划，沾边的不沾边的都在学习编程。拿了名校学位的高才生一头钻进"地摊"培训机构学java，拿了CPA（注册会计师）证书的财务精英一咬牙不干会计了，读个两年的编程课重新找工作。有人说，如果工作只是你的谋生手段，谈不上什么热爱，就干脆找个薪资高的行业。

这个说法对吗？孙玲接受记者采访时说："从流水线女工到高盛程序员，我都是一个打工人，一个'老油条'打工人，一直都在谋生，没有什么成就。"一位高校老师说："正规大学编程专业培养出来的学生，最终也只有三分之一成为程序员。原因很多，但归纳起来有三条：①对其他职业更感兴趣，宁可牺牲经济收入。

②智商不够或者思维方式不匹配。③不愿意保持终生学习，不愿改变自己，因为太累。这三条叠加后的结果是，受过正规本科教育的程序员都不怎么好招，大量有需求的公司只能招一些专科生或者培训机构突击培训的水平各异的学生。"

那么，为什么孙玲能够转型成功？

从农村走出来打工，孙玲首先选对了城市——深圳。与北京、上海相比，深圳对待低学历人士要宽容得多。这也是为什么在深圳工厂当"厂妹"时，孙玲就敢于孤注一掷报培训班学编程，因为她认为学出来，就能找到好工作。而计算机行业在美国，又跟在深圳打工很像——不看学历、出身，能干活儿就行。

其次，她选对了行业。计算机行业一直处于人才短缺的状态，尤其是程序员，长期供不应求。中国有14亿人，目前有程序员500多万人，有人推算说未来至少还需要1500万人。所以，孙玲做程序员拿高薪也是大概率可行的。

再次，孙玲是个敢于投资自己、行动力卓越的人。例如：在还是月薪2300元的"厂妹"时，她就敢报学费3万元的编程班。在跌跌撞撞的求学路上，孙玲的资源一直都不够。编程班的学费只够交一期，出国留学的学费也差很多，换成别人可能会一直犹豫、裹足不前，但是孙玲永远都是先迈出一步再说！

还有，孙玲是个非常自律，而且善于学习的人。孙玲曾问面试过自己的一位美国谷歌公司负责人："比我优秀的人很多，你为什么会选择我？"这位负责人说："你有三个特点让人印象深刻：第一，自学能力强；第二，接受反馈的速度快；第三，遇到模棱两可的问题，能够先把问题捋清楚。"

最后，孙玲还是一个善良、真实的普通人。她不装也不矫揉造作，所以能够实事求是，更善于解决问题。她的人生是一场真实的"打怪进阶"，让人在佩服之余忍不住检讨自己。

（参考资料：遇言不止，《从月薪两千到年薪百万，从"厂妹"到高盛程序员，她书写了女孩的史诗》）

当年的马云连续两次高考失利，没能考上大学，去应聘肯德基服务员、酒店保安等多种工作也屡屡不成，他就蹬三轮帮别人运货赚钱。马云并非身材高大魁梧之人，这是无奈的选择，所以蹬三轮也不具有竞争优势。有一次，从事蹬三轮工作之余，马云读到了路遥的《人生》，被小说中的主人公高家林不断向命运挑战、永不低头的精神品质所感染，然后就辞掉蹬三轮的工作，继续准备第三次高考。正是这次从工作到学习的回归式"转型"，最终让马云的人生发生了逆转。通过第三次高考，马云成功进入杭州师范大学读书，才有了创立阿里巴巴等后面的故事。

与马云当年的情况有些不一样，孙玲的这句话说得很精彩："信息时代的巨大优势，就是个体不必局限于某种单一的教育形式，而是可以利用各种渠道进行自我教育、自我成长。" 朋友圈转发的流量文章总说，阶层固化严重，寒门再难出贵子！其实，当今是一个上升通道最开放的时代。

人力资源和社会保障部就业培训技术中心联合阿里巴巴钉钉发布的《新职业在线学习平台发展报告》中说："'90后'最担心失业，有79%的'90后'担心失业；95%的人认为学习新职业、提升自身发展潜力是走出职业危机的关键因素。"孙玲也是一个"90后"，她的经历充满了奋斗和拼搏。她是一个超级个体，给那些打算职业转型、让人生更精彩、追求积极向上的人树立了一个榜样。

《科学》杂志判断，到2045年，全球50%的工作岗位将被人工智能取代，而在中国这个制造业大国该数据是77%。也就是说，30年之内，我国每4个工作岗位中至少有3个会被人工智能取代。失之东隅，收之桑榆。世界经济论坛发布的报告预测，2018年—2023年，人工智能在全球将消灭7500万个工作岗位。但是，它会创造出1.3亿个新的工作岗位。

根据测算，目前我国人工智能人才缺口超过500万，国内供求比例为

1∶10，供求比例严重失衡。如果不加强人才培养，到2025年人才缺口将突破1000万。此外，像物联网工程技术人员、物联网安装调试员、大数据工程技术人员、云计算工程技术人员、数字化管理师、建筑信息模型技术员、电子竞技员、电子竞技运营师、无人机驾驶员、农业经理人、工业机器人系统操作员、工业机器人系统运行维护员等新职业人才，到2025年总需求规模超过3000万人。

显而易见，科技进步推动传统行业转型发展，最终也将导致职业转型大规模出现。本章提出的职业竞争战略，是将职业者个体看成一个人经营的公司。参照第5章的企业转型，职业者在有序转型阶段的战略主题是"第二曲线创新、智力资本共享"，并且为实现此战略主题，同样可以借鉴双S曲线模型、双T连接模型等企业转型的方法论。类比于企业产品，职业产品是指每一个职业个体都应该将自己所从事的职业看成一个产品。在职业有序转型阶段，通过实现第二曲线创新及智力资本共享这两个战略主题，促进转型后的新职业产品进化与发展，下一轮潜优产品Ⅱ→拳头产品Ⅱ→超级产品Ⅱ的循环就再次开启了。

见图7-5-1（左图），现在的职业被称为第一职业曲线，要转型进入的未来职业被称为第二职业曲线。像马云从英语教师转型为阿里巴巴的创始人，孙玲从流水线女工转型为程序员，第一职业曲线与第二职业曲线之间具有非连续性。

对于职业个体来说，如何跨越这个非连续性呢？一些励志大师教导跟随者说："要成功，先发疯，不顾一切往前冲！"虽然说勇于迈出第一步，敢于挑战自我，勇气可嘉，但是如果转型时太盲目，常常导致失败，最终将丧失做事的信心。

跨越第一职业曲线与第二职业曲线之间的非连续性"鸿沟"，需要职业个体有充足的优选资本。与企业的优选资本类似，职业个体的优选资本也包括货币资本、物质资本及智力资本。尽管具有比较充足的货币资本及物质资本，有利于职业者不断投资自己、提升自己，但是智力资本才是能否成功转型的关键。

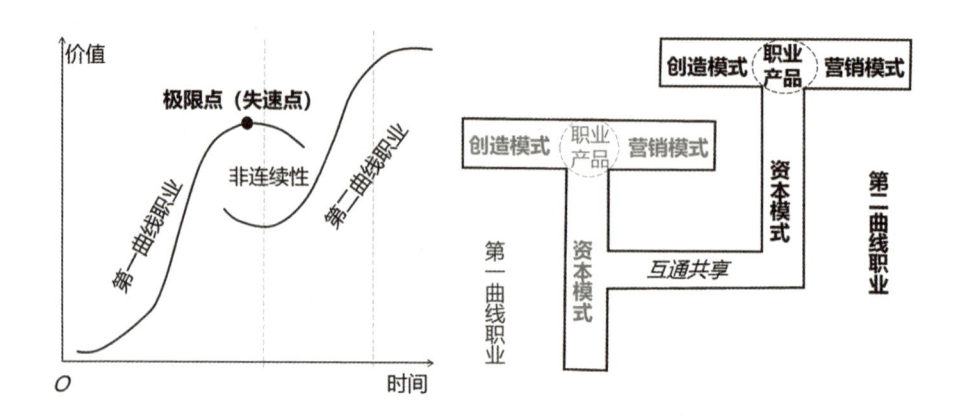

图 7-5-1 双 S 曲线模型（左）与双 T 连接模型（右）示意图
图表来源：李庆丰，《商业模式与战略共舞》

为实现有序转型，职业者如何提升自己的智力资本？智力资本包括人力资本、组织资本、关系资本。确定了转型目标后，学习、经验、能力、人脉等相关智力资本准备得越早越好。王坚32岁时就是浙江大学心理学系主任，但是他在37岁时转行计算机专业，加入微软亚洲研究院，出任常务副院长。原来，在大学读书期间，王坚就对计算机产生了浓烈的兴趣。通过旁听计算机专业的课程，他的计算机专业水平甚至超过了一些讲师。

为转型提前做准备，可以从参加培训、发展副业、做兼职、成为志愿者等这些形式开始。 像上文中的孙玲那样，参加专业培训班，获得行业知识、人脉，偶遇相关尝试机会，这是进入成本最低、最没有心理障碍、最容易执行的转型落地方法。

在转型到新职业时，如果直接获得中高级职位较难，我们也可以从初级职位干起，俗话说"骑着马找马，就会更快一些"。沉浸在相关的环境中有利于重塑自我，也有利于建立新的人脉圈子，寻找合适的专业导师。《牧羊人的奇幻之旅》中有这样一句话："当你真心想要去做成一件事情的时候，整个宇宙都会联合起来帮助你。"

如图7-5-1（右）所示的双T连接模型，为了提高职业转型的成功率，第二职业曲线与第一职业曲线之间最好有一定的相似性，两者的资本尤其是智力资本要能够最大限度地共享。以双T连接模型指导职业转型，建议职业者尽量选择自己熟悉及擅长的领域。这样可以继承以前的经验，减少学习及探索的时间，降低盲目跨界带来的风险。

乔·吉拉德被称为"世界上最伟大的推销员"。49岁时，他离开了原来从事的汽车销售岗位，利用原岗位积累的个人品牌、资源、能力及经验等智力资本，开始写作、销售培训、全球演讲等，不仅开辟了第二事业，还为他带来了数千万美元的收入。梅耶·马斯克是特斯拉公司创始人埃隆·马斯克的母亲。梅耶拥有两个营养学硕士学位，一生都在从事与营养师相关的工作，但她的第二职业或者说业余爱好是T台走秀。得益于营养学及兼职模特积累的智力资本，梅耶退休后身材及形象管理做得非常好，60多岁时重返模特舞台，成为"封面女郎"品牌代言人及大家心目中能够乘风破浪的励志偶像。

后 记

快与慢！与质量无关？

2020年9月初，我刚刚将上一本书《企业赢利系统》的全部书稿交给出版社，周磊编辑就通过邮件发送来一个新的"命题作文"——建议我写一本关于"新竞争战略"的书。

我起初想，上一本书中已经有了"新竞争战略"的框架内容——按照工业设计领域的行话，"原型机"有了，稍微优化、迭代一下，不就是一本新书了嘛。当时我认为，这本书最多两个月就可以写好，说不定45天就可以。

由于新冠疫情的影响，我们投资公司的很多业务也都推到了2020年下半年，必然工作上的事情也比较多，所以直到2020年的12月份，我也一直没有动笔去写这本书。2021年元旦过后，我看了一下出版合同，最后交稿日期是3月1日——还剩余两个月时间！

2021年1月12日，我正式动笔写这本《新竞争战略》，并逐渐改弦易辙，打算认真写一下这本书，所以延长"工期"到80天，还在内心自我调侃说，这叫作环游"新竞争战略"80天！实际上，写到第1章的后面几节，就不断"卡壳"，反反复复地修改、重写……

写作第2章到第5章时比较顺利，当时正值春节假期，我能够以每天写

1节的速度推进。那时甚至还有些小得意——向阿蒙森探险队学习,每天向前推进30千米!这本书不到50节,哪能经得住我写呀!

写到第6章的后半部分时又出现了状况:一是春节过后到3月中旬时,工作逐渐多了起来;二是处理或思考几件眼前的小事情时,让自己有一点点心烦意乱。

对于写作者来说,如何让自己静下来、沉浸其中,是一个大学问,还需要持续修炼!

中国古人说"君子固穷""安贫乐道"……如此这般名言警句,对于我们这些处于滚滚红尘之中,融于熙攘社会之内,还一直想有"人生使命"的写作者,具有极大的抚慰意义。

写"后记"是本书的最后一道工序,我后面又要去西安、成都、贵阳等地出差,参加项目研讨会、考察企业、做尽职调查……忙中偷闲,我在4月15日之前就把《新竞争战略》的全部书稿写好、改好、整理好。

表面看起来,一些作者两三个月就可以写一本书。例如:诺贝尔文学奖得主莫言写《生死疲劳》,43万字只用了43天;写《丰乳肥臀》,50余万字只写了83天。这些最终都成了莫言的代表作。写作,快与慢!应该与质量无关。实际上,我们先要能够静下心来,并且有连贯一体不被打断的时间。最重要的是,在写作之前还要有起码半年以上的策划与准备时间,更要有多年的相关工作实践与不辍思考。

2021年8月6日,历经近4个月的编校排版后,我对《新竞争战略》的书稿清样做出版前的订正确认。我重新绘制了T型商业模式全要素构成图,这可以说是T型商业模式全要素构成图2.0版,见图8-1-1。对照本书第1章的图1-4-1,T型商业模式全要素构成图2.0版的主要改进有两处:一是将资本模式中的"赢利池"改为"资本池";二是删除了原有的"资本机制"这个构成要素。也就是说,T型商业模式2.0版共有12个构成要素——创造模式、营销模式、资本模式各有四个构成要素。至于为什么这样修改,在之后出版的书籍中,结合具体内容,我再详细说明。

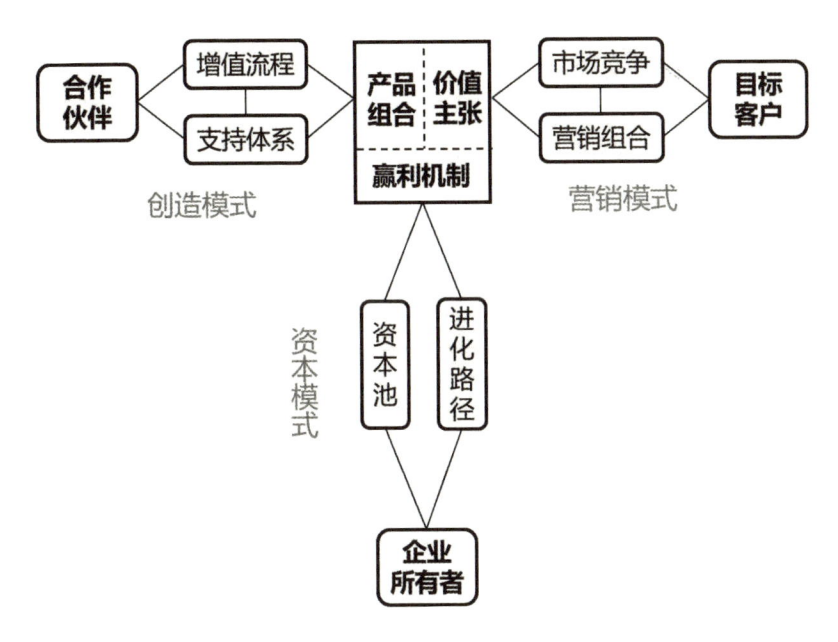

图 8-1-1 T 型商业模式全要素构成图 2.0 版

李庆丰